Für Uli

Inhalt

2. Forschung in und über Kreuzberg

3. Mythos Kreuzberg

4. Rezeptionsweisen

Ausleitung

Literatur

Vorwort

Von »Freakland« zu »Slumland«?
Zur Mythologie Berlin-Kreuzbergs

1

»Berlin ganz unten«. In dem im Februar 1998 veröffentlichten Sozialstrukturatlas der Berliner Bezirke rangiert Kreuzberg »ganz unten«, auf dem letzten Platz, mit 30,8% Arbeitslosen und mehr als 13% Sozialhilfeempfängern. Wieder einmal ist Kreuzberg anders als der Rest Berlins, diesmal aber scheint es mit dem ewigen »Kleine-Leute-Viertel« ernst zu werden. Nichts scheint es zu werden mit dem nach der Wende annoncierten, von den einen befürchteten, von den anderen erhofften Wandel zu »Yuppie-Town«; im Gegenteil. Der Fraktionsvorsitzende der CDU, Klaus Landowsky, monierte in der ihm eigenen Manier, daß »nach der Maueröffnung die interessante Szene in die Auguststraße oder nach Prenzlauer Berg gezogen (ist). Zurück blieben Junkies, Gewalt, Ausländer (sic! RL) – und kaum noch normale Berliner« (Tagesspiegel 9.3.1998). Das nächste Bild im imaginären Kreuzberg-Museum von Barbara Lang könnte, folgt man diesem Eindruck, »Slumland« heißen.

Seit den 60er Jahren, seit der Mauerbau aus Kreuzberg 36 eine Enklave gemacht hatte, war dieser Bezirk so etwas wie Land's End, ein Territorium, wo sich die letzten Eingeborenen, die sog. »Icke«-Berliner, und die erste Welle der türkischen Arbeitsmigranten mit den bedürfnislosen, aber trinkfesten Kynikern trafen, die sich dieses Sanierungsgebiet mit dem geringen Mietzins als Exil auserwählt hatten. In jenen Jahren wurde Kreuzberg zum »Refugium der Nicht bzw. der Noch-Nicht-Angepaßten, wo das bunte und das triste Chaos und der künstlerische Wildwuchs besser als anderswo gediehen«[1]. In jenen Jahren wurde Kreuzberg auch mit dem Montmartre verglichen, wobei allerdings anstelle der Bistrots die Destillen, Eck- und Kellerkneipen traten. Rund 30 Jahre lang war Kreuzberg so etwas wie ein »Aussteiger-Mekka«. In dieser Zeit ist dieser

---

[1] Hellmut Kotschenreuter, Kreuzberg – Ein Zustand. Die 60er Jahre, in: Kreuzberg Prenzlauer Berg. Annähernd alles über Kultur, hrsg. vom Kunstamt Kreuzberg, Berlin 1990, S. 22.

Bezirk zum Mythos geworden, der selbst noch in der tiefsten bundesrepublikanischen Provinz Assoziationen auslöste, im besten Fall von den »langen Nächten«, ein verspäteter Nachfahr der Kreuzberger Trinkerelogen durch die »Gebrüder Blattschuß«, im schlimmsten Fall von Chaos, Drogen und Tod.

»Zwischen dem Ostermontag 1979, an dem Ingrid Rogge, damals siebzehn Jahre alt, die Bogenweiler Straße in der oberschwäbischen Stadt Saulgau für ein aufregenderes Leben in Berlin verließ, und dem Tag, an dem ihre Eltern erfuhren, daß sie als Skelett in einer verschnürten Plastikplane auf einem Kreuzberger Hinterhofspeicher gefunden worden war, liegen sechs Jahre. Diese ganze Zeit galt sie als vermißt«[2].

Welche Vorstellungen mögen die 17jährige Näherin von einem zum anderen Tag nach Berlin getrieben haben? Die sechs Jahre zwischen ihrer Ankunft und dem Auffinden ihrer sterblichen Überreste entsprechen in etwa der Phase, in der Kreuzberg als »Freakland« firmierte, als Republik der Hausbesetzer und Punks. Das, was von Ingrid Rogge geblieben war, fand sich im vierten OG des dritten Hofes der Waldemarstraße 33, dem ersten im März 1979 besetzten Haus in Kreuzberg. Solche Geschichten von geradezu antiker Wucht haben zur Mythologie Kreuzbergs beigetragen, nicht nur als Utopia, sondern auch als Dystopia, als unheimlicher Ort, den man wie eine rite de passage hinter sich bringen muß oder wie ein Purgatorium. »Schwellenkreuzberger« nennt Barbara Lang diese Gruppe, für die die Kreuzberg-Phase eine Läuterung ist.

In bezug auf Kreuzberg lassen sich alle Formen des Mythos denken, den kosmogonischen ebenso wie den eschatologischen (»Du hast doch Berlin jetzt gesehen«, sagte die Oma von Ingrid Rogge zu ihrer Enkelin, als sei diese auf einer Wallfahrt nach Mekka gewesen) und den politischen, der seine letzte Ausprägung in jener Autonomen-Formation fand, deren Bezeichnung »Klasse gegen Klasse« selber mythische Qualitäten aufweist, selbsternannte »Helden« des Kreuzberger »Volkes«, die gegen die »Dämonen« des »Bösen« antreten.

2

Es ist Teil des Mythos Kreuzberg, daß es zwar eine Reihe ethnographischer Arbeiten über Kreuzberg (vor allem über das türkische Kreuzberg) gibt, aber keine über den Mythos Kreuzberg selbst. Gerade weil Mythen intellektuelle

---

2 Marie-Luise Scherer, Der unheimliche Ort Berlin, in: Dies., Ungeheurer Alltag. Geschichten und Reportagen, Reinbek bei Hamburg 1990, S. 92.

Trägergruppen haben, Dichter und Erzähler und Sänger, erscheinen Arbeiten, die sich der Entmystifizierung verschreiben, leicht als »Nestbeschmutzung«, auch wenn dies so nicht genannt wird. Von daher ist die Arbeit von Barbara Lang, die dem Mythos nicht eine weitere Facette hinzufügt (es sei denn, alles Schreiben über Kreuzberg dient der Mythologisierung), sondern ihn selber zum Gegenstand macht, innovativ im Wortsinne. Die Arbeit ist aber auch als ethnographisches Unterfangen von großer Bedeutung. Gegen das Behaupten von der Unwirklichkeit der Städte, im Sinne des Simulakrums, der Konstruktion, wird hier der empirische Versuch unternommen, nachzuzeichnen, *wie* die Verflechtung von Bilderwelt, Weltbildern und Lebenswelt zustandekommt. Explizit hat sich Barbara Lang zum Ziel gesetzt, am Beispiel Kreuzberg zu zeigen, »wie Diskurse und Images auf die Materialisation der Städte Einfluß nehmen«. Damit greift sie eine Fragestellung auf, die zunächst im Rahmen der »urban-imagery«-Forschung Anfang der 60er Jahre thematisiert wurde, aber bis heute, auch international, unverständlicherweise peripher blieb[3]. Lang gelingt es, auf der Grundlage der Analyse von über 400 Zeitungsartikeln und von sechs Berlin-Reiseführern mit ihren jeweiligen Neuauflagen im Untersuchungszeitraum zu zeigen, wie Bilder von und Diskurse über den Stadtteil auf dessen Werdegang und Gestaltwerdung einwirkten. Indem sich die Repräsentationen des Stadtteils, vom Berliner »Montmartre« in den 60er über »Freakland« in den späten 70er und frühen 80er bis hin zum bunten »Multikulti-Mikrokosmos« der späten 80er Jahre, immer wieder auf Kreuzbergs Andersartigkeit, Randposition und Exotik kaprizierten, funktionierten sie wie »Reklamespots«, die, ganz im Sinne einer self-fulfilling prophecy, die Andersartigen, Randseiter und Exoten anzogen. In einem imaginären Kreuzberg-Museum mit vier Räumen und einem Lichthof, wo prominente Signets aus der Geschichte des Stadtteils zusammengetragen sind (in der einen Vitrine eine vergilbte Ausgabe der »Geisterbahn«, jener »Ballade aus Kreuzberg« von Robert Wolfgang Schnell, die sich als Zeitdokument der 60er Jahre und ihrer Atmosphäre liest; in der anderen Vitrine ein verwaschenes Palästinensertuch und ein brauner, selbstgestrickter Pullover aus Schafwolle), bringt die Autorin den Lesern auf sinnliche Weise die Repräsentationen und ihre Vergegenständlichungen nahe. Im vierten Raum sind all die Vorstellungen versammelt, die sich nach der Wende durchgesetzt haben und durch den Tenor eines radikalen Wandels des Bezirks, vom »Aussteiger-Mek-

---

3 Vgl. Anselm Strauss, Images of the American City, New York 1961; Ders. (Hg.), The American City: A Sourcebook of Urban Imagery, Chicago 1968.

11

ka« zur »Yuppie-Town« geprägt sind. Um diesen Diskurs analytisch zu fassen, hat Barbara Lang das Konzept der »symbolischen Gentrifizierung« geprägt, die die bisherige Forschung, die Gentrifizierungsprozesse vorwiegend im Kontext sozioökonomischer Veränderungen ins Visier nimmt, um eine wichtige kultur-analytische Dimension erweitert. Die mediale Darstellung des Stadtteils vor und nach 1989 bildet einen für die Gentrifizierung des Stadtteils wesentlichen Faktor, trug doch das prominente Vorher im Sinne eines »Orts des Anderen« im Keim den Diskurs über ein ebenso drastisches Nachher, des »yuppieesken Zentrums« bereits in sich. Es ist exakt das Nebeneinander von noch verbliebenen Punks, Schnorrern und schrulligen Eckkneipen einerseits und komfortablen Altbauwohnungen, gediegenen Cafés und Restaurants andererseits, was die neue städtische Mittelschicht an Kreuzberg reizt oder zumindest reizen könnte. Denn der prognostizierte Zuzug ist bislang weitgehend ausgeblieben, statt dessen haben Verelendungsprozesse Platz gegriffen. Die Gentrifizierungsgewinner, wenn man das so nennen will, sind das sog. Scheunenviertel und die Gegend um die Hackeschen Höfe, die mittlerweile durch Cafés, Restaurants und Galerien bestimmt werden.

3

Wie wirkt sich die Wechselwirkung von Repräsentation und Materialisation auf den Alltag im Stadtteil aus? Wie werden die Vorstellungen, aufgrund derer die kulturellen Migranten nach Kreuzberg gezogen sind, gelebt? Und wie werden die Veränderungen, die die Wende mit sich gebracht hat, verarbeitet? Wer meint, daß es einen homogenen Kreuzberger Alternativstamm gibt, wer glaubt, daß die Reaktionen auf die Veränderungen einheitlich sind, der wird durch Barbara Langs lebensweltliche Analyse der Rezeptionsweisen der Bilder und Diskurse eines anderen belehrt. Gewiß: auf einen kleinsten gemeinsamen Nenner, nämlich »ein anderes Leben an einem anderen Ort«, läßt sich das Motivspektrum derer, die irgendwann in den späten 70er und frühen 80er Jahren an den Strand der Insel Kreuzberg gespült wurden, schon bringen: »... die Wunschbilder vom ursprünglichen, glücklichen, wilden Leben«, die Bronislaw Malinowski auf den Trobriander-Inseln erfüllt sah. Jenseits dieser Gemeinsamkeit, in der sich der Mythos Kreuzberg als das Andere der Bundesrepublik verdichtet, treten die Unterschiede zutage, die sich unterschiedlichen mentalen Dispositions- und Einstellungsmustern verdanken. Die Gesamtheit dieser Unterschiede mündet in dem, was Lang im Anschluß an Heinz Bude als »Lebenskonstruktion« bezeichnet[4]. Drei typische Lebenskonstruktionen hat die Autorin aus den 20 Gesprächen herauspräpariert, die sie mit Angehörigen der Kreuzberger Szene geführt hat; in fünf individuellen Porträts stellt sie typische Vertreter dieser Haltungen vor. Da sind zunächst die »Utopisten«, die aufgrund ihrer mentalen Starre vielleicht sogar besser als Dogmatiker bezeichnet worden wären, strenge Vertreter der reinen Kreuzberger Lehre, zu Kompromissen und Zugeständnissen nicht bereit, scharfe Richter, die jede Abweichung vom nonkonformistischen Weg geißeln, kurz: »orthodoxe Nonkonformisten« wie der glückliche Ausdruck von Barbara Lang lautet.

In den Veränderungen Kreuzbergs nach der Wende erahnen sie nicht mehr und nicht weniger als den »Untergang« Kreuzbergs. Diesen Dogmatikern stehen die »Pragmatiker« gegenüber, die zwar auch nach Kreuzberg kamen, weil ihnen hier die Verwirklichung bestimmter alternativer Vorstellungen möglich schien, aber diese Vorstellungen sind auf die persönliche Lebensführung bezogen und nicht Ausdruck abstrakter Utopie, deren alltagspraktische Umsetzung geradezu zwangsläufig in fundamentalistischem Eifer enden müßte. Entsprechend gelassen reagieren sie daher auch auf den Transformationsprozeß. Eine dritte Gruppe bilden die »Lifestylisten«, für die Kreuzberg in den 80er Jahren »angesagt« war, der Ort, wo »man« sein mußte. Vertreter dieser Gruppe kehren Kreuzberg relativ leichten Herzens den Rücken, wenn etwas anderes, z.B. das Scheunenviertel oder der Prenzlauer Berg, »the next big thing« ist.

Ähnlich wie der Mythos Kreuzberg wurde auch der »Mythos Mitte« maßgeblich durch dessen visuelle und diskursive Repräsentation ins Leben gerufen, verbunden mit einem Abgesang auf Kreuzberg: »›Nie wieder Kreuzberg‹, erklärte Modedesignerin Claudia Skoda gegenüber dem Stadtmagazin »Tip« und nannte als neues Dorado das »Scheunenviertel«, wo sie fortan leben und arbeiten will. Postkarten, auf denen bisher der morbide Charme Kreuzbergs zur Schau getragen wurde, präsentieren nun Hinterhofidyllen und Fassadenkunst aus Mitte. Manfred Krug, alias »Liebling Kreuzberg«, vollzog in den Fortsetzungsfolgen der Fernsehserie eine ebenso symptomatische wie publikumswirksame Migration; bislang in Kreuzberg ansässig, verlegt auch er seine Kanzlei post Mauerfall nach Berlin-Mitte. Und schließlich konnten auch die letzten

---

4 Vgl. Heinz Bude, Rekonstruktion von Lebenskonstruktionen - eine Antwort auf die Frage, was Biographieforschung bringt, in: Martin Kohli/Günther Robert (Hg.), Biographie und soziale Wirklichkeit, Stuttgart 1984.

Trittbrettfahrer dem »Tagesspiegel« unter der Rubrik »Berlins zweite Gründer-zeit« entnehmen: ›Weder Kreuzberg noch Prenzlauer Berg: Auch die Szene orientiert sich aus ihren angestammten Revieren in Richtung Mitte‹«.

4

Bislang ist ethnologische Stadtforschung in der Regel Ethnologie *in* der Stadt, eine Ethnologie, die Paradigmen, Perspektiven und Forschungswerkzeuge aus den klassischen Feldern in den Stadtraum transferiert, nicht Ethnologie *der* Stadt, eine Ethnologie, die zuerst nach den Spezifika urbaner Existenz, nach der Stadt nicht nur als Lebensraum, sondern auch als Lebensform fragt. Konse-quenterweise konzentriert sich das Gros der Studien auf ein Stadtviertel, auf einen Häuserblock, auf eine Straße oder gar nur auf ein Haus. Der begrenzte Umfang des setting, der der intensiven Feldforschung so entgegenkommt, be-grenzt freilich auch den Gegenstand, zäunt ihn gewissermaßen ein, und mit ihm den Forscher, der im Feld zur »Einkapselung«[5] als Existenzmodus tendiert. Auf problematische Weise werden so »Feld« und »Welt« in eins gesetzt. Bei der Konzentration auf überschaubare, in sich homogene Gemeinschaften geht nicht nur das Spezifische am Gebilde »Stadt«, sondern auch die spezifische Stadt verloren. Allzuoft gewinnen wir den Eindruck, daß der konkrete Untersu-chungsort ebensogut auch in einer anderen Stadt hätte liegen können. Aber ist in einer bestimmten historischen Phase – um zu unserem Thema zurückzukom-men – Kreuzberg ohne (West-)Berlin und (West-)Berlin überhaupt ohne Kreuzberg verstehbar? Barbara Lang hat diese Frage mit ihrer innovativen Stu-die eindeutig beantwortet und am Beispiel Kreuzberg zugleich gezeigt, wie eng Ethnologie in der Stadt mit Ethnologie der Stadt verflochten ist: »Der Mythos Kreuzberg konnte nur in einem Umfeld wie West-Berlin gedeihen und existie-ren, umgekehrt wurde das Image und die Atmosphäre West-Berlins durch kei-nen anderen Stadtteil so wirkmächtig repräsentiert und geprägt wie durch Kreuzberg« – »Kreuzberg defined Berlin style for years« heißt es in der Bord-

---

5   »Einkapselung« (encapsulation) ist einer der von Ulf Hannerz herauspräparierten spezi-
    fischen urbanen Existenzmodi. Er entspricht dem des städtischen »Dörflers« (urban vil-
    lager). Vgl. Ulf Hannerz, Exploring the City. Inquiries Toward an Urban Anthropology,
    New York 1980, S. 255-261.

zeitschrift einer Belgischen Fluggesellschaft. Die Charakteristik einer Stadt läßt sich offenbar am besten über prädestinierte Orte interpretieren. Für das Verstehen von (West-)Berlin zwischen 1961 und 1989 lieferte Kreuzberg das Schlüsselszenario.

Mit ihrer Dissertation hat Barbara Lang für uns alle einen wichtigen Schritt auf dem Weg zu einer *Stadt*ethnologie getan, die diese Bezeichnung verdient.

Rolf Lindner

Danksagung

Franziska Becker, Ulrike Langbein, Heike Riesling-Schärfe, Bastian Bretthauer und Gisela Kirschberg haben mich bei meiner Arbeit über Kreuzberg mit vielen Gesprächen unterstützt. Ihnen gilt mein besonderer Dank; ebenso wie Käthe, Matthias, Caroline, Tanja, Paul, Ulrich, Joachim, Boris und Lady X, denn ohne ihre Geschichten über Kreuzberg wäre diese Arbeit nicht zustande gekommen. Mein Dank gilt ferner Hartmut Häußermann, Gottfried Korff und Gisela Welz für ihre Anregungen und für ihre Unterstützung. Ebenso Christian Rüter und Beate Smandek für ihre Geduld bei Layouten und Korrigieren. Ganz besonders aber möchte ich Rolf Lindner danken. Er hat diese Arbeit von Anfang an begleitet, unterstützt und kommentiert und dabei weder die Geduld noch die Anteilnahme verloren. Nicht zuletzt möchte ich mich bei Wolfgang Krolow bedanken, der mir seine Fotogafien auf unkomplizierte Art zur Verfügung gestellt hat; ebenso dem Evangelischen Studienwerk für die finanzielle Unterstützung dieser Arbeit.

Prolog

Berlin-Kreuzberg:
Ein Bezirk aus zwei Perspektiven

Der Blick von außen

Der Bezirk Berlin-Kreuzberg existiert seit der Verwaltungsreform von 1920, in der acht Städte, 59 Landgemeinden und 27 Gutsbezirke zu Groß-Berlin zusammengelegt und in neue Verwaltungsbezirke unterteilt wurden. Kreuzberg ging aus der ehemaligen Friedrichsstadt, der Luisenstadt und der Tempelhofer Vorstadt als sechster von insgesamt 20 Berliner Verwaltungsbezirken hervor. Seinen Namen erhielt der Bezirk nach dem 66 m hohen Kreuzberg, auf welchem außerdem eine berühmte Sehenswürdigkeit des Stadtteils zu besichtigen ist: Schinkels Nationaldenkmal für die Befreiungskriege von 1813 – 1815.

Der Stadtteil hat 150 000 Einwohner (1997) und ist 10,38 km² groß. Dabei muß man unterscheiden zwischen dem westlicher gelegenen »Kreuzberg 61« und dem östlichen Abschnitt »Kreuzberg 36«. Kreuzberg 61 repräsentierte immer schon den etwas vornehmeren, bürgerlichen Teil, während SO 36, wie Kreuzberg 36 nach dem alten Postzustellungsbezirk »Südost 36« auch heute noch bezeichnet wird, als Arbeiter- und Arme-Leute-Viertel gilt.

Bis zur Wiedervereinigung lag der Stadtteil am östlichen Rand West-Berlins und war an drei Seiten von Grenzen zur DDR umgeben (von insgesamt 18,7 km der Bezirksgrenze grenzten 8,7 km an Ost-Berlin): Nördlich verlief diese Grenzziehung in Form von Mauer und Spree, südöstlich markierte der Landwehrkanal die Grenze zum real existierenden Sozialismus. Kreuzberg 36 lag, abgesehen von einem kleinen Abschnitt im Westen, nahezu vollständig innerhalb dieses Grenzverlaufs, und weil es in dieser Studie vor allem um die Implikationen von Mauerbau und Mauerfall für den Stadtteil geht, wurde der Fokus auf SO 36 gelegt.

17

Die Grenzziehung zur DDR beeinflußte das alltägliche Leben im Kreuzberg 36 nachhaltig. Wenn man z.b. noch vor 10 Jahren die Köpenicker oder Schlesische Straße entlanglief, lag der Verkehr nahezu still, denn die beiden Straßen endeten jäh – an der Mauer; es gab nur wenige Einkaufsmöglichkeiten in diesen Sackgassen und dementsprechend waren auch wenige Passanten zu sehen. Ähnliche Stimmungsbilder ließen sich für die Tabor- und die Sorauer Straße, für die Lausitzer und die Liegnitzer Straße beschreiben. Überall ging das Leben seinen ruhigen, fast kleinstädtischen Gang.

Für Leben sorgten in erster Linie die in Kreuzberg heimisch gewordenen türkischen Migranten (der Ausländeranteil in Kreuzberg beträgt rund 34 %, wobei die türkische Bevölkerung mit knapp 19 % den größten Teil ausmacht). Sie eröffneten Imbißstuben und Gemüseläden, Änderungsschneidereien, Reisebüros und Bäckereien – und vor allem: Sie verlagerten ohne Scheu ihr Leben auf die Straße. Insbesondere im Sommer entwickelt sich so in vielen Straßenzügen Kreuzbergs eine mediterran anmutende Atmosphäre: Frauen und Männer sitzen auf Holzkisten oder Klappstühlen auf den Bürgersteigen und trinken Tee; Kinder spielen Fußball oder klettern lärmend auf parkenden PKWs; mit Kopftüchern verhüllte Frauen tragen prall gefüllte Plastiktüten nach Hause, und von irgendwo erklingt fast immer orientalische Musik.

Für Aktivität und Bewegung sorgten außerdem die vielen Wahl-Kreuzberger, die es vor allem aus schwäbischen, bayerischen und anderen, eher ländlich-kleinbürgerlichen Gegenden nach Kreuzberg gezogen hat. Hier fanden sie einen Freiraum, in dem sie all jene Bedürfnisse und Ideen ausleben konnten, die zu verwirklichen man ihnen im konservativen Süden versagte. Hier fanden sie aber auch einen Leerraum, in dem die unzähligen Bemühungen um alternative Lebens- und Arbeitsformen realisiert werden konnten: Wohngemeinschaften genauso wie gemeinsam und nicht hierarchisch organisierte Handwerksbetriebe, Architekturbüros, die sich auf ökologisches Bauen spezialisierten, Bioläden, aber auch Meditationsgruppen und Yogaschulen, Mietervereine, Anti-AKW-Gruppen usw.

Schließlich gab und gibt es natürlich auch die angestammten Berliner. Die meisten von ihnen führen ein ganz ›normales Leben‹, sie gehen arbeiten, trinken ihr Feierabendbier in einer der vielen Eckkneipen oder sitzen mit der Fernbedienung vor dem Fernseher. Irgendwie nimmt man sie weniger wahr als die anderen. Vermutlich weil sie allem Anschein zum Trotz immer noch die Mehrheit bilden und unsere Wahrnehmung sich gerne auf Außergewöhnliches richtet.

»Der Ordnungssinn scheint sich hier nicht so ausgeprägt die Bahn zu brechen wie sonst.« (Ulrich)   *Quelle*: Wolfgang Krolow

Der Blick von innen:
Die Wrangelstraße in SO 36 am 29. Dezember 1995

»Es ist 10.00 Uhr – bis 13 Uhr haben die Läden geöffnet, und es herrscht besonders viel Leben in der Oppelner und der Wrangelstraße, hinten am Schlesischen Tor: Alle decken sich mit Lebensmitteln für die nächsten drei Tage ein.

Die Wrangelstraße ist eine Geschäftsstraße mit viergeschossigen Häusern; die wenigsten sind frisch renoviert, und vielen könnte ein neuer Anstrich nicht schaden. Überall parken Autos, auch in zweiter Reihe, oft sind es junge türkische Männer, die stolz ihren dicken BMW mit verdunkelten Scheiben und Heckspoiler präsentieren.

Das Angebot in der Wrangelstraße ist bescheiden. Hier gibt es mehr oder weniger das, was man zum Leben braucht: Lebensmittel – und sicherlich keine Feinkost; Änderungsschneidereien, Kohlenhändler und Schuster; Videotheken, ein CD-Verleih und ein paar Berliner Eckkneipen – z.B. das »Kreuzberger Eck – bei Herta und Rolf«, das »Bierhaus 2« oder den »Wilden Eber«; außerdem gibt es ein relativ breites Angebot von und für türkische Migranten: Reisebüros, Imbißstuben, Frisöre und türkische Bäckereien. Schließlich findet man auch Läden und Dienstleistungen, die sich vorwiegend an die jüngere, alternative Szene in Kreuzberg richten: ein Copy-Shop und daneben eine Bar, ein ökologisches Lebensmittelgeschäft und eine Vollkornbäckerei. Dort wo noch vor ein paar Monaten das »Café Kuckucksei« war, klafft nun eine Baulücke.

Manche Geschäfte haben auch heute – trotz der Kälte – ihre Auslagen nach draußen gestellt. Die beiden Ramschläden zum Beispiel, in denen es alles für wenig Geld zu geben scheint: Tupperschüsseln und Servietten, Küchenuhren und Geschirr, Teesiebe, Flaschenöffner, Pappbecher, Gießkannen, Lottoannahme. Meist kramen hier türkische Frauen, bleiben kurz stehen und stellen ihre schweren, prall gefüllten Plastiktüten ab. Heute ist es auch ihnen zu kalt. Sie gehen weiter, erledigen den Rest ihrer Besorgungen oder gehen nach Hause.

Die Straßen sind mit Eis und etwas Schnee bedeckt, und überall rutschen mit Einkaufstüten Beladene die Bürgersteige entlang. Vor »Kaiser's« in der Wrangelstraße hat sich trotz der Kälte – minus 14 Grad soll es heute haben – bereits ein Grüppchen zum gemeinsamen Bier versammelt. Eine Frau geht vorüber und fragt: »Na, schmeckt das schon?« »Det muß schmecken. Det is de beste Medizin« antwortet ihr einer.

Innerhalb des kleinen Supermarkts schieben die Kunden mit ihren Einkaufswagen entlang, und ein Blick in die Einkaufwagen gibt Aufschluß über das morgige Silvestermenü. Der große Mann vor mir hebt sich ab vom Rest: Er stellt fünf Flaschen »Käfer«-Sekt und zwei Flaschen Prosecco aufs Band; außerdem Ketchup, Senf und Pickles, ein Glas saure Gurken – es scheint Fondue zu geben. Er hebt sich ab vom Rest, denn die meisten, die hier einkaufen gehen, haben kein Geld für Prosecco und »Käfer«-Sekt. Ihre Wagen sind gefüllt mit abgepackter Wurst und Fleischsalat, mit »A & P«-Milch und Chips-Tüten. Den Alkohol kaufen sie nebenan bei »Hoffmanns Getränkemarkt«: »Kindl«-Bier und, weil heute Silvester ist, vielleicht eine Flasche »Asti«.

Die türkischen Gemüsehändler haben in Anbetracht der Temperaturen ihre Auslagen nach drinnen geholt. Die ansonsten so einladenden Läden, die ihr buntes Obst und Gemüse vor dem Laden verkaufen, wirken heute stumpf und zugeknöpft: Die Fenster sind angelaufen und verschmiert, man sieht nicht ins Ladeninnere. – Doch drinnen herrscht reger Betrieb. Die überwiegend junge deutsche Kundschaft hat es ihren türkischen Nachbarn abgeschaut und füllt die Tüten selber mit kritisch prüfendem Fingerdruck. Diese Gemüseläden sind nahezu der einzige Ort, wo Völkerverständigung stattfindet – und wenn es nur um ein Kilo Orangen geht. Hier mischen sich unter Kopftüchern verhüllte Frauen und Jungs mit blonden Dreadlocks, Girlies und türkische Machos. Ansonsten geht man eher getrennte Wege.

Draußen auf der Wrangelstraße knallt es. Die türkischen Jungs beginnen bereits vor dem eigentlichen Silvestertag mit ihren Böllern und Knallfröschen zu schießen: Sie bewerfen sich gegenseitig, lauern an Straßenecken, schreien und haben einen Riesenspaß. Immer wieder jault ein Heuler auf, erglimmt am Himmel ein rotes Licht – erschrickt ein unachtsamer Passant.

Im ökologischen Lebensmittelgeschäft »Biotopia« ist es dagegen ruhig; die Kundschaft geht um diese Zeit – inzwischen ist es 10.30 Uhr – noch nicht einkaufen. Auch der Verkäufer hinterm Ladentisch sieht noch ziemlich verschlafen aus. Er ist dünn und blaß, hat langes, strohiges und etwas verknotetes Haar, trägt schwarze Jeans und mehrere dunkle Pullover übereinander. Vor mir wird eine Frau bedient. Sie hat große bunte Ohrringe und kauft »Demeter«-Milch, eine Packung Tofu, ein Vollkornbrot und ein Glas »Sambai« (»Nutella«-Ersatz aus kontrolliert biologischen Haselnüssen).

Beim Metzger ist es kalt und ein bißchen schmuddelig. Die Auslage ist ohne jeglichen Manierismus. Es gibt Wurst und Fleisch, keine Feinkostsalate, keine bereits gebratenen Hühnerschenkel, saure Gurken gibt es nur aus dem großen Plastikkübel, Cornichons, Senf oder ähnlichen Schnickschnack muß man sich anderswo besorgen. Der Wurstaufschnitt liegt stapelweise nebeneinander – daß das Auge mitißt, scheint man hier noch nicht gehört zu haben. Eine Verkäuferin erzählt gerade ihrer Kollegin, daß sie heute abend 30 Frikadellen braten wird. »Weeste, und wenn wat übrig bleibt, kann ick det prima einfrieren.«

Ich rutsche wieder zurück, in die Oppelner Straße. Von hier aus sieht man auf die Linie 1 der Berliner U-Bahn, die in Kreuzberg als Hochbahn verläuft. Früher, bis zur Wiedervereinigung, endete diese Linie am Schlesischen Tor. Inzwischen fährt sie weiter, in den Bezirk Friedrichshain bis zur Warschauer Straße. Eine Frau, die mir entgegenkommt, müht sich mit einem Pack Briketts ab. Zwei lachende Girlies tragen je eine Flasche »Freixenet« im Arm. Sie haben sich ausgerüstet für die Party morgen abend. Mit Spängchen im Haar und orangefarbenem Kurzmantel im Siebziger-Jahre-Look tragen sie den aktuellen Zeitgeist durch die Straße. In der Oppelner Straße 6 wird gerade die Fassade erneuert, das Dach ausgebaut und der Giebel verglast. Zeichen des Wandels.«

Obwohl ich nur kurz und ohne ›Schnörkel‹ die wichtigsten Zahlen, Daten und Fakten über den Bezirk Kreuzberg nennen wollte, bin ich episch geworden. Über Kreuzberg zu schreiben, Kreuzberg zu beschreiben, so scheint es, ist nicht möglich, ohne plakative Klischees zu bedienen. Sie gehören zu Kreuzberg dazu. Sie bilden ein ›Faktum‹ neben Bevölkerungszahl, Fläche und Ausländeranteil. Bilderwelt und Lebenswelt, Fiktion und Alltagserfahrung sind längst miteinander verwoben und lassen sich nicht mehr trennen. *Wie* diese Verflechtung allerdings aussieht, wie sie entstanden ist und welche Bedeutung und Wirkung sie für den Stadtteil hat – das ist Thema dieses Buches.

Einleitung

Kreuzberg ist nicht mehr Kreuzberg

Der Sturm der Veränderung

»Kreuzberg heute ist ins Zentrum des vereinigten Berlin geschleudert worden. Es kann im Zentrum kein Getto geben. Berlin kann weder uns noch die Türken brauchen. Schon sind die Spekulanten da, schon steigen die Mietzinse, schon kommt die Mittelschicht. Weist uns die Tür.«
Diese Passage aus dem 1991 herausgekommenen Roman »Berlin – Letzte Vorstellung. Abschied von Kreuzberg« von Kits Hilaire fügt sich in einen vielstimmigen Chor unterschiedlichster Kommentatoren, die kurz nach Mauerfall Berlin insgesamt und Kreuzberg im besonderen eine grundlegende Metamorphose prophezeiten. Denn als am 9. November 1989 die Mauer und wenig später auch der Würfel in der Hauptstadtentscheidung für Berlin gefallen war, wurde klar: Berlin wird sich verändern. Und obwohl seither ein enormes Maß an Spekulation für die zahlreichen Debatten über die Zukunft der Stadt kennzeichnend ist, besteht eine erstaunliche Übereinstimmung darin, daß sich Berlin zur wirtschaftlichen und politischen Direktionszentrale entwickeln wird.

Ihren sinnfälligen Ausdruck fand die prognostizierte Verwandlung schon bald in den Titelbildern neuaufgelegter »Merian« bzw. »GEO-Special«-Hefte: Aus »Berlin« wurde »Metropole Berlin« (GEO) bzw. »Hauptstadt Berlin« (Merian) und ein auf Punk gestyltes Mädchen, das bei GEO 1987 Modell und Pate für ›Berlin‹ stand, wurde in der Ausgabe von 1991 durch »Gold-Else« und Siegessäule ausgetauscht. Nicht nur die Umschlagbilder der beiden Hochglanzmagazine symbolisierten so den Umschwung und Aufbruch zu einem neuen Berlin; allenthalben wurde der »Schritt in eine neue Dimension«, »Berlins zweite Gründerzeit« bzw. die »Kulisse der neuen Haupt- und Weltstadt Berlin« gefeiert und gleichsam das alte Bild der schrillen Szene-Stadt durch das neue Leitmotiv der Hauptstadt, die sich auf ihre historischen Wurzeln besinnt, verdrängt.[1]

Diese Verdrängung der Szene – auch und gerade aus Berlin-Kreuzberg – scheint die zitierte Romanautorin Kits Hilaire gewittert, befürchtet oder verspürt zu haben – und so nahm sie beizeiten ihren Abschied, ließ Kreuzberg zurück, überließ den Stadtteil seinem Schicksal und gleichsam ihren Nachmietern: der neuen Mittelschicht.

Ähnliche Migrations- und Wandelprozesse in Kreuzberg vermeldeten die Schlagzeilen der Printmedien: »Das Mekka der Alternativen im Wandel zum exklusiven Yuppie-Viertel«; »Kreuzberg, der Anziehungspunkt für ›Aussteiger‹ ist zur guten Adresse für ›Einsteiger‹ geworden«; »Kreuzberg, das Armeleuteviertel (...) wird schick und zieht neue Bewohner an «; »keine Fassade, die nicht erneuert würde. Kein Hinterhof, der nicht völlig umgestaltet würde.«[2]

In diesen Schlagzeilen artikuliert sich die Erwartung, wegen der Hauptstadt- und Regierungsfunktionen Berlins würden zahlreiche Investoren und neue Bewohner in die Metropole und daselbst vorzugsweise in citynahe Innenstadtbezirke wie Kreuzberg ziehen. Diese neu zuziehenden Mieter gehören anderen Berufsmilieus an als die bisherige Bevölkerung (Marketing, Finanz- und Unternehmensberatung etc.) und charakterisieren sich durch einen entsprechend anderen Lebensstil; über kurz oder lang schlagen sich ihre Bedürfnisse in bezug auf Wohnraum, Konsum- und Freizeitverhalten in einer veränderten örtlichen Infrastruktur nieder: Bars, Cafés, Boutiquen und Delikatessengeschäfte eröffnen an Stelle der Eckkneipen und Supermärkte; zudem werden einfache Altbauwohnungen renoviert und modernisiert – ein Luxus, der in höheren Mieten resultiert und den sich viele der angestammten Bewohner nicht mehr leisten können.

Der Terminus technicus, mit dem die Stadtforschung vergleichbare Entwicklungen in den Innenstädten anderer Großstädte benennt, lautet Gentrification, deutsch Gentrifizierung. Gemeint ist damit die skizzierte Veränderung innenstadtnaher Wohngebiete im Zuge eines ökonomischen Wandels, der sich insbesondere in der Gestalt großer Städte materialisiert. Wesentlich für diesen ökonomischen Transformationsprozeß ist die Zunahme der Dienstleistungen gegenüber der Fertigungsindustrie und deren Konzentration im Zentrum eini-

---

1 Welt am Sonntag 18/19.09.1993; Tagesspiegel 19.04.1994.
2 Neue Zeit 14.03.1992; Berliner Zeitung 17./18.08.1991; Stuttgarter Zeitung 10.07.
1993; FAZ 17.12.1992.

ger Weltstädte wie etwa New York, London, Frankfurt am Main oder Tokio – und bald, so wird spekuliert, auch in Berlin. Die im Dienstleistungssektor beschäftigten leitenden Angestellten schätzen kurze Wege und urbanes Leben und wohnen deshalb bevorzugt in den Innenstädten, möglichst nahe beim Arbeitsplatz. Die zuvor beschriebenen Wandelprozesse greifen dann Raum.

Doch der Blick auf Kreuzbergs Metamorphose allein aus dieser Perspektive, welche die neue Dienstleistungsökonomie, genauer: die ökonomische Dimension von Gentrifizierungsprozessen, in den Mittelpunkt ihrer Betrachtung stellt, hieße, Kreuzberg als exemplarisch für viele andere gentrifizierte Innenstadtbezirke zu verstehen. Kreuzberg wäre dann mehr oder weniger austauschbar mit Prenzlauer Berg oder Schöneberg, aber auch mit Köln-Nippes, dem Hamburger Stadtteil Ottensen oder gar mit US-amerikanischen Neighbourhoods wie der Lower East Side in New York. Dies würde dem ›Fall‹ Kreuzberg nicht gerecht. Nicht nur aufgrund seiner historisch und gesellschaftlich einmaliger Situation infolge der deutsch-deutschen Wiedervereinigung; der Stadtteil ist auch insofern einzigartig, als er ein ideologisch aufgeladenes Klischee, ein Alltagsmythos geworden ist, wie spätestens mit der Publikation »Mythos Kreuzberg. Reflexionen einer Wirklichkeit«, herausgegeben vom Bezirksamt Kreuzberg, gleichsam offiziell und amtlich bekannt gegeben wurde.[3]

Am Anfang war das Wort – Mythos Kreuzberg

»Kreuzberg«. Wie viele Assoziationen, wie viele Bilder dazu sind im Umlauf: »In Kreuzberg vergißt man, daß anderswo etwas anderes existiert, daß es anderswo die Natur, die normalen Leute gibt. (...) Man verliert das Gefühl für die Außenwelt. Für das Jenseits der Mauer«. »Kreuzberg – kein anderer Stadtteil in Deutschland ist so bunt, bizarr, verrückt, so unfaßbar. Fast ein ferner Planet.«[4]

»Ich fand hier immer so Sommer, Wiese, Urlaub. Man ging auf die Straße und da waren lauter Türken. Und ich dachte manchmal: ›Ich bin gar nicht mehr in Deutschland hier‹.« (Lady X) »Kreuzberg war 'ne Insel.« (Tanja)[5]

3   Krautschick 1991.
4   Hilaire 1991, S. 82; Quick Mai 1987.
5   Zitate aus Gesprächen, die ich mit Kreuzbergern geführt habe. Der Name der beiden Gesprächspartnerinnen ist wie auch die Namen der übrigen Personen codiert. Tanja wird im 4. kapitel ausführlich porträtiert. Lady X ist 24 Jahre alt, lebt seit 1988 in Kreuzberg und verdient sich ihren Lebensunterhalt als Artistin.

Dieses Potpourri aus literarischen Beschreibungen, journalistischen Skizzen und lebensweltlichen Erfahrungen verdichtet sich zu einer gemeinsamen Aussage: Kreuzberg war »Insel«, »Planet« bzw. »Jenseits« und gehörte nicht mehr so recht zu Deutschland dazu. Mit dem Begriff »Kreuzberg« wurden und werden offenbar Sinn- und Bedeutungsgehalte transportiert, die weit über den geographisch verortbaren Berliner Stadtbezirk hinausweisen: Kreuzberg ist anders, bizarr und ungewöhnlich, eine exotische Insel abseits bzw. jenseits der bundesrepublikanischen Normalität.

Roland Barthes bezeichnet derlei Assoziations- und Bedeutungsbündel, die sich mehr unbewußt als bewußt mit den Gegenständen verbinden, als »Mythen des Alltags«. Der Mythos, so Barthes, ist eine Botschaft, die über die reine Materialität der Gegenstände hinausweist.[6] – Diese Botschaft wird in den unterschiedlichen Versionen des Mythos immer wieder aufs neue erzählt; allein die Struktur, die Botschaft des Mythos bleibt sich gleich. Im Fall Kreuzberg erzählt der Mythos in unterschiedlichen Spielarten von der Opposition des Viertels gegenüber dem bundesrepublikanischen Mainstream: Bohème in den sechziger Jahren, Alternativkultur in den siebziger Jahren sowie Protest und »Null Bock« in den achtziger Jahren – immer aber ist Kreuzberg Jenseits, Insel und ferner Planet, immer ist Kreuzberg anders als der Rest Berlins bzw. Deutschlands.

Diese Gegensatzpaare markieren zugleich ein weiteres Merkmal des Mythos: »Der Mythos hat sein Wesen darin, daß er möglichst viele Sinnelemente unter die Leitfigur eines oppositionellen Codes bringt.«[7] »Das mythische Denken geht von der Bewußtmachung bestimmter Gegensätze (aus) und führt zu ihrer allmählichen Ausgleichung (hin)«[8]. Die Welt als ganze wird im Mythos also dergestalt dargestellt, daß sie in zwei absolut voneinander geteilte, unversöhnlich einander gegenüberstehende Hälften zerfällt: Leben – und Tod, das Weibliche – und das Männliche, Zivilisation – und Barbarei ...

In bezug auf Kreuzberg lassen sich damit drei wesentliche Grundfiguren des Mythos beschreiben: Zum einen transportiert der Begriff »Kreuzberg« eine Botschaft – ›Kreuzberg ist gelebte Andersartigkeit und Enklave der Außenseiter‹, diese Botschaft wird zweitens in vielfältigen, zahlreichen Varianten nacherzählt, drittens schließlich basiert diese Botschaft auf einem oppositionellen

---

6 Barthes 1964, S. 85 f.
7 Siegel 1994, S. 219.
8 Lévi-Strauss 1991, S. 247.

Code: draußen in Kreuzberg – drinnen in der Bundesrepublik; die Insel – das Festland; das Bizarre – das Eintönige; das Andersartige – das Normale. Derart mythische Aussagen sind zwar hochgradig selektiv, niemals jedoch reine Willkür. »Es gibt keinen Mythos ohne motivierte Form«[9], es gibt keinen Mythos, der völlig aus der Luft gegriffen ist. Auch für den »Mythos Kreuzberg« läßt sich solch eine Motivierung finden: Berlin insgesamt genoß bis 1989 einen Sonderstatus, und innerhalb dieses ohnehin außergewöhnlichen Terrains nahm Kreuzberg durch seine geographische Lage am Rande West-Berlins eine zusätzlich exponierte Stellung ein. An drei Seiten war der Stadtteil von der Mauer bzw. ›natürlichen Grenzen‹ zur ehemaligen DDR umgeben. Insofern befand sich der Bezirk ohnehin bereits in einer Art Abseits, und die rigide Sanierungspolitik in den sechziger Jahren trug ihren Teil zur weiteren Marginalisierung Kreuzbergs bei: Quer durch den Bezirk war eine Autobahn geplant, der die alte Bebauung zum Opfer fallen sollte; an der Stelle der Kreuzberger Funktionsmischung aus Wohnen, Arbeiten und Freizeit sollten getreu der fordistischen Stadtplanung moderne monofunktionale Wohnsilos entstehen – auch für sie mußte Platz geschaffen, mußten also Altbauten abgerissen werden. Vor diesem Hintergrund war die Renovierung und Sanierung der alten Gebäude für Immobilienbesitzer nicht mehr lohnenswert: Wo Abriß geplant war, mußte Sanierung als Geldverschwendung erscheinen, und so fiel die Baustruktur immer stärker dem Verfall anheim.

›Schulter an Schulter‹ mit dem real existierenden Sozialismus, abgekoppelt von der Bundesrepublik, zudem in baulichem Zerfallszustand und von morbider Ästhetik – diese materielle Basis bildete den Grundstein des »Mythos Kreuzberg«: Das zurückgelassene Abseits bot einerseits ein großzügig überlassenes Exerzierfeld für alternative Lebensformen und andererseits eine passende Projektionsfläche für unterschiedlichste Aussteigerutopien des ›anderen Lebens im anderen Stadtteil‹. Insbesondere die Medien schufen mit ihrer Thematisierung und Darstellung Kreuzbergs im Sinne eines ›anderen Orts‹ nach und nach ein Vorstellungsbild, das Kreuzberg als *den* Gegenentwurf zur bundesrepublikanischen Gesellschaft repräsentierte.

Doch es geht um mehr als um die Behauptung, daß der Stadtteil zum Symbol geworden ist. Die Bilder vom und die Diskurse über den Stadtteil wirkten auch auf dessen Werdegang und Gestaltwerdung ein. Indem sich die Repräsentationen des Stadtteils seit ca. Mitte der siebziger Jahre immer wieder auf

---

9 Barthes 1964, S. 108.

Kreuzbergs Andersartigkeit, Randposition und Exotik kaprizierten, funktionierten sie zugleich wie besonders wirksame Reklamespots, die bei ihrer Zielgruppe ankamen und Andersartige, Randseiter und Exoten nach Kreuzberg zogen. Je zahlreicher diese Klientel aber in Kreuzberg heimisch wurde, desto plastischer und schillernder konnte das daraufhin wieder produzierte Bild des Stadtteils gemalt werden. Der bildhafte Entwurf ging seiner Realität stets ein Stück voraus. Am Anfang war das Wort. – Allerdings: Nach zahlreichen Wechselwirkungen zwischen Bilderwelt und Lebenswelt war in Kreuzberg tatsächlich eine Art utopischer Gegenentwurf zur bundesrepublikanischen Gesellschaft, eine Nische für Outdrops und Nonkonformisten entstanden.

In einem ersten Schritt gilt es darzustellen, wie dieser Konstruktionsprozeß funktioniert hat, wie das klar umrissene Vorstellungs- und Bedeutungssystem ›Kreuzberg‹ zustandegekommen ist und wie der Entwurf sukzessive Gestalt und Form angenommen hat (3. Kapitel, »Mythos Kreuzberg«).

Das Konzept der »symbolischen Gentrifizierung«

Mit dem Fall der Mauer am 9. November 1989 waren auch die Bedingungen für eine neue Bilderwelt Kreuzbergs geschaffen, ließ sich doch der Topos von der Gegenwelt »Kreuzberg« unter den veränderten Konstellationen nicht mehr länger halten. Inmitten des künftigen politischen und ökonomischen Zentrums hatte und hat das Bild des Außenseiterbezirks nichts mehr verloren. Das Jenseits gesellschaftlicher Normen und Regeln kann nicht im Zentrum der bundesrepublikanischen Hauptstadt liegen, und durch die räumliche Metamorphose des Stadtteils – vom Rand zur Mitte – funktioniert das alte Kreuzbergbild auch gar nicht mehr. Als zentral gelegener Innenstadtbezirk kann der Stadtteil nicht mehr Projektionsfläche für utopische Bildwelten am Rande oder sogar jenseits der Normalität sein. Die Motivierung für den »Mythos Kreuzberg« war aufgrund der historischen Ereignisse verlorengegangen, der Stadtteil brauchte ein neues, zeitgemäßes, der veränderten Topographie entsprechendes Image. Schon kurze Zeit nach dem Mauerfall lancierte der damalige Bezirksbürgermeister Peter Strieder deshalb einen Essaywettbewerb zum Thema »Ein neues Kreuzberg braucht das Land, keine neuen Mythen. Entdeckt Kreuzberg neu!«[10] Doch Strieders Bemühungen waren überflüssig, denn ohnehin war ›der

---

10 Vgl. z.B. Die Zeit Nr. 53 vom 25.12.1992.

Fall‹ Kreuzberg journalistische Etüde für Fortgeschritte und Anfänger gleichermaßen. Auch nach 1989 blieb Kreuzberg also unter den »Top 10« in der Medienberichterstattung. Beschrieben wurde mehr oder weniger unisono der heftige und drastische Wandel des Bezirks: »Der ›Schmuddelbezirk‹ wird zu einer ersten Adresse«. »Keine Fassade, die nicht erneuert würde. Kein Hinterhof, der nicht völlig umgestaltet würde. Statt der gemeinsamen Außenklos nun die individuelle Naßzelle (...). Richtig schick wird es hier und richtig teuer.«[11]

Charakteristisch für diese und andere Repräsentationen ist ihre strenge Organisation nach dem Ordnungsmuster eines ›Vorher‹ und ›Nachher‹; und zwar nicht nur im Sinne einer Chronologie, sondern ebenso im Sinne eines soziokulturellen Prä und Post. So plötzlich wie sich der Fall der Mauer vollzog, so grundlegend und heftig hatte sich auch die soziokulturelle Veränderung des Stadtteils zu vollziehen. Aus Schmuddel wird Schick, aus Nische Zentrum, aus dem Anziehungspunkt für Aussteiger erste Adresse für Einsteiger.

Diese Repräsentation bleibt jedoch nach wie vor weitgehend Spekulation. Ein kurzer Blick in die Statistik genügt, um die behaupteten Veränderungen Lügen zu strafen. Mit 16,1 Prozent Sozialhilfeempfängern (Berliner Durchschnitt: 6,7 Prozent) im Jahr 1997 liegt Kreuzberg in absoluter Führung. Das monatliche Durchschnittsnettoeinkommen in Kreuzberg liegt 550 DM unter dem Berliner Gesamtdurchschnitt, und 8,6 Prozent der Kreuzberger verfügen über ein monatliches Nettoeinkommen von unter 1000 Mark.[12]

Wie läßt sich diese verzerrte Wahrnehmung erklären? Gerade weil das andersartige Vorher so populär und wirkmächtig geworden war, so meine Überlegung, überschlugen sich die Diskurse über das Nachher – und zwar im Sinne eines exakten Spiegelbildes. So andersartig der Stadtteil vor 1989 gewesen war, so radikal und hundertprozentig hatte sich nun dessen Angleichung an die ›normalen‹ Berliner Verhältnisse nach 1989 zu vollziehen.

In gewisser Weise blieb der »Mythos Kreuzberg« damit auch nach 1989 für den Stadtteil von Bedeutung: Zum einen ist die verzerrte Wahrnehmung des gegenwärtigen Kreuzberg durch den Mythos Kreuzberg bedingt; nur in Anbetracht des extremen Vorher macht die Darstellung eines entsprechend drastischen Nachher Sinn. Des weiteren übernimmt der Mythos eine wesentliche Funktion für die Deutung der beschriebenen Wandelprozesse: Das Gegensatzpaar, bestehend aus der (ehemaligen) Enklave Kreuzberg auf der einen Seite

---

11 Berliner Zeitung 17.08.1991; taz 07.11.1992.
12 Vgl. Statistisches Landesamt Berlin 1996, 1997.

und dem neuen innerstädtischen Zentrum der Hauptstadt auf der anderen Seite, stellt nicht nur eine Opposition zwischen Zentrum und Peripherie, Norm und Andersartigkeit her; das Gegensatzpaar konfrontiert gleichsam Gut mit Böse, Ohnmacht mit Macht, und ordnet die Zerstörung des bisherigen Kreuzberg den bösen Kräften des Zentrums zu. Damit aber konnte zugleich am Wunschbild der heilen Welt und damit an der Utopie des anderen Lebens im andersartigen Stadtteil festgehalten werden. Nicht Kreuzberg hat sich verändert, die anderen, das Zentrum, die Yuppies und die Dienstleistungsökonomie haben den Wandel verursacht. Zum dritten, so meine Hypothese, bleiben die Diskurse und Repräsentationen des ›neuen Kreuzberg‹ nicht ohne Wirkung auf ihre Rezipienten. – Während die einen, wie die Autorin Kits Hilaire, schockiert oder angewidert ihren »Abschied von Kreuzberg« nehmen, weil sie nichts weniger wünschen, als im Herz der neuen Wirtschaftsmetropole zu stehen, feiern andere ihren Einstand. All jene, die im Mittelpunkt des ökonomischen und kulturellen Geschehens der Bundesrepublik stehen wollen.

In beiden historischen Entwicklungsstufen, prä und post Mauerfall, bildete freilich die räumliche Konstellation die Basis für derartige Diskurse und Migrationsprozesse; ohne den einmalig-einzigartigen Fokus des Bezirks am Rande der Inselstadt West-Berlin wären Repräsentation und Materialisation des Stadtteils als Aussteiger-Mekka nicht denkbar gewesen. Genauso, wie das Image des schicken Innenstadtbezirks inmitten Boomtown Berlins nur durch seine neue geographische Position Sinn macht.

Dennoch sind die Bilder mehr als schmückendes Beiwerk. Nicht nur für das Zustandekommen des »Mythos Kreuzberg« waren sie bedeutsam, auch für die Gentrifizierung Kreuzbergs übernimmt die Darstellung des Stadtteils eine tragende Funktion, und sie werden deshalb in dieser Studie als wegbereitend für Gentrifizierungsprozesse konzeptualisiert. Die Bilder von und Diskurse über Kreuzberg bilden einen eigenen, ernst zu nehmenden Faktor, der auf die Konstruktion von Wirklichkeit erheblichen Einfluß nahm und nimmt. Die architektonische und soziale Umstrukturierung des Stadtteils Kreuzberg wurde und wird durch medial gefertigte Images, Bilder und Repräsentationen vorbereitet und begleitet. Sie wirken wie werbewirksame Images, die den Stadtteil als Lebensraum insbesondere für die neue städtische Mittelschicht schmackhaft und goutierbar machen. Mit diesem Konzept, das ich als »symbolische Gentrifizierung« bezeichne, soll die bisherige Forschung, welche Gentrifizierungsprozesse vorwiegend im Kontext sozioökonomischer Veränderungen ins Visier nimmt, ergänzt und erweitert werden.

Diese Dialektik zwischen Bilderwelt und Lebenswelt, die Wechselwirkungen zwischen Darstellung und Gestaltwerdung nicht nur vor, sondern auch nach 1989, sind im 3. Kapitel »Mythos Kreuzberg« dargestellt.

Stimmen aus dem Off

Da es nicht nur um die Feststellung und Erklärung dieser Wechselwirkung aus Repräsentation und Materialisation, sondern auch um deren Auswirkungen auf den Alltag im Stadtteil geht, wurde in Form einer lebensweltlichen Ethnographie nach Erfahrungen und Deutungen dieser Prozesse aus Sicht der Kreuzberger Szene gefragt. Diese Fokussierung auf die Szene erschien sinnvoll, da einerseits – wie noch zu zeigen sein wird – gerade Aussteiger und Angehörige der Alternativszene am ›So-Werden‹ Kreuzbergs, d.h. am wirkmächtigen Image des Bezirks und an dessen Verwirklichung besonders stark mitgewirkt haben. Andererseits hat sich gerade diese Bevölkerungsgruppe besonders stark mit Kreuzberg identifiziert.

Welche Bedeutung hatte und hat der Bezirk für die Angehörigen der Kreuzberger Szene? Kehren die offiziell produzierten und publizierten Bilder in ihrem eigenen Vorstellungssystem wieder? Und wie reagieren diejenigen, die den Stadtteil und sein Image wesentlich geprägt haben, auf die gegenwärtige Metamorphose des Bezirks sowie auf dessen veränderte Reputation? Gehen sie mit der Zeit, oder trauern sie den guten alten Zeiten hinterher? Hängen sie an ihrem alten Kreuzbergbild, oder gehen sie weiter, wie in einer Ausstellung, vom einen Bild zum nächsten? Anhand von fünf Fallbeispielen werden im 4. Kapitel »Rezeptionsweisen« drei typische Bedeutungssysteme und die daraus resultierenden Reaktionsweisen auf die gegenwärtigen wie auch vergangenen Veränderungen innerhalb des Stadtteils dargestellt.

Gentrifizierung als kultureller Transformationsprozeß

Indem ich den »Zeitzeugen der Metamorphosen« zuhörte, öffneten sie mir zugleich die Augen. Sie zeigten mir, wo und wann sich Kreuzberg verändert hatte, und sie machten mich darauf aufmerksam, daß die Verwandlung des Stadtteils nicht nur als Folge des 9. November 1989 und der damit einhergehenden ökonomischen Veränderungen in Berlin und Kreuzberg gleichermaßen zu sehen ist.

So erinnerte sich ein Gesprächspartner, früher hätten die Leute in Kreuzberg noch die Vorstellung gehabt, »daß die Welt veränderbar ist« und sich um diese Veränderung zum Positiven bemüht. Während die jungen Leute von heute sich »mehr um das Individuelle (kümmern). Denen ist wichtig, daß man halt gut gestylt, 'n guten Platz einnimmt und da entsprechend gewürdigt wird. (...) Es begann ja mit der Neuen Deutschen Welle. Wo dann 'ne jüngere Generation kam und es toll fand, in hellen bespiegelten Lokalen zu sitzen und einander zu beobachten und zu gucken, wer einen selber beobachtet. (...) Da trat 'ne Generation auf, die an die Veränderbarkeit der Welt nicht mehr glaubte und die halt froh waren, wenn sie 'nen guten Platz in so 'nem Lokal hatten.«[13]

In diesen Beobachtungen wird die Metamorphose Kreuzbergs, die sich, glaubt man der Medienberichterstattung, 1989, noch dazu ›stürmisch‹ vollzogen haben soll, zeitlich anders archiviert: Sie begann mit der Neuen Deutschen Welle, also Anfang der achtziger Jahre. Zudem werden unterschiedliche Träger der beschriebenen Veränderung genannt: Es sind mehr die Angehörigen einer neuen Generation und nicht so sehr die neue Dienstleistungsökonomie, die als ursächlich für die Verwandlung gesehen werden.

Diese andere Sicht auf Kreuzbergs Veränderung, der auch ich bei meinen Betrachtungen fortan folgte, ist einem grundsätzlich anderen Blickwinkel geschuldet, der die Veränderungen weniger als wirtschaftlichen, sondern sehr viel mehr als kulturellen Wandel interpretiert. Aus dieser Perspektive stellt sich die Gentrifizierung Kreuzbergs, aber auch anderer Innenstadtviertel, als Folge eines generellen kulturellen Wandels dar; eines kulturellen Wandels, der sich in der zunehmenden Ästhetisierung des Alltags artikuliert und der mit dem Terminus »Consumer Culture« auf den Begriff gebracht wird.

Der Begriff Consumer Culture bezeichnet eine Umorientierung innerhalb des Kulturverständnisses, das grundlegende Veränderungen auch und gerade auf der Alltagsebene nach sich zieht. Galten Konsum und Massenkultur noch bis vor ca. 15 Jahren als seichter und oberflächlicher Genuß, wird gegenwärtig die Rezeption populärer Kultur immer stärker im Sinne einer kreativen Praktik – und daher weniger negativ gedeutet. Medien und Werbung, so die neuere Interpretation, zielen nicht mit überwältigender Kraft auf ein passiv ausgeliefertes Subjekt, vielmehr ist dieses Subjekt gegenüber dem Angebot kritisch, und

---

13 Joachim ist freier Autor und Publizist. Er ist 1975 nach Kreuzberg gekommen, war voll und ganz in die Aktivitäten der damaligen sozialen Bewegungen rund um den Chamissoplatz integriert und hat ein Buch über Kreuzberg geschrieben: Das »Kreuzberger Wanderbuch« (Berger o.J.). Seit acht Jahren wohnt Joachim in Lichterfelde.

sein Rezeptionsverhalten weist durchaus auch aktive Züge auf: Im Akt der Wahl werden subjektive Geschmacksdispositionen zum Ausdruck gebracht, und bei der Zusammenstellung der ausgewählten Artefakte kommt die Fähigkeit zum Neuarrangement und zur Eigenkreativität zur Anwendung. Populäre Praktiken werden aus diesem Blickwinkel nicht nur kultiviert, sondern auch kulturalisiert, d.h. sie werden als Zeugnis kultureller Leistung gesehen. So wird z.b. die Auswahl und Zusammenstellung von Kleidung, Frisur und Make-up zur spielerisch-kunstvollen Inszenierung des Selbst; ähnliches gilt auch für die kreative Gestaltung der Wohnwelt, der Freizeitaktivitäten und für das kunstvolle Modellieren eines persönlich-individuellen Lebensstils.

Träger dieses veränderten Kulturverständnisses sind vor allem die Angehörigen der neuen Mittelschicht, die sich wiederum bevorzugt in innenstadtnahen Wohngebieten einquartieren. Die neue städtische Mittelschicht findet nicht nur besonders großen Gefallen am Spiel mit Zeichen und Symbolen, sie sucht und schafft zugleich Räume, wo sich ihr Lebensstil vorführen läßt: Kneipen, Bars und Cafés, Einkaufspassagen mit öffentlichen Atrien, Hairstylisten, die viel Zeit und Raum für individuelle Typberatung einnehmen, aber auch Penthousewohnungen mit verglasten Giebeln, geräumigen Dachterassen und vieles andere mehr. Bedeutende Teile der prosperierenden Großstädte erfahren so durch die Aneignungs- und Nutzungsmuster der neuen Mittelschicht eine erhebliche sozialräumliche Umformung.

Dies ist eine weitere Perspektive, aus der die Verwandlung Kreuzbergs in dieser Arbeit beobachtet, beschrieben und erklärt wird. Wesentlich dafür ist ein Blick, der Gentrifizierungsprozesse als – auch – kulturellen Wandel konzeptualisiert. Zum einen auf der Ebene der diskursiven und bildhaften Repräsentationen, zum anderen auf der Ebene des kulturellen Handelns der Akteure. Beide Ebenen schlagen sich in einer Veränderung des Stadtteils nieder, und sie bilden einen bislang vernachlässigten Strang in der Forschung zur Gentrifizierung.

Rave-o-lution

Noch in einer zweiten Hinsicht ist ein grundlegender soziokultureller Wandel zu beobachten, der einen wichtigen Teil zur Veränderung Kreuzbergs beiträgt und den auch mein zitierter Gesprächspartner in den Vordergrund stellt: Seit Ende der achtziger Jahre formiert sich eine neue Generation, die sogenannte »Generation X«. Im Unterschied zu ihren Vorgängern – der 68er und der alternativen Generation – hat sie sich nicht mehr das Wohl anderer, Weltverbesserung oder Revolution ins Programm geschrieben, vielmehr streben die Kinder der Generation X nach einem Maximum an Glück – und zwar für sich selbst.

Eine Haltung, die nicht prinzipiellem Desinteresse oder gar Ignoranz entspringt, sondern eher einer Art Pragmatismus folgt: Während die 68er und Post-68er Generation noch Alternativen, unbesetzte Standpunkte und neue Thesen finden konnte, ist inzwischen alles schon einmal gesagt worden. Im Stadium der reflexiven Modernisierung, d.h. der stetigen Wiederkehr und des Rückgriffs auf schon einmal Dagewesenes, findet auch die neu heranwachsende Generation keinen Raum mehr für wirklich innovative Ideen. Zudem sind die Jugendlichen der neunziger Jahre desillusioniert durch die vergebliche Mühe ihrer Vorgänger: Trotz intensiver Bemühungen konnte die 68er Generation keine maßgeblichen Verbesserungen oder revolutionären Veränderungen für die Menschheit erwirken. Statt dessen erlahmte der Geist von einst – aus aufmüpfigen Kämpfern sind arrivierte Hochschullehrer oder Kulturpolitiker geworden. Die Generation X zieht daraus ihre Konsequenz und kümmert sich lieber gleich um ihr eigenes Wohl.

Geradezu paradigmatisch für diesen Generationswandel ist die seit 1989 alljährlich auf dem Berliner Ku'damm (bzw. inzwischen auf der Straße des 17. Juni) stattfindende »Love Parade«. Als paradigmatisch kategorisiere ich diese Veranstaltung deshalb, weil sie am gleichen Ort stattfindet, wo noch vor wenigen Jahren Demonstrationen gegen Wohnungsnot, Rüstungspolitik, Atomkraft etc. stattfanden und regelmäßig zu Reibereien zwischen Polizei und Demonstranten führten. Nichts von all dem bei der »Love Parade«. Nicht Protest oder Widerstand, sondern Feier und Freude stehen im Zentrum der Veranstaltung, im übrigen konstituieren sich die inzwischen rund 500 000 Teilnehmer (im Jahr 1996) bei weitem nicht mehr ausschließlich aus Ravern, sondern ebenso aus bürgerlichen Familien, Jung plaziert sich neben Alt – und selbst die Ordnungskräfte nehmen am Vergnügen teil.[14]

Dennoch wäre es vorschnell, daraus eine grundsätzliche Politik- und Demonstrationsverdrossenheit der »Generation X« ableiten zu wollen. Denn was

---

14 Zugegebenermaßen ist auch die »Love Parade« nicht frei von Konflikten; allerdings artikulieren sich diese weniger in Handgreiflichkeiten zwischen den Teilnehmern, gar zwischen Polizei und Ravern, sondern im Vorfeld der Veranstaltung: Jedes Jahr aufs neue entfacht sich eine enervierende Diskussion über die Umweltverträglichkeit und damit um die Genehmigung der Veranstaltung. Einige Moralapostel scheinen den ungebremsten Hedonismus nicht ertragen zu können.

auf den ersten Blick als bloßes Amüsement, gar Eskapismus erscheint, erweist sich bei näherer Betrachtung durchaus als politischer Akt. Die Love Parade ist Demonstration im eigentlichen Sinne: Sie verspricht nichts, wie sonst im politischen Diskurs üblich, sondern sie führt vor und zeigt. »Das Glück der guten Welt wird dem Rest der Welt präsentiert, und zwar so umwerfend, euphorisch und glamourös, daß selbst die skeptischen Polizisten, die für die Demonstranten die Straßen absperren, anfangen zu tanzen.«[15]

Diese zuletzt beschriebenen Wandelprozesse müssen, wenn man sich den Wandel Kreuzbergs und gleichsam das Schwinden des »Mythos Kreuzberg« zum Thema macht, ebenfalls mitberücksichtigt werden, denn bei der neuen Generation läuft der Mythos Kreuzberg, der für das unbürgerliche, alternative Leben und für die Utopie eines besseren anderen Lebens stand, ins Leere. Er findet damit keine neuen Träger und Verfechter mehr.

Ziel und Ergebnis meiner Forschung gleichermaßen ist die Darstellung dieser mehrfachen Metamorphose Kreuzbergs: territorial – vom Rand zur Mitte; ökonomisch – vom wirtschaftlich uninteressanten zum lukrativen Citybezirk; kulturell – durch die veränderten kulturellen Praxen; sozial – durch eine neue Generation, bei der sich der Mythos Kreuzberg überlebt hat; und schließlich diskursiv – vom Image des »Aussteiger-Mekkas« zum schicken Innenstadtviertel inmitten Boomtown Berlins. Diese Differenzierung nach kulturellen, sozialen, ökonomischen und diskursiven Wirkdimensionen macht die Analyse der Transformationsprozesse in Kreuzberg komplex und kompliziert.

Auf der Ebene des alltäglichen Handelns, so meine These, hat bereits Mitte der achtziger Jahre ein kultureller Wandel eingesetzt, der dem Stadtteil ein neues Gepräge gab: Die Hinwendung zur »Erlebnisgesellschaft« und die zunehmende Ästhetisierung des Alltags machten auch vor Kreuzberg nicht halt, und sie objektivierten sich in neuen Cafés und hellen Bars, im veränderten Erscheinungsbild der Bewohner und im Desinteresse an der (Stadtteil-) Politik. Das Heranwachsen einer neuen Generation mit entsprechend gewandelten Alltagspraxen bringt diese kulturellen Wandelprozesse noch einmal zugespitzt zum Ausdruck.

Derartige Veränderungen werden bei der gegenwärtigen Betrachtung des Bezirks jedoch gerne zugunsten eines eindrucksvollen Vorher-Nachher-Szenarios übersehen. Glaubt man den Medien, dann hat sich der Bezirk nach 1989 heftig und schlagartig verändert: »Der Sturm der Veränderung fegt durch die

---

15 Poschardt 1995, S. 328.

35

Idylle«[16]. Freilich brachte der Fall der Mauer eine neue, zusätzliche Dynamik in die Stadtteilentwicklung. – Das Viertel erlebte eine Translokation vom Randbezirk zum citynahen Innenstadtbezirk und ebnete gerade damit ökonomischen Spekulationen Tür und Tor. Tatsächlich aber sind diese sozio-ökonomischen Transformationen in Kreuzberg nach wie vor marginal. Der wegen des Mauerfalls und der Hauptstadtentscheidung für Berlin erwartete Investitionsschub blieb auch in Kreuzberg bislang aus. Vielmehr wurden gerade die ökonomischen Veränderungen und damit ›kiassische Gentrifizierungsphänomene‹ vor allem auf der diskursiven Ebene verhandelt: Zum einen wurden noch weitgehend spekulative und fiktive Prozesse beschrieben (extreme Mietpreissteigerung, Verdrängung der bisherigen und Einzug neuer Mieter, Veränderung der örtlichen Infrastruktur usw.). Zum anderen wurden jene kulturellen Veränderungen, die bereits seit Mitte der achtziger Jahre zu beobachten waren, unter »nach 1989« archiviert.

Die Diskurse über das ›neue Kreuzberg‹, so meine These, sind jedoch maßgebend für die zu erwartenden, tatsächlichen sozio-ökonomischen Wandelprozesse. Sie reden der Gentrifizierung das Wort und schreiben Veränderungen herbei. Die gesellschaftlichen Redeweisen wirken wie Werbekampagnen, die den Stadtteil als Lebensraum für die neue städtische Mittelschicht wie auch für Investoren und Dienstleistungsunternehmen schmackhaft machen. Es geht hier, mit anderen Worten, um Funktion und Bedeutung der diskursiven Praxen für die Stadtentwicklung.

---

16 Frankfurter Rundschau 03.05.1990.

1
Metamorphosen

Territoriale Metamorphose – oder:
Big City – A Dream

Gentrifizierung

Mit dem Fall der Mauer und der Wiedervereinigung Deutschlands war der Locus, aber auch der Status Kreuzbergs neu definiert. Aus dem ehemaligen Randbezirk im Windschatten der Mauer war City geworden und das bisherige Auffangbecken für Outdrops und Underdogs, Lebenskünstler und Weltverbesserer sah sich mit einem Mal mit neuen Interessenten konfrontiert: Dienstleistungsunternehmen, höheren Angestellten, Investoren und Immobilienspekulanten, all jenen also, die es wegen der neuen Aufgaben und Tätigkeitsfelder, die Berlin als Haupt- und Weltstadt zu übernehmen sich anschickt, in die Innenstadt der Metropole lockt. So kommentierte etwa die »taz«: »Der Traum von der Kreuzberger Mauerrandidylle – der stinkenden, aber kuscheligen Alternativnische in der kalten, kaputten Republik – ist ausgeträumt! (...) Durch den Kiez bewegt sich schon die Karawane der Bonzen, StädteplanerInnen und ArchitektInnen. In dicken Daimlern, BMWs kutschieren sie durch die Stadtteile, machen ihre Pläne, Preise, Profite, kaufen ein, sacken ein, sahnen ab!«[1]

Ähnlich wie Berlin im ganzen die rasche Entwicklung in Richtung international bedeutsamer Dienstleistungsmetropole prophezeit wurde, war für Kreuzberg in seiner Reinkarnation als metropolitaner Innenstadtbezirk die rasche und durchgreifende Gentrifizierung wahrscheinlich.

Damit ist ein Schlüsselbegriff des gegenwärtigen stadtsoziologischen Diskurses gefallen.[2] Im engeren Sinne bezeichnet Gentrifizierung die architektoni-

---

1 taz 15.12.1989.
2 Gentrification war zunächst vor allem in den USA Thema stadtsoziologischer For-

sche Aufwertung innenstadtnaher Wohngebiete in Form von Renovierung und Modernisierung sowie der Umwandlung von Miet- in Eigentumswohnungen bzw. durch Neubau von Eigentumswohnungen (auch als Dachausbau). Diese Veränderungen im Wohnungswesen implizieren Mietpreissteigerungen und den Einzug der neuen städtischen Mittelschicht bei gleichzeitiger Verdrängung bisheriger Bewohner. Da die neuen Mieter auch andere Bedürfnisse in bezug auf Konsum- und Freizeitverhalten mitbringen, ist die Veränderung der örtlichen Infrastruktur – Bars, Cafés, Boutiquen und Delikatessengeschäfte an Stelle von Eckkneipen und Supermärkten – ein zusätzliches Charakteristikum von Gentrifizierung.

In der Regel verläuft Gentrifizierung jedoch als schleichender, langsamer Prozeß, nicht als abrupte Aufwertung und schlagartiger Bevölkerungsaustausch. Meist sind es die »Pioniere« – Studenten, Künstler oder Azubis sowie ethnische Minderheiten -, die zuerst in den billigen, weil nicht sanierten Altbauwohnungen Einzug halten und die allernotwendigsten Renovierungsarbeiten selbst verrichten. Nachdem die ersten Pioniere das ›Land urbar gemacht‹ haben, fühlen sich dann andere prospektive Bewohner angezogen; all jene, die es lieben, in unprätentiöser Umgebung, in einem ethnisch gemischten Viertel zu leben, dem sie zudem durch ihre eigenen Bau- und Renovierungsmaßnahmen ihr Gepräge geben können. In einer dritten Phase dann werden auch Investoren, Makler und Immobilienfirmen auf die Stadtviertel im Sinne einer gewinnversprechenden Kapitalanlage aufmerksam. Nun erst beginnt die professionelle Modernisierung, die für die meisten der alteingesessenen Bewohner, aber auch für die Pioniere nicht mehr bezahlbar ist. Erst in diesem Stadium also ziehen die sogenannten »Gentrifier« ein – im Gegensatz zu den Pionieren haben sie ihre Ausbildung bereits abgeschlossen, verfügen über ein festes, geregeltes Einkommen und können sich einen höheren Lebensstandard leisten.[3] Die wesent-

---

schung (vgl. z.B. Jackson 1985; Zukin 1982; dies. 1992; Smith 1992). Inzwischen sind auch in der Bundesrepublik zahlreiche stadtsoziologische Untersuchungen zum Thema Gentrification erschienen (vgl. Dangschat 1988; Dangschat/Blasius 1990; Blasius 1993).

3 Die Grenze zwischen Gentrifier und Pionieren ist jedoch fließend und sollte wohl von Fall zu Fall bestimmt werden. Folgende holzschnittartige Typisierung, wie sie in der Stadtsoziologie gebräuchlich ist, halte ich daher für absolut unsinnig: Pioniere sind »18 bis 35 Jahre alt, haben ein Pro-Kopf-Netto-Einkommen von unter 2.000,-, haben mindestens einen Fachoberschulabschluß und leben in kinderlosen Haushalten aller Größen. Gentrifier sind 26 bis 45 Jahre alt, haben ein Pro-Kopf-Netto-Einkommen von

liche Differenz zwischen Pionieren und Gentrifieren besteht also in ihren unterschiedichen Lebensstilen. Diese sind jedoch nicht nur Konsequenz der jeweiligen ökonomischen und sozialen Lagen, sondern sie wurzeln ebenso in unterschiedlichen Wertewelten: Konsumfreudigkeit, Karriere und Wohlstand – so könnte man die Lebensorientierung der Gentrifier umschreiben; ihnen steht Bescheidenheit, Politikbewußtsein und soziale Verantwortung auf seiten der Pioniere gegenüber.

Gentrifizierung läßt sich jedoch nicht nur als Folge architektonischer Veränderungen, sondern auch als Ergebnis eines sozialen Wandels beschreiben, der in einem neuen soziokulturellen Typ seinen Ausdruck findet: neue Urbaniten[4], »neue Haushaltstypen«, »Yuppies«. Gemeint ist damit die zunehmende Zahl jung-dynamischer, alleinstehender, zumindest aber kinderloser Städter, die gegenüber dem Familienleben im Eigenheim am Stadtrand das Singledasein in der City bevorzugen.[5]

In seinem Buch über »Trends« hat Holger Rust allerdings darauf aufmerksam gemacht, daß es sich bei den Yuppies nicht unbedingt um eine Gruppe handelte, deren zunehmende Zahl Anfang der achtziger Jahre *real* zu beobachten war. »Als nämlich professionelle Soziologen sich der Sache annahmen und durchrechneten, welcher Prozentsatz der Amerikaner die Kriterien der Kerndefinition erfüllte – gleichzeitig *young*, *urban* und *professional* zu sein -, stieß man auf eher enttäuschende Zahlen.« In dem Maße aber, in dem der Öffentlichkeit das Phänomen der Yuppies durch die Medien nahegebracht wurde, formierte sich das Verhalten vieler nach dem durch die Publizistik verbreiteten Vorbild. »Die *Yuppies* waren keine Gruppe. Sie waren die platonische Idee einer neuen Verhaltensform, die sich in einer self-fulfilling-prophecy umsetzte und zu einer Wirklichkeit verdichtete.«[6] Wer sich zum neuen Lebensstil dazugehörig fühlen wollte, verkehrte fortan im entsprechenden Ambiente: Sushi Bars, Feinschmeckerrestaurants, Fitneß-Studios usw.

über 2.000,- und leben in Ein- oder Zweipersonenhaushalten ohne Kinder.« Dangschat 1988, S. 276.

4 Häußermann/Siebel 1987, S. 14.

5 Ursächlich für diese neuen Lebensformen ist die zunehmende Bedeutung von Individualismus, Selbstverwirklichung und Hedonismus in der Lebensgestaltung. Aber auch die immer stärker geforderte Flexibilität und Mobilität im reflexiven Modernisierungsprozeß sperrt sich gegen feste Bindungen und langfristige Entscheidungen, wie etwa Ehe und Kinder.

6 Rust 1995, S. 119f.

Andere sehen den Lebenswandel der Yuppies, der sich vor allem in ihrem Freizeitverhalten manifestiert, im Status des Singles begründet: Die alleinlebenden Urbaniten sind aktiv auf der Suche nach sozialen Kontakten, weshalb die Nähe zu Szene-Treffpunkten ein wichtiges Kriterium für die Auswahl ihres Wohnorts ist. »Persons without partners, outside of the milieu of college, must now join clubs and frequent places (e.g. »singles« bars) where other singles (both the never-married and the divorced) congregate in order to make close friends. (...) Both the need to consume outside of the home and the desire to make friends and meet sexual partners, either during the now-extended period of »search« before marriage or a lifetime of fluid personal relationships, encourage the identification with and migration to certain areas of the city.«[7]

Zum dritten ist die Gentrifizierung innerstädtischer Wohnbezirke als Folge gesamtstädtischer wie auch internationaler makropolitischer und -ökonomischer Transformationsprozesse zu sehen. Aus dieser Perspektive stellt sich Gentrifizierung vor allem als wachsende Zahl von Dienstleistungsunternehmen und Dienstleistern in Innenstadtbezirken dar, welche wiederum mit der fortschreitenden Tertiärisierung der Ökonomie zusammenhängt.

Eine solche Blickrichtung trägt den Forderungen neuerer stadtethnologischer Überlegungen Rechnung, neben der untersuchten Gruppe bzw. dem untersuchten räumlichen Setting auch überlokale Prozesse und Faktoren ins Visier zu nehmen. »Vom bloßen Schauplatz der Feldforschung soll die gesamte Stadt (...), ihre Stellung zu anderen Städten der untersuchten Region oder des Landes, bis hin zu ihrer Verflechtung in das System internationaler wirtschaftlicher Abhängigkeiten, in die Forschung miteinbezogen werden.«[8]

Räumlicher und sozialer Wandel großer Städte

Im Fall Berlin-Kreuzberg verlangt eine derartige Interpretation, welche ihren Blickwinkel über den Stadtteil hinaus auf die Stadt als ganze und ihre internationalen Verbindungen erweitert, zweierlei: Zum einen müssen Gentrifizierungsprozesse im Kontext eines internationalen und gesamtstädtischen Wirtschaftswandels gesehen werden, zum anderen: Die historisch einzigartige Situation Berlins infolge der deutsch-deutschen Wiedervereinigung muß mit-

---

7 Beauregard 1986, S. 44.
8 Kokot 1991, S. 6.

berücksichtigt werden. Nachdem Berlin seine Insellage verloren hat, soll und will die Stadt endlich aufgenommen werden in die Reihen der prosperierenden Dienstleistungsmetropolen.

Die Zielsicherheit, mit der Berlin diese Zukunft vorausgesagt wird, ist wiederum im Kontext eines globalen ökonomischen und kulturellen Wandels zu sehen, der sich insbesondere in Städten manifestiert. Mit der Anwendung neuer Technologien, weltweiter Datenvernetzung und mit der zunehmenden Tertiärisierung läßt sich ein Wirtschaftsstrukturwandel beobachten, der sich auch in räumlichen Wandelprozessen niederschlägt.[9] Mehr denn je wird in einigen großen Metropolen über räumliche und nationale Grenzen hinweg Wirtschaft und Kultur organisiert. Obwohl nämlich durch die technischen Errungenschaften der Telekommunikation der Zugang zu und die Übermittlung von Informationen prinzipiell standortunabhängig geworden ist, haben sich die Wirtschaftsunternehmen nicht flächendeckend ausgebreitet, sondern stärker noch als bisher formieren sich Zentren der neuen Ökonomie: die Global Cities. Mit diesem Terminus benennt Saskia Sassen die Konturen eines neuen Typs von Urbanisierung, bei dem große Städte als Kommandozentralen weltwirtschaftlicher Organisation funktionieren und dadurch einen grundlegenden räumlichen und sozialen Wandel implizieren. Während sich die Global Cities als Standorte der Konzernzentralen, neuer Wachstumsindustrien, von Wissenschaft und Forschung etablieren und vom Entstehen der neuen Arbeitsbereiche profitieren, gibt es auch Verlierer: jene Städte, die im Ringen um die Gunst der Investoren weder Konzernzentralen noch Wachstumsindustrien anziehen können und daher von Prozessen des Schrumpfens dominiert sind; d.h. Firmensitze wandern ab, Arbeitsplätze werden weniger, und insgesamt kehrt die Bevölkerung, wenn möglich, diesen Städten den Rücken.[10]

Der Grund für diese unterschiedliche Teilhabe am internationalen Geschäft ist insbesondere in den kulturellen sowie lokal-politischen Differenzen der einzelnen Stadträume zu sehen. Innovative Milieus, Deregulierung und landschaftliche Schönheit auf der einen Seite stehen einer verkrusteten Politik und Verwaltung, unattraktiven Landstrichen und wenig innovativen Bevölkerungsgruppen andererseits gegenüber. Darüber hinaus spielt die Notwendigkeit von Face-to-face-Kontakten eine erhebliche Rolle für die räumliche Verdichtung

---

9 Vgl. hierzu: Harvey 1990; Noller/Prigge/Ronneberger 1994; Borst u.a. 1990; Häußermann/Siebel 1987; Prigge 1987; Wentz 1991.
10 Vgl. Sassen 1991; dies 1991.

von Dienstleistungsunternehmen. Immer noch ist es wichtig, einen persönlichen Eindruck der Wirtschaftspartner zu gewinnen und eine soziale Beziehung zu pflegen. Vor allem schwierige Probleme, die in einem komplexen Informationsaustausch analysiert und gelöst werden müssen, verlangen nach räumlicher Nähe.

Berlin, durch seine Insellage jahrelang abgehängt von allgemein wirksamen ökonomischen Prozessen, soll nun Global City werden – darin waren sich Wirtschaft und Politik von Anfang an einig. Anders kann die Tatsache, daß 64.000 m² am Potsdamer Platz entgegen städtebaulicher Vernunft dem größten deutschen Konzern übereignet wurden, nicht interpretiert werden: Dies ist das Vorgehen einer Politik, die auf radikales Wachstum, und zwar vorwiegend im tertiären Sektor, zielt, einer Politik also, die aus Berlin eine blühende Metropole in der internationalen Liga der Weltstädte zu machen bestrebt ist.

Tatsächlich ist Berlin in mehrfacher Hinsicht prädestiniert, diese Entwicklung zu nehmen. Zum einen bietet die Spreestadt urbane Qualitäten und Angebote, mit denen sie das Interesse der Eliten bedient, in der Stadt nicht nur ihren Arbeitsplatz, sondern auch das von ihnen gewünschte Ambiente zu finden. Zum anderen könnte das künftige Berlin zentraler Ort »einer der sich herausbildenden neuen ›EG-Regionen‹« sein, und zwar insbesondere durch die »›Brückenkopf‹-Position zu Osteuropa«. Schließlich wird Berlin zentrale Funktionen des vereinigten Deutschlands übernehmen, was wiederum einen Zuwachs an Dienstleistungstätigkeiten bedeutet.[11]

Damit ist eine grundlegende Umstrukturierung Berlins zu erwarten. Denn innerhalb der Städte, die an der neuen Dienstleistungsökonomie teilhaben, kommt es zu einer starken Polarisierung: Da ist auf der einen Seite die Zunahme hochqualifizierter, gutbezahlter Dienstleistungstätigkeiten zu konstatieren – etwa in den Bereichen Public Relations, Medien, Consulting etc. – auf der anderen Seite nehmen die unsicheren und schlecht entlohnten Arbeitsplätze zu – Reinigungsjobs oder Wachdienste zum Beispiel. Diese Zunahme der hochqualifizierten Tätigkeiten auf der einen und das Wachsen der unsicheren »McJobs«[12] auf der anderen Seite führt nun aber zur Distinktion nicht nur sozialer Gruppen, sondern auch sozialer Räume. Wer es sich leisten kann, lebt in den prestigeträchtigen, zentral oder idyllisch gelegenen Wohngegenden, wogegen

---

11 Vgl. Brake 1992, S. 473.
12 »Ein niedrig dotierter Job mit wenig Prestige, wenig Würde, wenig Nutzen und ohne Zukunft im Dienstleistungsbereich.« Coupland 1994, S. 14.

diejenigen, die am unteren Ende der Dienstleistungsökonomie angesiedelt sind, in billigeren, weil unattraktiven Vierteln wohnen.

Allerdings greift die Rede von einer bloßen Polarisierung in den Städten zu kurz. Peter Marcuse schlägt deshalb sein differenzierteres Konzept der »quatered city« vor. Dieses unterscheidet ausgehend vom Zentrum fünf städtische Bereiche. Erstens die »luxury city«, welche im Zentrum der Metropolen liegt. Sie verkörpert weniger eine Wohnstätte als eine Stätte der Macht und des Profits und funktioniert als basing point global wirksamer Unternehmen. Zweitens die »gentrified city«, welche von Managern und Technikern, von »yuppies in their twenties and college professors in their sixties« bewohnt wird: »those who may be doing well themselves, yet work for and are ultimately at the mercy of others. The frustrated pseudo-creativity of their actions leads to a quest for other satisfactions, found in consumption, in specific forms of culture and in ›urbanity‹, devoid of their original historical content and more related to consumption than to intellectual productivity or political freedom«. Drittens beschreibt Marcuse die »suburban city«. Hier wohnen die Kleinbürger der unteren Mittelschicht, die das Leben in Einfamilienhäusern bevorzugen, Sicherheit und Ordnung brauchen und Angehörige aus niedrigeren Sozialschichten ungern in ihrem ›Revier‹ sehen. Viertens nennt Marcuse die »tenement city«, in der schlecht bezahlte Arbeiter mit unregelmäßigem Einkommen wohnen und schließlich erwähnt er auch noch die »abandoned city«: All jene Ghettos, die bereits aufgegeben sind und in denen die Armen und Obdachlosen wohnen, welche aus der Gesellschaft ausgeschlossen sind und selten oder nie Arbeit haben.[13]

Einige räumliche und soziale Implikationen des hier skizzierten Strukturwandels lassen sich in Berlin seit 1989 bereits beobachten. Am Potsdamer Platz und am Alexanderplatz sind gigantische Dienstleistungszentren, die »luxury city«, geplant und Investoren wie Debis, ABB und Sony haben dort mit dem Bau der zukünftigen Stadt begonnen. Die Gentrifizierung innenstadtnaher Wohngebiete – zum Beispiel Prenzlauer Berg oder Berlin-Mitte – ist ebenfalls bereits zu beobachten, und am anderen Ende der sozialen Leiter die wachsende Zahl der Wagensiedlungen, Obdachlosen und sogenannter »Problembezirke«.

---

13 Marcuse 1989, S 704. .Dieses Modell der »quatered city« ähnelt stark dem idealtypischen Diagramm der Großstadt, das Ernest Burgess in den zwanziger Jahren entwickelt hat. Burgess differenziert fünf konzentrische Zonen: »The Loop« (Zone 1), die »Zone in Transition« (Zone 2), die »Zone of Working Men's Homes« (Zone 3), die »Residential Zone« (Zone 4) und die »Commuters Zone« (Zone 5).

Andererseits bewegt sich die Rede von der Zukunft Berlins als Global City mit all ihren räumlichen und sozialen Implikationen immer noch auf enorm spekulativem Niveau. Daher lassen sich zeitgleich auch entgegengesetzte Trends konstatieren: Viele Industrieunternehmen zogen sich aus Berlin zurück oder schrumpften ihre Berliner Dependancen zusammen; andere Betriebe siedelten ins brandenburgische Umland um. »Die Vision von der ›europäischen Dienstleistungsmetropole‹, die nach der Wende beschworen wurde, erweist sich immer mehr als Illusion. Statt dessen schreitet die Deindustrialisierung voran.«[14]

Das Auseinanderklaffen von Vision und aktueller Situation ist vielleicht das derzeit signifikanteste Merkmal Berlins. Die Metamorphose der Stadt manifestiert sich bisher vor allem in den inflationären Diskursen über eben diese Verwandlung. Dies ist – vorerst – das genuine Charakteristikum Berlins nach dem Mauerfall: Die Unwirklichkeit der Stadt, die sich aus dem fortwährenden Gerede über den räumlichen und sozioökonomischen Wandel speist. Berlin ist keine Metropole und auch nicht im Begriffe, eine zu werden; Berlin ist allenfalls eine Möchtegernmetropole.

Selbstverständlich ist dieser anhaltende Diskurs über Vorher – Nachher, Stadt im Wandel, wer kommt – wer geht, nur deshalb möglich, *weil* Berlin *vorher* diese einzigartige Insel gewesen ist und so geradezu nach einem Nachher schreit. Anders formuliert: Nur weil sich in Berlin bis 1989 eine ganz besondere, sich von anderen großen Städten grundsätzlich unterscheidende Atmosphäre herausgebildet hat, ist der vermeintliche Wandel in Richtung postindustrieller Normalität jetzt in aller Munde. Diese Eigenart der Stadt muß bei jeder Untersuchung innerhalb des Forschungsfeldes Berlin mitberücksichtigt werden. Auch und gerade bei einer Studie über die Veränderung des Stadtteils Berlin-Kreuzberg.

---

14 Die Zeit Nr. 18 vom 28.04.1995.

Diskursive Metamorphose – oder:
Ich steh' auf Berlin

Anthropology of the city

Lange Zeit haben sich die Untersuchungen innerhalb der Urban Anthropology auf die dichte Beschreibung und die Analyse einzelner Stadtbezirke konzentriert, ohne den gesamtstädtischen Kontext oder gar internationale Zusammenhänge zu berücksichtigen. Mit Recht wurde die Urban Anthropology dafür kritisiert – und inzwischen geht der Trend in die entgegengesetzte Richtung: Die Urban Anthropology läuft Gefahr, »Kontexte und Makrosysteme überzubetonen« und die je verschiedenen Besonderheiten einzelner Städte und Stadtbezirke zu übersehen.[15]

Diese Gefahr sieht auch Rolf Lindner, und er plädiert daher bewußt für eine »anthropology *of* the city«.[16] Lindner konzeptualisiert den je spezifischen Stil, die typische Atmosphäre einer Metropole als erstes signifikantes Kriterium einer »anthropology of the city«, und er meint damit die unverwechselbare Anmutungsqualität der Städte, die auf Menschen anziehend oder abstoßend wirkt.

Für West-Berlin ließe sich diese Atmosphäre wie folgt beschreiben: Das Gefühl, auf der vom bundesrepublikanischen Festland abgekoppelten Insel mitten im anderen Deutschland zu leben, das sich wesentlich aus der territorialen Lage mit all ihren ökonomischen und bald auch sozialen Implikationen speiste. Als Wirtschaftsstandort war West-Berlin uninteressantes Terrain, damit war die Stadt auch wenig attraktiv für all jene, deren persönliches Ziel es war, Karriere in der traditionellen Geschäftswelt zu machen. Für sie war Berlin Dead End. Gleichzeitig war West-Berlin dadurch offen für andere potentielle Nutzungsmöglichkeiten und strahlte eine Anziehungskraft als soziales Laboratorium aus. Als Ort, wo Dinge möglich waren, die andernorts nicht realisiert werden konnten, als Ort der Innovation und kulturellen Offenheit. »So künstlich, hochsubventioniert und vielgeschmäht diese Insellage auch gewesen sein mag, sie hatte durchaus auch ihre Vorteile. Im Schatten der rundum gezogenen Mauer haben sich ungehinderter und farbiger als anderswo Künste, Kulturen und Individuen entfalten können, war mehr als anderswo eine gewisse Offenheit und Toleranz für Außenseiter und Randexistenzen, für Abwegiges und Ausgeflipptes vor-

---

15 Vgl. Bommer 1991, S. 20 und 23.
16 Vgl. Lindner 1993.

handen.«[17] Berlin war ein Freiraum, den man sich im Sinne eines Experimentierfelds zunutze machen konnte – aber nicht mußte; es war genauso möglich, sich ungestört in der komfortablen Endmoräne einzurichten. Exakt dieses spezifische Berliner Flair war es, das die Leute angezogen oder abgestoßen hat und das 1980 in einem Titel der Band »Ideal« seinen sinnfälligen Ausdruck fand: »Ich steh auf Berlin«. – Oder, wie es eine meiner Interviewpartnerinnen formuliert hat:

»Es war echt Liebe auf den ersten Blick. Total. Das war richtig klasse. Kennst du das? Wenn ich in Westdeutschland war und dann hier an die Grenze kam, dann hab ich richtig Herzklopfen gekriegt. Weißt du, wie wenn du dich mit einem Liebhaber triffst.«[18]

Mindestens genauso stark wie die tatsächlich erfahrbare Atmosphäre beeinflussen jedoch Imagination und Projektion einer solchen Atmosphäre den Zuzug in oder das Fernbleiben von einer Stadt. Es gibt eine Art städtischen Common sense, der durch medial kolportierte Images entsteht und entsprechende Bevölkerungsgruppen anspricht. Die Stadtbewohner leben damit stets in einem »vorinterpretierten Raum«.[19] »The ›character‹ of the city is not only reproduced in this way, more than that: the newcomers who are attracted by the (representated, B.L.) atmosphere of the city tend to produce it, in a definition-of-the-situation-manner, through their coming.«[20] Es geht hier, mit anderen Worten,

---

17 Ahrem 1991, S. 76.
18 Caroline ist 32 Jahre alt und ist 1982 nach Berlin gezogen. Sie hat Theater- und Veranstaltungstechnik studiert, arbeitet jedoch als stellvertretende Geschäftsführerin in einem Softwareunternehmen. Im Kapitel »Rezeptionsweisen« wird Caroline ausführlich porträtiert.
19 »An die Stelle unmittelbarer, anschaulicher ›Lebenszusammenhänge‹ ist in großen Verdichtungsräumen (...) eine mehr indirekte Wahrnehmung auch der eigenen Stadt getreten, die dann auf sekundär vermittelten und nicht selbst erlebten Informationen beruht.« Gebhard 1992, S. 125.
20 Lindner 1993, S. 101. An einem Beispiel der Stadtillustrierten »Zitty« läßt sich dieser Prozeß veranschaulichen: »Hin und Weg. Stadt im Wandel: Wer kommt? Wer geht? Von Berlin die Nase voll? Deshalb kurz vorm Abflug? Oder geil drauf auf die Hauptstadt und soeben angekommen? ... Mit diesem Text suchte Zitty per Anzeige Berlin-Wegzügler bzw. -Ankömmlinge mit Lust bzw. Frust auf diese Stadt« Zitty 23/92. In der zitierten Passage spiegelt sich der Mechanismus, wie die neue Atmosphäre durch neu zuziehende Gruppen erst eigentich produziert wird: Diejenigen, die sich durch das veränderte Image Berlins angesprochen fühlen, kommen, während andere, die sich in der Hauptstadt nicht mehr aufgehoben fühlen, die Stadt den neuen Berliner Urbaniten überlassen.

um die Wirkmächtigkeit von kulturellen Repräsentationen und deren Teilhabe an der Konstruktion von Wirklichkeit.

Anthropology in the city

Und hier nun tritt Kreuzberg auf den Plan. Nicht nur bildete Kreuzberg das Zentrum des Berliner Experimentierfeldes, auch wurde über keinen Stadtteil Berlins so viel geschrieben wie über Kreuzberg: Berlin-Kreuzberg, das ist »Leben wie in einer selbstgeschaffenen Republik«, »die Hauptstadt alternativen Lebens«, »Kultur und ihre alternativen Formen schlagen hier Wurzeln.« In Kreuzberg artikuliert sich »Lebenswille als Wille, nicht dazuzugehören«, »Kreuzberg, das ist soziales Pulverfaß, Magnet für Randgruppen, ein bißchen Orient und Montmartre«, »bunt, bizarr, verrückt (...). Fast ein ferner Planet.«[21]

Durch seine sowohl prägnante als auch inflationäre Repräsentation in den Medien schob sich Kreuzberg in den Vordergrund der öffentlichen Wahrnehmung Berlins und prägte das Image der gesamten Stadt. Damit zeigt sich am Beispiel Kreuzberg, wie eng die »anthropology of the city« mit der »anthropology in the city« verflochten ist: Der »Mythos Kreuzberg« konnte nur in einem Umfeld wie West-Berlin gedeihen und existieren, umgekehrt wurde das Image und die Atmosphäre West-Berlins durch keinen anderen Stadtteil so wirkmächtig repräsentiert und geprägt wie durch Kreuzberg; Kreuzberg »defined Berlin style for years«.[22] Ähnlich artikuliert der Stadtführer »Anders reisen« die in Rede stehende Dialektik zwischen Stadt und Stadtteil: »Berliner Zustände – Experimentierfeld Kreuzberg«. Und die Leiterin des Kunstamts Kreuzberg, Krista Tebbe, formuliert den gleichen Gedanken wie folgt: »Wie Berlin Labor war für die alte Bundesrepublik, war Kreuzberg ein Labor für Berlin.«[23]

---

21 FAZ 27.01.1981; Volksblatt 23.08.1981; Allgäuer Zeitung 15.09.1987; FAZ 21.02.1981; Welt 07.05.1987; Quick Mai 1987.
22 »Passport«, Oktober 1994. Bordzeitschrift einer Belgischen Fluggesellschaft.
23 Tebbe 1990, S. 8; Anders reisen. Ein Reisebuch in den Alltag. Hamburg 1986. Nicht nur die öffentlich-mediale Repräsentation legt die enge Verbindung zwischen Kreuzberg und Berlin insgesamt nahe, auch die subjektiven Erfahrungen der Berliner Bevölkerung spiegeln diese ›Wahlverwandtschaft‹ wider. So schreibt Regine Ahrem rückblickend über Berlin: »Im übrigen ist Berlin für mich immer nur ein Synonym für Kreuzberg.« Ahrem, 1991, S. 82.

Analog zu Clifford Geertz, der kulturelle Systeme anhand der »dichten Beschreibung« jener paradigmatischen Brennpunkte dechiffriert, in denen sich die verschiedensten Erfahrungen des Alltags bündeln und besonders deutlich zum Ausdruck kommen[24], läßt sich offenbar auch die Charakteristik der Stadt am besten über einige prädestinierte Orte interpretieren und verstehen.[25] Für das Verstehen der Stadt Berlin vor 1989 lieferte Kreuzberg das treffsichere Schlüsselszenario.[26]

Berlin moved on

Dies hat sich mit dem Fall der Mauer geändert: »There is something sad about 36 – a living warning of the transience of Bohemia. It made its gift to Berlin style, and Berlin moved on«.[27] Berlin moved on, das soll wohl heißen: Berlin hat sich im oben angedeuteten Sinne von der Insel zum Zentrum, von der ökonomisch abgehängten Stadt zur prosperierenden Dienstleistungsmetropole entwickelt. Zumindest wurde diese Botschaft in den unterschiedlichsten Printmedien werbend verbreitet, und es ist bezeichnend, welche Medien dieses neue Berlinbild kommunizieren: Neben Berliner Tageszeitungen machen insbesondere Kundenzeitschriften wie »Intercity« oder die Magazine der Fluggesellschaften das neue Berlin – und das neue Kreuzberg gleichermaßen – zum Thema. Sie richten sich an reisende Geschäftsmänner und Jet-seter, die sich zwischen Briefing und Meeting mit den Kundenzeitschriften ihrer Fortbewegungs-

---

24 Vgl. Geertz 1991.

25 Womit ich keineswegs wieder hinter den Anspruch zurücktrete, bei einer Untersuchung Kreuzbergs dessen räumlichen Kontext, Berlin, sowie Berlins Positionierung innerhalb des internationalen Städtesystems mit im Blick zu behalten. Es geht, denke ich, weniger um einseitige Perspektiven, sondern um das stetige Oszillieren zwischen den beiden Perspektiven, um die Dialektik zwischen Stadt und Stadtteil, Globalem und Lokalem.

26 Gegenwärtig wären für die Erforschung Berlins neben Kreuzberg auch die Bezirke Mitte, Prenzlauer Berg, Friedrichshain in dieser Hinsicht ergiebige Forschungsfelder, während Tempelhof, Spandau und Pankow von der Transformation Berlins sicherlich auch, aber bei weitem nicht in so illustrativem Ausmaß beeinflußt werden und damit weniger ergiebige Foki bilden.

27 »Passport«, Oktober 1994. »36« meint: SO 36, den südöstlichen Teil Kreuzbergs, welcher auch heute noch, selbst nach der neusten Reformierung der Postleitzahlen, nach dem alten Postzustellungsbezirk »Südost 36« benannt wird.

mittel zerstreuen und gleichsam informieren. Damit wird bei einer – aus wirtschaftlicher Sicht – interessanten Zielgruppe Aufmerksamkeit für das neue, prosperierende Berlin erzeugt und zugleich um potentielle Investoren geworben.[28]

Mit ähnlichem Impetus publizierte auch der »Tagesspiegel« im März 1994 eine Sonderbeilage des Wirtschaftsteils unter dem Motto »Dienstleistungs-*metropole* Berlin«, das Magazin »GEO« präsentierte im Februar 1991 eine Neuauflage seines Berlin-Heftes, nun mit dem Titel »*Metropole* Berlin« und in der Zeitschrift »Intercity« wird mit leicht kritischem Unterton die Vision »Berlin 2004« skizziert: Am Alexanderplatz hat »der Berliner Architekt und Hochhausprotagonist Hans Kollhoff (...) 13 Hochhäuser mit bis zu 150 Meter Höhe vorgesehen; die ersten stehen bereits, doch Chicago oder New York gefallen uns trotzdem besser.« Weniger kritisch dagegen die »Welt am Sonntag«: »Am Alexanderplatz wird die Skyline des 21. Jahrhunderts entstehen: eine ›Turmstadt‹, für die es in der Welt nichts Vergleichbares gibt (...) die Kulisse der neuen Haupt- und *Weltstadt* Berlin.«[29]

So also sieht das gegenwärtige, gleichwohl in die Zukunft projizierte Image Berlins aus: Ein bißchen Manhattan und ein bißchen »Blade Runner«, ein bißchen Science und vor allem sehr viel Fiction. Denn das gegenwärtige Berlin wird diesem neuen Stadtbild noch bei weitem nicht gerecht. Vor allem im Westteil der deutschen Hauptstadt befindet sich die Wirtschaft auf bislang ungebremster Talfahrt. Und so trennt eine tiefe Kluft die Zahlen der Statistik vom gewünschten Image, welches »Berlin moved on« vor allem als bigger, faster, higher, more interpretiert.

Doch noch in einer anderen Hinsicht ist das Zitat, Kreuzberg 36 »made its gift to Berlin style, and Berlin moved on« aussagekräftig. Berlin moved on, das heißt auch: Der Bezirk Kreuzberg wurde abgehängt, hat irgendwie den Anschluß verpaßt, der Bezirk hat seine Deutungsmacht für das gesamtstädtische Image verloren, und andere Stadtteile (vor allem Berlin-Mitte) haben seine Funktion übernommen. Mehr noch: Kreuzbergs Repräsentation als »Yuppie-Town« und »lärmendes Zentrum der Hauptstadt« ist nun ganz offensichtlich

---

28 Zur Funktion und Bedeutung von Kundenzeitschriften vgl. z.B. Horizont 46/95, Sonderteil MEDIA.

29 Tagesspiegel 08.03.1994; GEO 1/1991; Intercity 1/94; Welt 18./19.09.1993; Hervorhebungen, B.L.

selbst dem neuen Bild der Stadt unterworfen[30]. Nicht einmal im Rahmen der eigenen Bezirksgrenzen kann der Stadtteil am alten Image, das die Rand- und Insellage kommuniziert, festhalten. Statt dessen gerät das Viertel ganz und gar in den Bann des neuen Leitbilds der Metropole. Anders wäre die Rede vom gentrifizierten Innenstadtbezirk Kreuzberg kaum sinnvoll.

Und wie für Berlin insgesamt gilt auch für Kreuzberg: Die Diskurse über den Stadtteil organisieren sich streng um die Zeitachse 1989, sie strukturieren, modellieren und präsentieren den Bezirk im Sinne eines kontrastiven Davor und Danach. Die inflationäre Rede von der Gentrifizierung, Aufwertung und Yuppiesierung des Bezirks ist wesentlich dem hartnäckigen Bild eines unveränderlichen ›Vor 1989‹ geschuldet; nur weil Kreuzberg vorher, unter der schützenden Käseglocke bzw. im Windschatten der Mauer, resistent gegenüber jeglicher Form der Veränderung gewesen zu sein scheint, ist nun die Vorstellung vom rasanten und schlagartigen Wandel zu einem hundertprozentig veränderten Nachher möglich. Und wo vorher stets das ›Draußen‹ und ›Abseits‹ betont wurde, liegt nun der Akzent auf Zentrum und Mitte.

Dies vor allem ist die einschneidende und nachhaltige Veränderung, die der Fall der Mauer für den Stadtteil Kreuzberg bedeutet: Eine Diskursivierung, die nicht nur wirklichkeitsverzerrende Bilder forciert – denn tatsächlich ist die schlagartige Gentrifizierung bislang kaum zu beobachten –, vielmehr wird die Entwicklung des Bezirks durch derartige Images auch nachhaltig beeinflußt. Indem nämlich von Kreuzberg als »erster Adresse«, »exklusivem Yuppie-Viertel« und »Schickimickibezirk« die Rede ist, wird – bewußt oder unbewußt – Stimmung gemacht. All jene, die sich in solch einer Umgebung nicht mehr heimisch fühlen, räumen nach Möglichkeit das Feld; parallel aber wird Aufmerksamkeit bei den neuen Urbaniten für Kreuzberg erzeugt: »Wer die neue Hauptstadt erobern will und das nötige Kleingeld mitbringt, kann nicht günstiger wohnen als hier.«[31]

Am Beispiel Kreuzberg läßt sich damit zeigen, wie Diskurse und Images auf die Materialisation der Städte Einfluß nehmen. Waren es vor 1989 die mannigfaltigen Bilder vom alternativen Lebensraum Kreuzberg, die diskursiv den Weg für die Pioniere geebnet haben, so sind es nach 1989 Bilder über den schicken Innenstadtbezirk, die anziehend auf die Gentrifier wirken. Die mehrphasige Gentrifizierung, wie sie oben beschrieben wurde, findet nicht nur ihre Entspre-

---

30 Stuttgarter Zeitung 10.07.1993; taz 15.02.1992.
31 FAZ 07.11.1992.

chung in den kulturellen Repräsentationen des Bezirks, mehr noch: sie wird durch diese Repräsentationen mitgetragen.

Il n'y a pas de hors-texte

Theoretisch bewegt sich die Behauptung, städtische Wirklichkeiten würden in ihren Repräsentationen nicht nur be-, sondern oftmals auch herbeigeschrieben, vor allem im Umfeld von Michel Foucault bzw. der durch ihn angeregten Diskursanalyse.[32] Foucault differenziert nicht mehr zwischen Sprache und Praxis, sondern er postuliert, daß Wissen, Macht und Wirklichkeit gerade *durch* die Diskurse produziert werden. Der Diskurs ist Repräsentant und Nexus, aktueller und konkreter Ausdruck der Beziehungen zwischen Kultur, Sprache und Gesellschaft.[33] Damit aber bilden Diskurse einen selbständigen Typus soziokultureller Tatsachen. Für die Kulturanalyse sind Diskurse insofern ein aufschlußreiches Problemfeld, als mit Hilfe der Diskursanalyse begreiflich zu machen ist, »wie sich Wirklichkeit als ein Bedeutungssystem in den Köpfen konstituiert und wie dieses Bedeutungssystem sozial vermittelt wird«.[34]

Diskurs meint in diesem Bedeutungszusammenhang also nicht einfach einen Korpus von zusammenhängendem Gesprochenen oder Geschriebenem; Diskurs definiert sich hier vielmehr als eine spezifische Weise, ein Thema zu repräsentieren. Der Diskurs konstruiert das Thema – hier Berlin-Kreuzberg – auf die ihm eigene Art, er stellt eine bestimmte Partitur zur Verfügung, um über etwas zu sprechen und zu denken. Diese Partitur wird durch die diskursive Praxis, d.h. durch ein Ensemble von Regeln modelliert, die einen Diskurs als endliche Menge tatsächlich formulierter sprachlicher Sequenzen möglich machen. »Diese Regeln bestimmen die ›*Formation*‹ (= Anordnung) der *Gegenstände*, die in einem Diskurs zur Sprache kommen, der *Subjektpositionen*, die

---

32 Die Diskursanalyse hat jedoch Vorläufer. So wurde durch den Strukturalismus bereits in den sechziger Jahren die Bedeutung der Sprache für Kultur und Gesellschaft ins Zentrum der Betrachtung gerückt: Die Sprache ist »als symbolisches System selbst der Ort, wo sich Geschichte abspielt. Sie bildet einen autonomen sozialen Raum, der über die Individuen hinausgeht und ihnen Gefühlsmodelle und Handlungsmuster aufdrängt«. Schöttler 1988, S. 163.

33 So definiert Joel Sherzer den Terminus Diskurs. Vgl. Sherzer 1987, S. 296. Ebenso: Knecht 1991/92.

34 Hartmann 1991, S. 28.

in ihm eingenommen werden können, der *Begriffe*, die in ihm verwendet werden und der *Theorien* bzw. ›*Strategien*‹, die ihn prägen.«[35]

Gleichzeitig begrenzt ein spezifischer Diskurs all die anderen Redeweisen, die ebenfalls über ein Thema existieren und dieses auf ihre Art konstruieren. D.h. es gibt durchaus unterschiedliche Diskurse mit ihren je verschiedenen Weisen, ein Thema zu repräsentieren. Diese Diskurse konkurrieren miteinander um die Deutungsmacht über den in Rede stehenden Sachverhalt. Erst das Ergebnis dieses Ringkampfes liefert das Wissen und die Anschauung über den Sachverhalt, d.h. die Rede-, Denk- und Handlungsweisen im Sinne von »richtig« und »falsch«, »gut« und »böse« etc. Dieser ›größte gemeinsame Nenner‹ der einzelnen Diskurse, der zugleich das legitime Wissen definiert, ist das Feld des »Interdiskurses«. Insofern sind es diejenigen, die den sich durchsetzenden Diskurs produzieren, die zugleich über die Macht verfügen, ihn »wahr« zu machen.[36]

Bis sich das allgemein verbreitete Wissen über Kreuzberg herausgebildet hat, traten demnach unterschiedliche Diskursformationen miteinander in einen Dialog: staatliche Politik und die neuen sozialen Bewegungen, Liedtexte und Belletristik, die Massenmedien und viele andere mehr. Jedem dieser Diskurse sind spezifische Begriffe und Metaphern, Strategien und Subjektpositionen eigen, und was man heute über Kreuzberg weiß und denkt, ist das Verhandlungsergebnis dieser miteinander in Dialog getretenen Redeweisen. – Die in dieser Studie analysierten Presseberichte und Reiseführer sind also nur zwei von vielen möglichen gesellschaftlichen Redeweisen über Kreuzberg. Warum wurden ausgerechnet sie als Zugang gewählt?

Da sowohl Zeitungen als auch Reiseführer über eine große Reichweite verfügen und das Wissen über den Bezirk weit über die Stadtgrenzen hinaus geprägt haben – viel weiter als etwa die über Belletristik oder Liedtexte verbreiteten Botschaften –, scheinen diese beiden Genres besonders geeignet, um zu zeigen, wie sich Kreuzberg als Bedeutungssystem konstituiert hat.[37] Zudem handelt es sich gerade beim Mediendiskurs um eine für unsere Gesellschaft wesentliche Diskursformation: Medien setzen Themen und Fakten in einer ganz bestimmten Weise auf die Tagesordnung, bringen sie in Umlauf – und

---

35 Kammler 1990, S. 38.

36 Vgl. Hall 1994, S. 154.

37 Ähnlich heben auch Schöttler und Link Massenmedien als besonders wirkmächtige Diskursformation unserer Gesellschaft hervor. Vgl. Schöttler 1989, S. 117; Link 1991, S. 66.

konstruieren dadurch Wirklichkeit. Sie bestimmen nicht nur, was zu einem Zeitpunkt als bedeutsam und diskussionswürdig erachtet wird, sondern auch die Art, wie darüber gesprochen und gedacht wird.

Eine Erkenntnis, die nicht erst durch die Diskursanalyse bekannt geworden ist. Bereits in den siebziger Jahren haben US-amerikanische Medienforscher unter dem Stichwort »agenda setting« darauf aufmerksam gemacht, daß Medien, indem sie bestimmte Themen als beachtenswert definieren, zwar nicht unbedingt darüber bestimmten, *was* wir denken sollen, jedoch *worüber* wir nachdenken sollen. In der neueren Forschung über agenda setting wurde diese Beobachtung ausgedehnt und der Tatsache Rechnung getragen, daß gerade auch die Art, wie bestimmte Themen dargestellt, präsentiert und verhandelt werden, auf Wahrnehmung und Denken der Rezipienten Einfluß nimmt. Es geht hier vor allem um die Attribute und Bilder, um die Rahmung und die Bezüge zu anderen Themen, die in der medialen Repräsentation verwendet und hergestellt werden. »Agenda setting is considerably more than the classical assertion that the news tells us *what to think about*. The news also tells uns *how to think about it*. (...) Whatever the attributes of an issue – or other topic – presented on the news agenda, the consequences for audience behavior are considerable. How a communicator frames an issue sets an agenda of attributes and can influence how we think about it. Agenda setting is a process that can affect both what to think about and how to think about it.«[38]

Raumbilder und Raumentwicklung

Die Art, wie Kreuzberg insbesondere in den Medien repräsentiert war und ist, prägt aber nicht nur unser Denken, unsere Vorstellung über den Bezirk. Sie nimmt auch unmittelbaren Einfluß auf sein soziokulturelle und ökonomische Entwicklung. Genau das meint ja die These von der maßgeblichen Teilhabe der Diskurse an der Materialisation von Stadträumen.

Einen Ansatz, der die Repräsentationen und Vorstellungsbilder von Räumen in ähnlicher Weise operationalisiert, liefert Detlef Ipsens Konzept der »Raumbilder«.[39] Räume, so seine Argumentation, werden stets in Verbindung mit ihrer

---

38 Mc Combs/Shaw 1993, S. 62f. Zur Forschung über agenda setting vgl. außerdem: Mc Combs 1981.
39 Ipsen 1987; ders. 1993; ders. 1997.

wirtschaftlichen Situation wahrgenommen. Das Stadium der jeweiligen (post)-industriellen und kapitalistischen Entwicklungsstufe verbindet sich als Vorstellungsbild mit den Räumen, so daß diese als »Sinnbild eines bestimmten Entwicklungskonzepts wahrgenommen werden«.[40] Das Bild des Ruhrgebiets beispielsweise wird mit Industrialisierung assoziiert, oder das Bild der Toskana mit Agrarwirtschaft. – In Abhängigkeit davon wiederum, wie diese ökonomischen Entwicklungsstufen bewertet werden, fällt auch die Beurteilung und Reputation der Orte aus: Positiv bewertet können zum Beispiel all jene Gebiete sein, deren bildhafte Vorstellung mit wirtschaftlicher Blüte oder ›am Puls der Zeit sein‹ konnotiert sind. Positiv bewertet können aber auch gerade jene Räume sein, die eine Art utopischen Gegenentwurf zur Gegenwart darstellen – jedenfalls, wenn die Gegenwart als enttäuschend und defizitär empfunden wird. Dies impliziert, daß bestimmte Orte up to date (bzw. out of question) sind und daher als wirtschaftlicher Standort wie auch als Lebensraum besonders hoch (oder besonders niedrig) im Kurs stehen. Durch die Reaktion der Unternehmen und der Bevölkerung, d.h. durch tatsächlichen Zuzug oder durch Abwanderung und Meiden der Orte wird das jeweilige Raumbild immer stärker akzentuiert.

Weiter weist Ipsen darauf hin, daß es Ungleichzeitigkeiten gibt, d.h. verschiedene Raumbilder überlagern sich – so lange, bis ein Raumbild die Dominanz gewinnt. Und schließlich können Raumbilder der tatsächlichen Raumentwicklung hinterherhinken oder voraneilen – was bei der gegenwärtigen Repräsentation Berlins als Haupt- und Weltstadt mehr als augenscheinlich wird: Dem Bild von der prosperierenden Dienstleistungsmetropole wird das gegenwärtige Berlin (noch) bei weitem nicht gerecht.

Was heißt das nun konkret für Kreuzberg? Nach 1961 war der Stadtteil an drei Seiten von der Mauer bzw. ›natürlichen Grenzen‹ zur DDR umgeben, und durch die abgeschnittenen Verbindungswege zum alten Zentrum am Alexanderplatz geriet der Bezirk in eine Art Isolation. Wer es sich leisten konnte, zog in den sechziger Jahren aus Kreuzberg fort, in die neu entstehenden Trabantenstädte Gropiusstadt und Märkisches Viertel. Dieser Wegzug wurde vor allem durch die Politik der Flächensanierung befördert, welche die Instandhaltungssanierung der Altbauten nahezu stillstellte. Als Resultat blieben in Kreuzberg ganze Häuser unvermietet – sie warteten auf ihren Abriß oder konnten wegen ihres mangelnden Komforts (Ofenheizung, Außentoiletten, fehlende Badezimmer) den gewachsenen Ansprüchen nicht mehr gerecht werden. So entstand im

---

40 Ipsen 1993, S. 12.

Kreuzberg der sechziger Jahre ein Vakuum. Gefüllt wurde dieses Vakuum durch Studenten, Künstler und Migranten, die in den leerstehenden Wohnungen und Fabriketagen billige Unterkünfte fanden. Zusammen mit dem noch verbleibenden Viertel »deutscher Restbevölkerung« bildete die »reichliche Hälfte Ausländer« und das »magere Viertel jugendlicher Alternativbevölkerung« das ungewöhnliche Bevölkerungsgemisch in Kreuzberg.[41]

Diese materielle Basis bildete den Grundstein für das Vorstellungsbild vom ›anderen Lebens im anderen Stadtteil‹: Die Nähe zum anderen und die Ferne vom eigenen politischen System, die baulich-architektonische Unangepaßtheit an normale Standards sowie das heterogene, multi-ethnische Bevölkerungsgemisch setzten utopische Vorstellungen und Projektionsleistungen vom ›anderen Ort‹ Kreuzberg frei. An dieser Repräsentation waren vor allem die Medien maßgeblich beteiligt, sie wurden nicht müde, die besondere Atmosphäre des Bezirks zu beschreiben.

In einer Art Dialektik beschleunigten sich diese gesellschaftlichen Redeweisen über den Bezirk auf der einen Seite und die Materialisation der Diskurse auf der anderen Seite. Die territorialen und sozialen Besonderheiten Kreuzbergs lieferten eine ergiebige Quelle für die Repräsentationen des Bezirks als eigenartig-einzigartigem Lebensraum jenseits bundesrepublikanischer Normalität – und der Zuzug einer Klientel, die sich durch diese Darstellung angesprochen und angezogen fühlte, drehte die Spirale weiter. Die folgenden Reportagen konnten Kreuzberg noch eine Nuance exzentrischer beschreiben und wiederum ihre Anziehungskraft auf potentielle Zuzügler ausüben.

Durch diese ständige Wechselwirkung verband sich nach und nach ein Vorstellungsbild mit Kreuzberg, das den Stadtteil als *den* Gegenentwurf zur bundesrepublikanischen Gesellschaft repräsentierte. Kreuzberg war »Insel« (Tanja) und »ferner Planet« (Quick Mai 1987), immer aber war der Stadtteil anders als der Rest Berlins bzw. Deutschlands. – Aus Sicht der Aussteiger bildete Kreuzberg eine willkommene Nische innerhalb, genauer: am Rande der Bundesrepublik; aus Sicht der Unternehmer und Investoren dagegen war Kreuzberg ebenfalls abseits gelegen, aber eben deshalb uninteressantes Terrain.

Erst mit dem Fall der Mauer entstand ein neues Image, das zum Zeitpunkt seines Erscheinens allerdings noch sehr viel eher Vision denn Wirklichkeit wiedergab: Yuppie-Town. Durch seine Translokation vom Rand zur Mitte der bundesrepublikanischen Hauptstadt war das Raumbild der ›Enklave Kreuzberg‹

---

41 Hoffmann-Axthelm 1989, S. 149f.

bzw. des ›gesellschaftlichen Abseits‹ nicht mehr länger tragfähig. Im Zentrum ist kein Jenseits vorstellbar. Statt dessen gingen mit der neuen Topographie entsprechend neue Bilder einher; diese skizzierten Kreuzberg als schicken Innenstadtbezirk, in dem die jungen urbanen Insider der Mittelschicht beheimatet sind.

Wie und von wem werden aber solche Bilder gemacht? Es sind immer bestimmte soziale Gruppen, die zumindest zu Beginn Träger eines Raumbildes sind.[42] D.h. sobald verschiedene Raumbilder miteinander ringen, ringen letztlich unterschiedliche soziale Trägergruppen miteinander um die Definition über den Raum. »Es geht so in der Regel darum, welche Vorstellungen über einen Raum sich durchsetzen können, oder mehr auf den Prozeß bezogen, welche soziale Gruppe in der Lage ist, gegenüber anderen Gruppen ihre Werte und ihre Sicht der Dinge durchzusetzen.«[43]

Unter Berücksichtigung der Überlegungen Michel Foucaults darf der Prozeß, in dem sich ein bestimmtes Raumbild durchsetzt und schließlich manifestiert, allerdings nicht als von einer Gruppe geplanter und von deren Interessen geleiteter Akt gedacht werden. Zwar beherrschte die alternative Szene die Repräsentation des Bezirks; allerdings weniger im Sinne eines zielorientierten Sprechens, sondern als Träger bestimmter Repräsentationen. Anders formuliert: weniger durch ihre gezielten Selbstdarstellungen als vielmehr dadurch, daß die Alternativen in Kreuzberg die Handlungsaktiven waren – Häuserbesetzungen, Betriebskollektive, behutsame Stadterneuerung etc. – setzte sich das von ihnen getragene Raumbild vom ›anderen Stadtteil‹ z.B. gegenüber demjenigen der proletarischen Bevölkerung durch. Sie lieferten durch ihre fortwährenden Aktivitäten den ›Stoff‹, aus dem das typische Kreuzbergbild erwuchs. Angehörige der Kreuzberger Szene haben sich zwar durch Flugblätter, Bildbände, alternative Reiseführer, Graffiti usw. an dieser diskursiven Repräsentation Kreuzbergs beteiligt, aber sie waren nicht die einzigen – auch die konservative Tageszeitung »Berliner Morgenpost«, die Debatten der Politiker und wissenschaftliche Studien über Kreuzberg machten immer wieder gerade diese Trägergruppe und deren Aktivitäten zum Thema und ließen so allmählich das damit verbundene Raumbild Kreuzbergs, welches den utopischen Gegenentwurf zur dominanten bundesrepublikanischen Kultur repräsentierte, entstehen.

---

42 Vgl. Ipsen 1987, S. 149.
43 Ipsen 1993, S. 15.

Vor diesem Hintergrund wird dann auch verständlich, warum 1989 ein neues Raumbild von Kreuzberg wirkmächtig werden konnte. Nicht nur lieferte der Fall der Mauer eine Zäsur, läutete ein neues Zeitalter ein und bot die Projektionsfläche für neue Images; auch hatten sich Mitte bis Ende der achtziger Jahre die Trägergruppen eines neuen Raumbildes formiert. Zum einen die »Generation X« (s.u. »soziale Metamorphose«), jene neue Generation, die sich mit dem »Mythos Kreuzberg« nicht mehr identifizieren konnte. Zum anderen waren auch in Kreuzberg young urban professionals herangewachsen: Aus Besetzern waren Architekten, aus Studenten Familienväter mit festem Einkommen geworden. Auf diese Vernderungen soll in den folgenden beiden Kapiteln eingegangen werden.

Kulturelle Metamorphose – oder:
Von der Alternativ- zur Konsumkultur

Soziokultur als »Generationsschicksal«

Unabhängig vom Mauerfall wirkt sich ein generell verändertes Verständnis von Kultur auf die Metamorphose Kreuzbergs aus; ein kultureller Wandel, den man grob mit: weg von der stadtteilorientierten Soziokultur hin zur hedonistischen Konsumkultur, beschreiben könnte. Eine wichtige Trägergruppe der Soziokultur biltete die sogenannte »Post achtundsechziger«, »achtundsiebziger« oder »alternative Generation«. Während die Kulturpolitiker in den siebziger Jahren eine neue Programmatik entworfen, die eine Absage an die bisherige Vorstellung von Kultur bedeutete, fand sich in der alternativen Generation und den neuen sozialen Bewegungen eine interessierte Trägergruppe, die dem neuen kulturpolitischen Programm zum Durchbruch verhalf.

Zwar entzündete sich der Protest der alternativen, ähnlich wie der Protest der achtundsechziger Generation, an gesellschaftspolitischen Entscheidungen und Zielsetzungen, aber im Gegensatz zu letzterer empfand die jüngere Generation eine tiefe Skepsis gegenüber theoretisierender und abstrakter Systematik. An die Stelle theoretischer Reflexion und der Suche nach neuen politischen Konzepten trat bei ihnen zunehmend die Suche nach adäquaten kulturellen Ausdrucksmöglichkeiten ihrer politische Vorstellungen: Der ›echte‹, authentisch-spontane Ausdruck ideologischer Überzeugungen – z.B. in Form von Tanz-

57

theater, Kabarett und Theateraufführungen – gewann an Bedeutung. »Soziokultur in diesem Traditionsstrang war Ausdruck eines veränderten Kultur- und
Lebensverständnisses.«[44] Soziokultur gewissermaßen als »Generationsschick-
sal« – als Ausdruck der spezifischen Ethik und Ästhetik der alternativen Generation.[45]

Die Soziokultur bot sich allerdings nicht nur aus ideologischen, sondern
auch aus pragmatischen Gründen als willkommenes Agitationsfeld für die alternative Generation an. In einer Studie über den Wandel der kulturellen Orientierungen in vier Generationen zeigt Albrecht Göschel, wie jede Generation darum bemüht ist, sich von der vorhergehenden abzugrenzen, um so nicht zuletzt
auch neue Entfaltungsmöglichkeiten für sich selbst zu schaffen.[46] Für die Achtundsiebziger-Generation bedeutete dies in erster Linie, Alternativen zu finden.
Nachdem nämlich alle einschlägigen politischen und kulturellen Bereiche von
den um 1940 Geborenen bereits besetzt waren, entstand für die Nachfolger-
generation das Gefühl, dauerhaft von den entscheidenden Gestaltungsebenen
in Staat und Gesellschaft ausgeschlossen zu sein. So mußte diese Generation
Auswege bzw. Umwege für sich finden. Viele reagierten mit einer aggressiven
Konfrontation gegen das ›System‹, andere entschieden sich für die Abwertung
von Karrieremustern, suchten alternative Lösungen und schufen sich ihre eigenen Felder.

Als besonders ergiebig erwies sich das Engagement in der alternativen Kultur bzw. in der stadtteilorientierten Soziokultur. Einerseits wurde damit ein neues Betätigungsfeld mit freien Posten kreiert, andererseits bot dieser Bereich wie
kein anderer die Chance, die eigene Beschäftigung als ›kreativ‹, ›innovativ‹ etc.
aufzuwerten. So wurde aus der Not eine Tugend gemacht und der Handlungsdruck, Alternativen zu schaffen, in eine Lebens- und Weltanschauung uminterpretiert.

Das »Unbehagen an der Kulturpolitik«, welches Anfang der siebziger Jahre
von Hermann Glaser artikuliert wurde, traf also mit dem generellen Unbehagen
der alternativen Generation zusammen;[47] Kulturpolitiker wie Hermann Glaser
und Hilmar Hoffmann lieferten das Programm, und die Aktivisten der neuen
sozialen Bewegungen füllten es mit Leben.[48]

---

44 Sievers/Wagner 1992, S. 13.
45 Vgl. Cornel 1992.
46 Vgl. Göschel 1989, ders. 1990.
47 Vgl. Glaser 1974.
48 In der Literatur wird immer wieder darauf hingewiesen, daß die Wurzeln der Soziokul-

Soziokultur als kulturpolitisches Programm

Dieses »Unbehagen an der Kulturpolitik« war vor allem ein Widerwille gegenüber dem damaligen apolitischen, rein affirmativen Kulturverständnis[49], das nicht dazu anhielt, sich mit der als defizitär empfundenen Wirklichkeit auseinanderzusetzen, sondern lediglich Angebote zur Kompensation bzw. zur Flucht aus dieser Wirklichkeit lieferte. Verbunden mit diesem affirmativen Kulturverständnis war ein relativ elitärer Zugang zu Kunst und Kultur und damit die Privilegierung bestimmter Gesellschaftsschichten, sind doch Museen und Kunstausstellungen, Theater und Philharmonie allein einem Gesellschaftssegment zugänglich, das über entsprechendes kulturelles Kapital verfügt, um das Angebot verstehen und genießen zu können.

Diesem »Konventionellen Baedekerbewußtsein« (Glaser) wurde mit der programmatischen Formel »Kultur für alle« ein neues Konzept der Kulturpolitik wie auch ein neues Verständnis von Kultur gegenübergesetzt.[50] An die Stelle der affirmativen bürgerlichen Kultur sollte ein kritischer Kulturbegriff treten, der Kultur, Kunst und Ästhetik nicht mehr im Sinne einer ›reinen Welt des Geistes‹ in Ergänzung zur profanen Alltagswelt verstand, sondern »als Medium für Prozesse der Kommunikation, Reflexion und Gesellschaftskritik und als Möglichkeit der Demokratisierung der Gesellschaft durch Kultur.«[51]

Praktisch sah man diese neuen Ansprüche an Kultur und Kulturpolitik im Konzept der Soziokultur repräsentiert. Diese strebt eine möglichst gleichmäßi-

---

tur in etwa zu gleichen Teilen im Umbruch der damaligen Kulturpolitik und in den Aktivitäten der neuen sozialen Bewegungen zu sehen sind. Ohne die Träger der Soziokultur, die Sponti- und Alternativbewegung also, hätte das kulturpolitische Programm »Kultur für alle« sicherlich weniger Durchsetzungsvermögen gehabt. Vgl. Cornel 1992, Sievers/Wagner 1992, Mielke 1988.

49 Der Begriff »affirmative Kultur« wurde von Herbert Marcuse geprägt und kritisiert deren systemstabilisierende Funktion: Die affirmative Kultur zelebriert das Gute, Wahre, Schöne einer höheren Welt des Geistes und trägt durch die feierliche Ergänzung der schlechten Welt dazu bei, daß diese Welt (geduldig) ertragen werden kann. Vgl. Marcuse 1937.

50 »Kultur für alle« war der Slogan, mit dem Hilmar Hoffmann in den siebziger Jahren die Entauratisierung und Demokratisierung der Kultur forderte. Kultur sollte nicht mehr länger einigen wenigen Privilegierten vorbehalten sein, sondern im Sinne einer »Massenkultur« (ohne jeglichen negativen Beiklang) überall Verbreitung finden. Vgl. Hoffmann 1979.

51 Sievers 1988, S. 200.

ge Verteilung und Zugänglichkeit von kulturellen Angeboten an und durchbricht gerade die Trennung zwischen dem Guten, Wahren, Schönen und den Niederungen der Realität.[52] Damit ist keineswegs gesagt, daß Soziokultur als Opposition gegenüber traditioneller Kunst und Ästhetik zu verstehen ist. Es ging der Soziokultur in erster Linie um einen kommunikativ-kritischen Anspruch der Sphäre der Kultur; daß dieser Anspruch nicht so sehr in klassischen kulturellen Feldern, sondern insbesondere in neuen Ausdrucksformen realisiert wurde, ist eher eine Sekundärerscheinung denn primäres Postulat.

Trotzdem hat sich in den darauffolgenden Jahren das Verständnis von Soziokultur im Sinne einer alternativen Kulturpraxis durchgesetzt, welche neuen Spielarten ästhetisch-kreativen Wirkens Entfaltungsraum gibt. Soziokultur wurde zum Ergänzenden, Zusätzlichen der herkömmlichen Kulturpolitik umdefiniert. Aus diesem neuen Stadium der Soziokultur erst entstanden dann all jene Formen alternativer Kultur, die gemeinhin mit dem Konzept in eins gesetzt werden: Stadtteilfeste, Folkmusik-Festivals, Kleinkunsttage etc. Diese reduzierte Auslegung von Soziokultur kann wiederum in engem Zusammenhang mit ihrer Trägerschaft, namentlich der alternativen Generation, gesehen werden; hat sich diese doch besonders stark in den Tätigkeitsfeldern einer so verstandenen Soziokultur wiedergefunden.

Schon bald hieß die Programmformel dann auch nicht mehr »Kultur für alle«, sondern »Kultur von allen«. Diese neue Programmatik orientierte sich an der Überzeugung, daß alle Menschen zu kulturellen Leistungen fähig sind und »daß sich Ausdrucksfähigkeit und Gestaltungskompetenz nicht nur in einer von der Alltagswelt abgehobenen Aura ästhetischer Kunstkultur ereignet, sondern daß der Alltag selbst in der konkreten Gestalt und Gestaltbarkeit seiner Beziehungs- und Deutungsmuster zum Thema und Medium kulturellen Ausdrucks werden kann«[53]. Diese Mutation des ursprünglichen Konzepts barg von An-

---

52 Drei Aspekte charakterisieren den Anspruch der Soziokultur, eine neue Kulturpolitik zu entwickeln: Kultur wird erstens im Sinne eines erweiterten Kulturbegriffs verstanden. Weiter war die politische Dimension der Kultur von Anfang an zentral für die Soziokultur; d.h., Kultur sollte nicht mehr länger nur Kunstpflege sein, sondern sie hatte nicht mehr und nicht weniger als die Demokratisierung der Gesellschaft im Visier. Schließlich sind alternative Kulturpraxen, also alle Formen neuen ästhetisch-kreativen Wirkens jenseits des konventionellen Kanons kennzeichnend für das Konzept Soziokultur. Vgl. Sievers 1988.

53 Sievers 1988, S. 203.

fang an die Gefahr in sich, alles und vor allem auch Alltägliches zu ästhetisieren. – Genau dieser Gefahr scheint die gegenwärtige Kultur erlegen zu sein. Symptomatisch für die Ästhetisierung des Alltags ist die veränderte Haltung gegenüber Konsum und Massenkultur. In den siebziger Jahren wurden diese Spielarten des Kapitalismus als »Instrument der gesellschaftlichen Konformitätsherstellung gegeißelt und Konsumenten als hilflose Opfer massenmanipulativer Strategien gesehen«.[54] Heute dagegen stufen sowohl Wissenschaftler als auch Konsumenten Konsum und Massenkultur anders ein: Konsum ist nun immer auch eine kreative Praxis, die durchaus unterschiedlich aussieht und entsprechend unterschiedliche Identitäten hervorbringt. Im Extremfall macht diese Neueinschätzung selbst vor einer – etwas zu einfachen – Glorifizierung nicht Halt; aus individuellem Konsum wird dann ›Kreativität‹ und ›Stil‹, der sich durchaus mit Kunstformen vergleichen läßt. So schreibt etwa Elizabeth Wilson über Mode: Fashion is »a form of visual art, a creation of images with the visible self as its medium«.[55] Konsum und Kultur so verstanden führen leicht zu einer »Ästhetisierung des Alltagslebens, für die keine gesellschaftlich anerkannte Norm mehr gilt«.[56] Vor allem aber das ursprüngliche Anliegen der Kultur, nämlich immer auch Gesellschaftskritik und Reflexion zu betreiben, ist einem so gearteten Kulturverständnis abhanden gekommen. Statt dessen hängt »ein Hauch von Disco-Atmosphäre«, »ein ›Dont't worry, be happy‹-Sound« in der Luft.[57]

Parallel zum Verlust ihres kritischen Anspruchs wurde Kultur immer stärker für die Zuwachsraten der Ökonomie funktionalisiert. »Produkt- und Produktions-Marketing arbeiten mit kulturellen und symbolischen Elementen, mit dem kulturellen Zusatznutzen oder ›Kulturgebrauchswert‹, der zum Gebrauchs- und Tauschwert der Ware hinzukommt.«[58] Auf die Bedeutung dieser Kommerzialisierung von Kunst und Kultur innerhalb der spätkapitalistischen Ökonomie hat insbesondere Frederic Jameson aufmerksam gemacht. In dieser Phase des Kapitalismus ist nicht mehr Massenproduktion gefordert, sondern die Produktion

---

54 Welz 1996, S. 7.
55 Wilson 1985, S. 9.
56 Maase 1994, S. 18.
57 Maase 1994, S. 19.
58 So Peter Koslowski in einer keineswegs kritisch gemeinten Äußerung zur gegenwärtigen Kultur. Zit. nach: Leggewie 1988, S. 187. Ähnlich resümiert auch Hilmar Hoffmann die neue Funktion von Kultur, freilich mit kritischem Akzent: »Kultur als Werbung und als Code«. Hoffmann 1990 (b), S. 55; vgl. ders. 1990 (a).

immer noch neuer scheinender Güter in immer kleiner werdenden zeitlichen Abständen. Hierbei übernimmt die Ästhetik eine herausragende Funktion: »The frantic economic urgency of producing fresh waves of ever more novel-seeming goods (from clothes to airplanes), at ever greater rates of turnover, now assigns an increasingly essential structural function and position to aesthetic innovation and experimentation.«[59] Die ästhetische Produktion ist so im Bereich der allgemeinen Warenproduktion integriert, wobei längst nicht mehr nur materielle Güter, sondern genauso Dienstleistungen zur gewinnbringenden Produktionssphäre dazugehören. Eine Entwicklung, die im Begriff ›Lifestyle‹ ihren Ausdruck fand. Ambiente und Arrangement spielen beim Verzehr von Speisen und Getränken eine immer bedeutendere Rolle, genauso wie der Einkauf allmählich zum unterhaltsamen Happening mutiert.

Consumer Culture

Der Anspruch der Soziokultur, Kunst, Kultur und Alltag zueinander in Beziehung zu setzen, die Hierarchie zwischen High und Low Culture aufzuheben, ist heute weitgehend realisiert. Allerdings zum Preis der zunehmenden Trivialisierung und Popularisierung von Kultur. Nicht nur wurden alternative, d.h. neue und bislang unterprivilegierte Kulturformen in die Sphäre der Kultur integriert (Mode und Zirkus, Folklore und Werbung), selbst alltägliche Praxen werden zunehmend im Sinne kreativer Ausdrucksfähigkeit interpretiert. Auswahl, Arrangement und Inszenierung von Artefakten und Freizeitaktivitäten rücken immer enger in die Nähe eines subjektiv-künstlerischen Ausdrucks. Diese Umdefinition der Güter zum ästhetisch-kulturellen Zeichen, das nun sehr viel mehr im Zentrum der Konsumtion steht als ihr Gebrauchswert, wird mit dem Begriff »Consumer Culture« bezeichnet. »The modern individual within consumer culture is made conscious that he speaks not only with his clothes, but with his home, furnishings, decoration, car and other activities which are to be read and classified in terms of the presence and absence of taste (...) consumer culture

---

59 In Marketingkreisen ist man weniger kritisch als Jameson, kommt jedoch zu den gleichen Erkenntnissen: In der «Kulturisierung» der feinen Unterschiede werden überhaupt die Erfolgsgaranten für wirtschaftliches Wachstum gesehen. Vgl. z.B. Küthe/Thun 1995; vgl. Jameson 1984 (a), S. 56; ders. 1984; ders. 1991.

publicity suggests that we all have room for self-improvement and self-expression whatever our age or class origins.«[60]

An diesem neuen Verständnis von Kultur waren Wissenschaftler, insbesondere aus dem Kreis der Cultural Studies, nicht unbeteiligt. Die am Centre for Contemporary Cultural Studies (CCCS) in Birmingham entstandenen Arbeiten zu Jugend- und Subkultur bedeuteten eine Art Paradigmawechsel für die Betrachtung von Konsum und Massenmedien. Bis Ende der siebziger Jahre wurden Medien vor allem kritisch unter dem Aspekt der Verdummung und Manipulation der Rezipienten analysiert.[61] Arbeiten wie »Profane Culture« (1978) oder »Subculture: The Meaning of Style« (1979)[62] setzten jedoch andere Akzente: In der individuellen Aneignung von und Selektion aus Medien und Kommerz kommen auch kreative Fähigkeiten zur Anwendung. Insbesondere Jugendstile wurden nun als schöpferische und phantasievolle Bastelei interpretiert; aus dem vorgegebenen ›Material‹ – Comics und Werbung, Mode und Film – wird ausgewählt und dann neu arrangiert, so daß ein eigener kultureller Stil, beispielsweise Punk oder Graffiti, entsteht. In seinem zuletzt erschienenen Buch »Common Culture«, deutsch: »Jugend-Stile«, resümiert der Autor Paul Willis selbst: »Der entscheidende Punkt, den dieses Buch auf jeder Seite anspricht, liegt darin, daß ›die Botschaften‹ mittlerweile weniger ›gesendet‹ und ›empfangen‹ als vielmehr bei der Rezeption hergestellt werden.«[63]

So wichtig die Feststellung ist, daß Medien und Werbung nicht etwa auf ein jederzeit manipulierbares, passives, sondern auf ein durchaus autonomes und handlungsfähiges Subjekt treffen, so muß vor der einseitigen Gewichtung, hinter der Kapitalismus- und Medienkritik ersatzlos verschwinden, dennoch gewarnt werden. Die Kritik an Willis' letztem Werk, die noch vor dessen Veröffentlichung von Simon Frith erhoben und im Nachwort zur deutschen Ausgabe gleich mitgedruckt wurde, kann daher nur unterstrichen und ernst genommen werden: Jeder Aspekt gesellschaftlicher Praxis wird »in ›Kultur‹ aufgelöst und mit einem romantischen Schimmer von Kreativität umgeben«. Dabei bleibt »kein Raum mehr für die Frage nach der Qualität eines Textes und nach der besonderen Kreativität (...), die zur Produktion von kulturellen Texten und Gebilden notwendig ist.«[64]

---

60 Featherstone 1991, S. 86.
61 Vgl. dazu Maase 1994.
62 Hebdige 1979; Willis 1978.
63 Willis 1991, S. 24.
64 Willis 1991, S. 189.

Das postmoderne Kulturverständnis, welches nahezu sämtliche Praktiken immer auch als *kreative* Praktiken versteht, wurzelt also letztlich in den Anfängen der Soziokultur, genauer in deren reduzierter und gleichsam simplifizierter Auslegung durch ihre Hauptträger: die alternative Generation. Diese nämlich interpretierte Soziokultur einerseits als kulturelles Betätigungsfeld der gesamten Bevölkerung (Kultur von allen), andererseits akzentuierte sie vor allem das Alternative, andere im Gegensatz zur herkömmlichen, heißt: Hochkultur. Damit aber ebnete sie den Boden für eine noch stärker verflachte Auffassung von Kultur, welche fortan *jeden* als künstlerisch-kreativ tätig betrachtete, *alles* jenseits des traditionellen Kanons zu Kultur stilisierte und eine Differenzierung zwischen High und Low überhaupt hinfällig macht. Tatsächlich impliziert dieses neue Kulturverständnis eine Demokratisierung und Entauratisierung der Kultur, allerdings um den Preis der fortwährend drohenden Kommerzialisierung und Popularisierung. Ein solches Verständnis, sicherlich ›gesponsort‹ durch ökonomische Interessen und unterstützt durch wissenschaftliche Auslegung, findet sich im Begriff der Consumer Culture.

Träger oder zumindest Vorhut dieser veränderten Einstellungsmuster gegenüber Konsum und Massenkultur ist nun aber just jene städtische Mittelschicht, die seit rund zwanzig Jahren wieder Gefallen am Leben in Innenstädten findet – und hier schließt sich der Kreis zwischen Gentrifizierungsprozessen und kulturellem Wandel: »The new middle class and new rich live in enclaved areas of gentrification (...) These enclaves are areas of high investment in designed environments, stylized form and the aesthetiziation of everyday life. *Such* groups expect to be entertained while they shop and shop at places of entertainment. *They* seek to cultivate a style of life and have an interest in the arts and a pleasurable aestheticized living environment.«[65]

Die neue städtische Mittelschicht schätzt Eigenschaften wie ›kreativ‹, ›ausdrucksstark‹ und ›individuell‹ als besonders begehrenswerte Attribute, die sie daher auch und gerade für sich selbst gerne in Anspruch nimmt, und die Interpretation alltäglicher Praxen im Sinne kreativer Praktiken kommt ihnen insofern zu Paß. Zudem nutzt die neue Mittelschicht die Kluft zwischen ihrem eigenen und anderer Leute persönlichem Stil, um sich gegenüber jenen, die nicht über das ›gewisse Etwas‹ verfügen, abzugrenzen und gleichzeitig die Dazu-

---

65 Featherstone 1991, S. 110, Hervorhebung B.L.

gehörigkeit zu denen, die ›in‹ sind, zu erleben.[66] Dazu reklamiert, schafft und nutzt die städtische Mittelschicht entsprechende Räume: Sushi-Lokale, Edel-Imbisse, Hairstylisten, Schmuckdesigner, Restaurants und Bars, um nur einige Beispiele zu nennen.

Vor diesem Hintergrund ist die Eröffnung neuer Bars und Cafés in Berlin-Kreuzberg nicht nur mit den andersartigen ökonomischen Möglichkeiten einer besser verdienenden Mittelschicht zu erklären, die in die Innenstadtbezirke zieht und ihre Bedürfnisse bezüglich Konsum und Kultur geltend macht. – Dies wäre die Argumentation gängiger Gentrifizierungstheorien: Diese interpretieren die neuen Etablissements immer als Zeichen dafür, daß eine andere Gesellschaftsgruppe (die »Gentrifier«) mit einem ihrem Kapital entsprechenden distinguierten Lebensstil in den Stadtteil drängt und ihm damit ein neues Gepräge gibt. – Aus der hier vorgestellten Perspektive dagegen ist die Transformation der Infrastruktur immer auch Ergebnis des beschriebenen kulturellen Wandels: Anders gestaltete Cafés und Bars, genauso wie die Eröffnung von Boutiquen sind eben auch Ausdruck jener Trendwende, die hier als Orientierung weg von der stadtteilorientierten Soziokultur hin zur hedonistischen Consumer Culture beschrieben wurde. Daß diese Trendwende wiederum durch ökonomische Interessen befördert wurde, steht außer Frage. Doch gerade die enge Verflechtung zwischen Kultur und Ökonomie läßt meines Erachtens eine einseitige Deutung im Sinne einer bloß sozio-ökonomischen Umstrukturierung nicht zu.

Tatsächlich sind längst auch jene an der Errichtung und Nutzung dieser neuen Infrastruktur beteiligt, die gemeinhin als ›verdrängte Bevölkerungsgruppen‹ gehandelt werden: die türkischen Migranten. So sind in Kreuzberg inzwischen einige der ›gehobenen‹ Cafés und Restaurants im Besitz türkischer Inhaber; zum Beispiel das »Advena« in der Wienerstraße, ein helles Café, ganz im Stil der Neunziger gehalten. Und symbolisch von noch stärkerer Bedeutung: Die »O-Bar«, ein einschlägiger Treff der homosexuellen Subkultur in der Oranienstraße, wurde geschlossen und neueröffnet; nun allerdings in türkischer Hand.

Es lassen sich noch eine Menge neuer Lokalitäten und Routinen beschreiben, die Zeugnis für den skizzierten kulturellen Wandel liefern: Gepflegte Restaurants wie zum Beispiel der »Gorgonzola Club« oder das »Weltrestaurant Markthalle«, das »Blue Gout« oder »Fou Fou« liefern ein passendes Ambiente aus ocker- bzw. roséfarbenen marmorierten Wänden, in denen hausgemachte Penne, Topfenpalatschinken und frische Gemüseterrinen serviert werden. Hier

---

66 Vgl. hierzu vor allem: Ronneberger 1994, Noller/Georg 1994.

verkehren nun aber nicht neuzugezogene Dienstleister, sondern in der Regel dieselben Besucher, die früher im »Café Kuckucksei« oder im »Debüt« Tofu-bouletten und Berliner Kindl aus der Flasche zu sich nahmen. Gleiches gilt für so manchen, der heute bei »Vini et Alimentari«, auf dem türkischen Markt am Maybachufer oder auf dem Winterfeldmarkt (in Schöneberg) seine Einkäufe erledigt und noch vor wenigen Jahren Stammkunde im ökologischen Lebens-mittelgeschäft »Biotopia« bzw. bei »Kaisers« war. Hinter diesen veränderten Konsumformen verbirgt sich nicht einfach ein dickerer Geldbeutel, sondern auch die Teilhabe an dem beschriebenen kulturellen Wandel. »They want to be entertained while they shop an shop at places of entertainment« (Featherstone). – Nur so ist es zu erklären, daß man die Fahrt über mehrere U-Bahn-Stationen in Kauf nimmt, um sich am Winterfeldplatz letztlich mit den gleichen Lebens-mitteln zu versorgen, die man auch um die Ecke hätte haben können – freilich: weniger ›stilvoll‹.

Eine Veränderung, welche die kulturelle Wende besonders anschaulich macht, erlebt seit ca. zwei Jahren der informelle Verkaufssektor in den Cafés und Bars: Wurden bis vor wenigen Jahren noch vorwiegend Raubdrucke poli-tisch korrekter Literatur zum Kauf angeboten, verdienen die heutigen Händler mit unterschiedlichsten Speiseangeboten ihr Geld: warme vegetarische Früh-lingsrollen, Käsestangen und Laugenbrezeln, Sandwiches und neuerdings auch Sushis.

Beliebt sind, um ein letztes Beispiel für die veränderte Infrastruktur zu nen-nen, außerdem distinguierte Imbißlokale, wie etwa »Fairuz« am Spreewald-platz. Hier werden zu den Klängen mal orientalischer, mal klassischer Musik in hellen, großzügig gehaltenen Räumlichkeiten Falafel und Humusteller frisch zubereitet; dazu gibt es frisch gepreßten Orangensaft oder schwarzen Tee. Be-wußt setzt sich die Kundschaft vom Konsumenten der 08/15-Currywurst oder des inzwischen fast schon ordinär gewordenen Döner Kebab ab.

Soziale Metamorphose – oder:
Von der »alternativen« zur »Generation X«

Generationszusammenhang

Schließlich ist noch ein weiterer soziokultureller Wandel zu beobachten, dessen Trägergruppe in Kreuzberg wie andernorts allmählich ihre Spuren hinterläßt: die Generation der späten achtziger und frühen neunziger Jahre.

Der Begriff der Generation meint hier weniger eine Alterskohorte (Großeltern-Eltern-Kinder), sondern er basiert auf einer grundsätzlichen Disposition, die Gleichaltrige ihr Leben lang charakterisiert und miteinander verbindet. Karl Mannheim bezeichnet dieses eine Generation verbindende Lebensgefühl als »Generationszusammenhang« und meint damit auf objektiven historischen Bedingungen basierende Gefühls- und Einstellungsmuster, die Gleichaltrige als prägend für ihr gesamtes Leben erfahren.[67] Der Begriff der Generation bezeichnet also die Ähnlichkeit von Lebenshaltungen und Lebensgefühlen bei Gleichaltrigen, die aus historisch einzigartigen Erfahrungszusammenhängen erwachsen sind.

Glaubt man Claus Leggewie, dann hat »›1989‹ – nicht weniger als das Ende der alten Weltordnung – (...) in der Tat einen Generationsbruch bewirkt.«[68] Deshalb nennt er die neue Generation auch »die 89er«. Allerdings: Er beschreibt Charakteristika und Phänomene, die durchaus bereits vor 1989 bei der neu heranwachsenden Generation zu beobachten waren. Es scheint, als würde mit »89er Generation« ein Etikett gewählt, das über die Prozeßhaftigkeit des kulturellen und generativen Wandels hinwegtäuscht und statt dessen das Ereignis, 1989, in den Mittelpunkt rückt.[69] Treffender erscheint mir daher die Bezeichnung »Generation X«. Denn das genuine Charakteristikum der neuen

---

67 Vgl. Mannheim 1976, S. 33. Claus Leggewie, der Mannheim in seiner Bestimmung der »Generationskonstellation« folgt, formuliert analog, eine soziologische Generationskonstellation bestehe erst, wenn sich im Jugendalter geprägte Orientierungen und Verhaltensmuster nicht in diesem besonderen Lebenszyklus abschleifen, sondern die Alterskohorte ein Leben lang begleiten. Vgl. Leggewie 1995, S. 66.

68 Leggewie 1995, S. 26.

69 Damit nähert sich Leggewie der Medienberichterstattung an, welche zeitliche Entwicklungen ebenfalls erst dann thematisiert, wenn sie durch herausragende Ereignisse eine Art Klimax erreichen. Nichts anderes scheint der Fall zu sein, wenn Leggewie das Jahr 1989 für die Formation einer neuen Generation als zentral interpretiert.

Generation liegt in ihrer Vielfältigkeit und Unterschiedlichkeit: »Wir sind alle anders«. »Wir sind alle anders bedeutet ja weniger anders im Verhältnis zu anderen Generationen, sondern vor allem anders im Verhältnis zu denen, die das gleiche Alter haben wie man selbst.«[70] Der Begriff der »Generation X« trägt dieser Vielfalt im Sinne einer Unsicherheit bezüglich klarer Zuschreibungen und Charakteristika Rechnung – daher die Chiffre »X«.

Dennoch ist auch das Label »Generation X« mißverständlich; weckt es doch in erster Linie Assoziationen zu Douglas Couplands gleichnamigem Roman, in dem sich die »Generation X« durch Mißtrauen gegenüber etablierten Werten und Institutionen genauso wie gegenüber den Verheißungen von Konsum und Massenkultur charakterisiert. Trotz dieser Einwände benutze ich hier den Terminus Generation X. Zum einen, weil die Variable X noch Offenheit und Unsicherheit sowohl bezüglich der historischen Prägefaktoren als auch hinsichtlich einer eindeutigen Beschreibung der neuen Generation signalisiert. Zum anderen, weil der Terminus gebräuchlicher ist alle anderen und sich als Begriff etabliert hat.

Zudem läßt sich am Phänomen der Generation X ein weiteres Mal der Grundgedanke dieser Studie demonstrieren. Ähnlich wie für die Gruppe der Yuppies, ähnlich wie für die Gestaltwerdung des Mythos Kreuzberg und analog zur symbolischen Gentrifizierung gilt auch für die Generation X: Nachdem der Begriff erst einmal ins Leben gerufen worden war, nachdem der Signifikant von Medien, Werbung und Wissenschaft gierig aufgegriffen und in Umlauf gebracht worden ist[71], formiert sich allmählich auch dessen Signifikat – die Generation X wird soziale Tatsache. Indem ich den Begriff Generation X bewußt – und das heißt auch des Konstruktivismus bewußt – verwende, soll diesem Gedankengang Rechnung getragen werden.

Unabhängig davon jedenfalls, ob man das Jahr 1989 oder andere historische und kulturelle Umstände als prägend für die gegenwärtige Jugend definiert – neben ›1989‹ wären zum Beispiel die weltweite Vernetzung und Computerisierung oder »Glasnost« als die neue Generation prägende Faktoren denkbar – hat sich eine neue Generation formiert, die sich von der vorangegangenen unterscheidet. Für Kreuzberg ist dieser Bruch besonders gravierend, da der Bezirk seine Prägung maßgeblich durch die alternative Generation erhielt. – Parallel zu den wiedervereinigungsbedingten logistischen, ökonomischen und gegenwär-

---

70 Martin 1995, S. 3.
71 Vgl. z.B. Stolz 1995.

tig vor allem diskursiven Veränderungen vollzieht sich in Kreuzberg damit ein Generationswechsel, der seinen nicht unerheblichen Teil zum Bedeutungswandel des Stadtteils beiträgt.

Die alternative Generation: Die Kinder, vor denen uns unsere Eltern gewarnt haben

Der Mythos Kreuzberg, wie er sich in den siebziger und achtziger Jahren konstituiert hat, ist nur im Kontext des spezifischen Lebensgefühls der alternativen Generation zu verstehen. Die objektiven Bedingungen, die das Lebensgefühl dieser Generation gekennzeichnet haben, bündelten sich zunächst in einem ausgeprägten Krisenbewußtsein: Die ökologischen Folgeprobleme des industriellen Wachstums, die fortschreitende Zerstörung natürlicher und sozialer Lebensräume, die wachsenden Risiken neuer Großtechnologien und die Verdichtung technokratischer Kontroll- und Systemzwänge traten zunehmend in den Vordergrund des öffentlichen Bewußtseins. Allmählich erwuchs daraus bei der jüngeren Generation eine Protesthaltung, die ökologisch genauso wie kulturell einen Ausstieg aus dem herrschenden »Modell Deutschland« beabsichtigte und die sich insbesondere in den neuen sozialen Bewegungen formierte. In der Anti-AKW-Bewegung und in Dritte-Welt-Gruppen, in der Frauenbewegung und in Selbsterfahrungsgruppen bündelten sich Ängste, aber auch ein selbstbewußt gewordener Widerstand und emanzipatorischer Protest gegen Industrialismus, Patriarchalismus und Staat.[72]

Dies war gewissermaßen der kleinste gemeinsame Nenner, der die zwischen 1950 und 1960 Geborenen miteinander verbunden hat: Das Nein zu den bisherigen und bestehenden Verhältnissen, der Ausstieg aus der technik- und fortschrittsgläubigen Konsumgesellschaft und, wo es nicht beim demonstrativen ›Nein‹ blieb, die Suche nach sozialen, ökologischen und kulturellen Alternativen. In Kreuzberg, mit dem sich Mitte der siebziger Jahre allmählich ein Vorstellungsbild verband, welches *den* Gegenentwurf zur bundesrepublikanischen Gesellschaft repräsentierte, fühlten sie sich am richtigen Ort. Das Bild vom ›anderen Leben in der anderen Stadt‹, das Ende der siebziger, Anfang der achtziger Jahre wirkmächtig wurde, zielte ins Schwarze. Es traf auf den empfindlichen Nerv einer Generation, die vor dem Hintergrund der ökologischen und politi-

---

72 Vgl. Brand 1987.

schen Krisen der siebziger Jahre »no future« und daher nur noch einen Ausweg für sich sah: Aussteigen.

Die Generation X: »All I want to do is have some fun« (Sheryl Crow)

Im Band 121 des »Kursbuch« kommen Angehörige der neuen Generation unter dem Motto »Der Generationenbruch« selbst zu Wort. Auffallend ist darin die wiederkehrende Abwehr gegenüber der Klassifizierung als ›Generation‹.[73] Bereits dieser Widerstand gegen eine allgemein verbindliche Etikettierung und damit verbundene Normierung indiziert ein wesentliches Merkmal der neuen Generation: Die Jugend der neunziger Jahre ist plural, sie grenzt sich nicht mehr bewußt in Form *einer* dominanten Gegenkultur von der Elterngeneration ab, sondern tritt vielfältig und in Form nebeneinander bestehender Szenen in Erscheinung. Entsprechend sind auch die kulturellen Praxen der neuen Generation verschieden, zersplittert und gegensätzlich, und »weil wir ja nicht mehr dogmatisch sind, schauen wir doch gerne mal bei den andern vorbei«.[74]

Eine weitere Erfahrung, die alle Angehörigen der Generation X miteinander verbindet, liegt in der Desillusionierung und der daraus resultierenden Diskussions- und Politikverdrossenheit. Inzwischen wurden sämtliche Meinungen schon einmal geäußert und alle Möglichkeiten des Protests gegen den Status Quo schon einmal ausprobiert – ohne Erfolg. Die Generation X reagiert darauf, indem sie sich vorrangig um ihr eigenes Wohl und um ein Maximum an Fun sorgt. Dazu zieht sie sich zurück in ungestörte Nischen, wo sie bei 150 bpm eine andere Wirklichkeit lebt. – Ob diese Abkehr von Politik und Gesellschaft allerdings nicht *auch* als politisches Bekenntnis gedeutet werden muß, ist zumindest diskussionswürdig. Jedenfalls ist die Schlußfolgerung, die Spaß- und Hedonismus-orientierte Generation X sei grundsätzlich apolitisch und egozen-

---

73 »Generation? Au backe. (...) mit dem Wort Freundeskreis kann ich viel mehr anfangen als mit dem Begriff Generation. (...) Jedenfalls kann man nicht mehr von einer einheitlichen Generation sprechen, die sich an einem ganz bestimmten Lebensstil orientieren würde.« Martin 1995, S. 16 und S. 11. Und in einem anderen Aufsatz heißt es gar: »Neulich las ich, daß ich kraft meines Alters offenbar zur sogenannten 89er-Generation gehöre. (...) Zwischen vielen Klischees überfrachteter Aufsätze zum Thema der heutigen Jugend bin ich dann auch auf einige kluge Texte gestoßen, in denen stand, daß es diese unsere Generation eigentlich doch nicht gibt.« König 1995, S. 59.
74 Flamm 1995, S. 24.

70

trisch, etwas vorschnell. So heißt es etwa im Techno-Fanzine »Frontpage«: »Freedom, Unity, Equality, Respect, Fun and Love. Diese Wertvorstellungen liegen allen möglichen weltverbessernden Theorien auch zugrunde, der Unterschied: in der House-Nation funktionieren sie.« – Gängige Werte und Orientierungsmuster sind offensichtlich bei weitem nicht aufgelöst, sondern sie existieren noch und werden sogar kurzfristig, im Hier und Jetzt, gelebt.

Natürlich sind Gemeinschaftsgefühl und Utopie der Generation X mehr an die Musik und die locations gebunden als an irgendwelche Theorien. Sie sind nicht theoretisch, sondern erlebnisorientiert, sie sind lokal, ephemer und vorübergehend, insofern in ihrer Bedeutung von vorn herein relativiert und grundsätzlich einem überlokalen, andauernden Geltungsanspruch entraubt. Dieser Relativismus kehrt auch in der gelebten Erfahrung wieder, daß Heterogenität und Pluralismus die Kernmerkmale unserer Gesellschaft sind und insofern die Toleranz gegenüber anderen Meinungen und Lebensformen an aller erster Stelle stehen muß: anything goes.

Der Stadtteil Kreuzberg, welcher einerseits Weltverbesserer und Revolutionäre aus der ganzen Republik anlockte und andererseits *den* alternativen Lebensraum schlechthin bildete, gehört damit auch insofern der Geschichte an, weil sich keine Mehrheit mehr dafür interessiert. Bei der Jugend der neunziger Jahre läuft der Mythos Kreuzberg, der einen kritischen Gegenentwurf zur herrschenden Gesellschaft und in ihr dominierenden Lebensstilen verkörpert, ins Leere, da die neue Generation keinen Bedarf mehr an solch allumfassenden Gegenentwürfen hat. Sie legt sich eben nicht auf einen Gegenentwurf fest, sondern akzeptiert Vielfalt. Überdies widerspricht eine auf den Raum projizierte Utopie ihrer Erfahrung, daß auch Wünsche und Träume ephemer und kurzfristig sind.

Trotzdem erhält der Stadtteil durch die Jugend der neunziger Jahre seine Prägung: An der Oberbaumbrücke eröffnete im Sommer 1995 der »Cream Club«, in dem Techno und House auf den Plattentellern liegt; in der Wiener Straße gibt es gleich mehrere neue Etablissements, die eine soziokulturelle Wende markieren: ein neuer Laden mit Clubwear, die »Morena Bar«, in der ebenfalls Techno gespielt wird, sowie ein Geschäft, das sich auf Guaranaprodukte und Energydrinks spezialisiert hat. Die »Schnabelbar« in der Oranienstraße setzte neue Akzente, indem sie einen Türsteher am Eingang positionierte. Drinnen wurde anfangs HipHop und Rap gespielt; später war die »Schnabelbar« Domäne der »Easy Listening«-Fraktion.

Wenn alte Etablissements schließen und neue an ihrer Stelle eröffnen, dann sind dies auch Spuren einer neuen Generation. Diese mag nicht mehr länger in den Cafés und Kneipen der alternativen Generation sitzen, sondern sorgt durch ihre Nachfrage für ein verändertes Angebot. Sie schafft sich ihre eigenen Räume und transformiert dadurch den Raum Kreuzberg. Für die bisherige Dominanz alternativer Kultur in Kreuzberg bedeutet dies das Aus. Kreuzberg heute ist offener und heterogener geworden; die Konventionen der alternativen Generation verschwinden zwar nicht gänzlich, aber sie bilden nur noch *ein* kulturelles Muster neben vielen anderen, die sich in den vergangenen Jahren herausgebildet haben: Rapper und Raver, Grunger und Computer-Freaks, Punks und Alternative.

Kreuzberg 1989: Eine multikausale Metamorphose

Berlin-Kreuzberg erlebte mit dem 11. November 1989 eine grundlegende Metamorphose: Aus dem bisherigen Randbezirk wurde City der wiedervereinigten Hauptstadt und folglich ökonomisch interessantes Investitionsgebiet. Allerdings: Gerade diese ökonomische Umnutzung wird bisher vor allem auf der diskursiven Ebene verhandelt, denn der Boom in Kreuzberg läßt – wie in Berlin insgesamt – bislang noch auf sich warten. Die Rede über »Yuppie-Town« Kreuzberg bewegt sich folglich noch weitgehend im Bereich der Spekulation.

Diese gesellschaftlichen Redeweisen über das ›neue Kreuzberg‹ sind jedoch für dessen Gentrifizierung mitzubedenken. Die Diskurse und Bilder über Kreuzberg im Sinne eines schicken metropolitanen Innenstadtbezirks wirken wie Stadtmarketing auf Stadtteilebene: Sie treiben die sozio-ökonomische Umstrukturierung des Viertels voran und tragen so ihren Teil zur Gentrifizierung bei.

Neben den ökonomischen und diskursiven Wirkdimensionen innerhalb von Gentrifizierungsprozessen darf die sozio-kulturelle Dimension nicht außer acht geraten. In der bisherigen Forschung wird an verschiedenen Stellen darauf hingewiesen, daß es sich bei der Gentrifizierung innenstadtnaher Altbauviertel häufig auch um Aufwertungsprozesse handelt, die von der ortsansässigen Bevölkerung selbst gewünscht und initiiert werden, d.h. um einen Transformationsprozeß, der den Bezirken nicht von außen übergestülpt wird – sei es durch Immobilienfirmen und Gentrifier, sei es durch gezielt geschaltete Images und Repräsentationen -, sondern um eine Metamorphose, die sich ›von innen her-

72

aus‹ vollzieht.[75] In diesem Fall steigen die Ansprüche der Bewohner im Laufe ihrer Biographie.

Dieser Beobachtung wird in der Forschung jedoch nur sehr selten Rechnung getragen. In den meisten Arbeiten überwiegen nach wie vor Darstellungen, die Gentrifizierung als eine gewaltvolle, von außen in den Bezirk hineingetragene Umstrukturierung konzeptualisieren und dabei bezirksimmanente Wandelprozesse übersehen.[76] Ziel meiner Arbeit ist es dagegen, die Gentrifizierung Kreuzbergs nicht nur als von außen gesteuerten und geplanten Prozeß, sondern auch als ›weiche‹ Transformation ›von innen heraus‹ zu verstehen. Aus diesem Blickwinkel stellt sich die Metamorphose Kreuzbergs als Folge eines – auch – kulturellen Wandels dar, der sich als Entwicklung weg von der alternativen Soziokultur hin zur postmodernen Konsumkultur beschreiben läßt.

Die Kategorie »alternativ« – nirgendwo ließe sich das klarer zeigen als am »Fall« Kreuzberg – hat sich weitgehend überlebt. Das Interesse für ambitionierte politische Kabaretts, für Stadtteilfeste und Off-Theater ist geringer geworden. Ähnliches gilt für die Alltagskultur. Neben dem alten ökologischen Lebensmittelgeschäft »Biotopia« und dem immer noch tätigen Interessenverband »Verein SO 36« eröffnen Bars, Clubs und Discotheken, genauso wie gehobene Restaurants oder distinguierte Imbißlokale – und sie sind gut gefüllt. Nun ist die Eröffnung dieser Etablissements nicht einfach als Inbesitznahme des Viertels durch besserverdienende Konsumenten und Bewohner zu interpretieren, wie üblicherweise in der Forschung zur Gentrifizierung behauptet wird. Die Verbraucher sind oft dieselben geblieben – nur ihre Nachfrage hat sich verändert,

---

75 Diese Form der Transformation innerstädtischer Viertel wird als »Incumbent Upgrading« bezeichnet. In aller Regel verläuft dieser Prozeß langsamer und ist weniger stark mit der Verdrängung der angestammten Bevölkerung aus ihrem Wohngebiet verbunden. Vgl. z.B. Dangschat 1988.

76 Besonders kraß liest sich das etwa bei Jens S. Dangschat, der Gentrifizierung als symbolischen Kampf unterschiedlicher Lebensstilgruppen um die Hegemonie über den Raum beschreibt. Im Kampf um den Lebensraum treten sich Yuppies auf der einen und Alternative (evtl. auch Alteingesessene) auf der anderen Seite im Ring gegenüber. Daß sich die Kategorie »Alternative« durch den oben skizzierten kulturellen und sozialen Wandel möglicherweise längst überlebt hat und daher nicht mehr zum Kampf antreten kann, wird nicht in Erwägung gezogen. Genausowenig wie die Möglichkeit, daß auch ein Alternativer, ja gar ein Alteingesessener, zum Yuppie mutieren könnte. Was an anderer Stelle durchaus Berücksichtigung findet, nämlich daß sich Lebensstile entsprechend veränderten Lebenslagen wandeln, wird hier ignoriert. Vgl. Dangschat 1994, insb. S. 352 ff.

und so spiegelt sich in der veränderten Infrastruktur auch das Ergebnis des oben beschriebenen kulturellen Wandels wider.

Parallel zu diesem kulturellen Wandel hält eine neue Generation in Kreuzberg wie andernorts ihren Einzug: Die Generation X, die kein Interesse mehr am monolithischen Gegenentwurf des Kreuzberger Alternativlebens hat. Die Kinder der Generation X dulden viele, um nicht zu sagen: alle Lebensformen, und sie wären deshalb die letzten, die sich für den Erhalt eines einseitig-monotonen, weil hundert Prozent alternativen Lebensraumes einsetzen würden. Times are a-changing.

Die Zeitzeugen der Metamorphosen

Regionale Identität

Berlin-Kreuzberg – in den siebziger und achtziger Jahren Symbol und Fokus für das Projekt eines anderen Lebens in der anderen Stadt, in den neunziger Jahren Schauplatz eines umfassenden Transformationsprozesses: territorial – durch seine neue Lage im Zentrum der deutschen Hauptstadt, diskursiv – durch das neue Image als Yuppie-Viertel, und schließlich soziokulturell – durch einen Generationswechsel und neue kulturelle Praxen der städtischen Mittelschicht.

Was sich aus der reinen Beobachterperspektive als spannende Verwandlung darstellt, mag in der subjektiven Erfahrung und Wahrnehmung der Bewohner zu erheblichen Brüchen und Unsicherheiten geführt haben. Wie reagieren die Kreuzberger auf den Wandel ihres Lebensraumes und dessen neues Image gleichermaßen? Welche Strategien bringen sie im Umgang mit der neuen Situation zur Anwendung?

Mein anfängliches Interesse, einen ›repräsentativen Querschnitt‹ der Kreuzberger Bevölkerung nach Reaktionen auf die Gentrifizierungsprozesse zu befragen (z.B. die Bewohner einer Straße oder die Mieter eines Hauses) wich schon bald der Fokussierung auf das soziale Milieu der alternativen Szene. Damit sind die von mir Befragten nicht nur territorial, durch den Lebensraum Kreuzberg, sondern auch sozial, im Sinne eines Generationszusammenhangs, miteinander verbunden: Sie gehören allesamt der »alternativen Generation« an, die sich durch eine ausgesprochene Skepsis gegenüber dem »Modell Deutschland« charakterisiert und daher nach unterschiedlichen Ausstiegsformen suchte, um diesem Modell den Rücken zu kehren.

Mit Bedacht kommen in meiner Studie also keine Türken zu Wort. Auch keine sogenannten »Alteingesessenen«, d.h. jenes Gesellschaftssegment, das gemeinhin als proletarische Berliner Bevölkerung gedacht wird. Hätte ich die türkischen Migranten befragt, wäre das Thema meiner Dissertation ein anderes geworden. Fragen nach den Problemen der ersten und zweiten Migrantengeneration, nach deren ›neuen Heimat‹, nach Benachteiligung gerade dieser Bevölkerungsgruppe durch die neue Dienstleistungsökonomie wären in den Mittelpunkt der Untersuchung gerückt. Darum ging es mir aber nicht. Genausowenig wollte ich den »Mythos Kreuzberg« aus Sicht seiner mutmaßlichen Skeptiker, also den bürgerlichen und proletarischen Bevölkerungsschichten, dekonstruieren. Die Entscheidung, mich auf das soziokulturelle Milieu der Kreuzberger Szene zu konzentrieren, resultiert aus theoretischen Überlegungen, die abschließend dargestellt werden sollen.

»Kreuzberg war das Zentrum der Welt. Der einzig mögliche Ort, die einzig lebbare Wirklichkeit. Die einzige Luft, verdorben, atembar. (...) Das Ende der Mauer. Die Zerstörung von Kreuzberg. Vision eines Massakers. Ich nehme am Gnadenstoß teil, an der Exekution meiner ganzen Familie. Meinem einzigen Anker. Meinem ganzen Universum. Ich habe nichts anderes. Es gibt nichts anderes. (...) Meine Familie, das sind die Straßen hier. Der Beton und die Leute, aus denen diese Straßen zusammengesetzt sind.«[77]

Kreuzberg, heißt es in diesem Zitat aus dem Roman »Berlin – letzte Vorstellung. Abschied von Kreuzberg«, war das Zentrum der Welt, Kreuzberg war für die Autorin zentral, und dies wohl kaum im geographischen Sinne, sondern lebensgeschichtlich: als Kern ihrer Identitätsbildung.

Auf die Wechselbeziehung zwischen der sozialräumlichen Umwelt und menschlicher Identitätsbildung hat in der kulturwissenschaftlichen Forschung vor allem Ina-Maria Greverus hingewiesen. Dabei geht sie von einem direkten Zusammenhang zwischen räumlich-materieller Umgebung und individueller bzw. kollektiver Identitätsbildung aus. Wie ein Ort aussieht, ob man Arbeit findet, ob die Infrastruktur den eigenen Bedürfnissen gerecht wird und wie es um das Mitspracherecht bzw. um die Kontrolle in der Raumnutzung und -gestaltung steht, entscheidet über die positive oder negative Identifikation mit dem in Rede stehenden Ort. D.h., die materielle Beschaffenheit des Raumes an sich

---

77 Hilaire 1991, S. 11, S. 90 f.

birgt bereits Identifikationspotentiale.[78] Daneben gibt es aber auch noch imaginative Identifikationsfaktoren, die für die subjektive Bedeutung des jeweiligen Lebensraumes ihre Wirkung entfalten.

Symbolische Ortsbezogenheit

Hier kommen die mit einem Ort assoziierten »Raumbilder« (Ipsen) ein weiteres Mal zur Wirkung. Die prospektiven Bewohner genauso wie jene, die bereits vor Ort leben, haben bestimmte Vorstellungen und Bilder von Kreuzberg im Kopf. Nicht immer also ist der Raum ›an sich‹ für die Identifikation primär, oft wird er erst durch die Art und Weise, wie er zu anderen in Beziehung gesetzt wird, wie man darüber redet, wie er sowohl bildhaft als auch diskursiv dargestellt wird und wie daraus wiederum ganz bestimmte Konnotationen erwachsen, mit emotionalen Qualitäten aufgeladen. Durch diese diskursiven Prozesse werden Bedeutungsgehalte produziert, die den geographischen Raum Kreuzberg zum sozialen Erfahrungs- und Identifikationsraum machen. – So wird es auch möglich, daß selbst der Stadtteil in Agonie am Rande West-Berlins zum positiv erlebten Identifikationsraum wird: für all jene nämlich, deren Selbstbild mit diesem Raumbild zur Deckung gelangt.[79]

Insofern ist auch lokale Identität als Konstruktionsprozeß zu verstehen. Lokale Identität an sich gibt es nicht; vielmehr ist sie stets Ergebnis von bewußt oder unbewußt konstruierten Zusammenhängen des eigenen Lebens mit dem Ort, der Region oder der Nation. Innerhalb dieses Konstruktionsprozesses ist die symbolisch-imaginäre Aufladung der jeweiligen Räume mit entsprechenden Bildern und Assoziationen zentral – gleichzeitig werden über diesen Umweg Grenzen zu anderen Räumen und damit konnotierten Vorstellungsbildern gezogen. Gerade hier wird das Gemachte, Konstruierte besonders deutlich, denn Grenzen bestehen nicht, sondern sie müssen gezogen werden.

---

78 Besonders deutlich wird dies an ihrem »Raumorientierungsmodell«, welches das Verhältnis zwischen Mensch und Umgebung nach vier grundlegenden Kategorien ordnet: der instrumentalen, der politisch-strategischen bzw. kontrollierenden, der soziokulturellen und der symbolischen Raumorientierung. Vgl. Greverus 1982, insb. S. 69.

79 Besonders wenn einige Interessengruppen vermittels Bilder und Images ein gezieltes Identifikationsmanagement betreiben, kann emotionale Ortsbezogenheit sehr viel mehr auf Projektionen und Vorstellungsbildern über die Lebenswelt als auf der tatsächlichen Wohnzufriedenheit basieren. Vgl. Welz 1991, S. 64.

Neben professionellen Werbern (Museen, Reiseführer, Citymarketing etc.) sind hier auch informelle Image-Produzenten bedeutend, wobei insbesondere die Medien eine herausragende Rolle übernehmen. – In ihren Reportagen und Berichten und insbesondere durch die darin verwendeten Metaphern, Vergleiche und Attribute konstruieren sie ein Stimmungsbild, das die Rezipienten positiv oder negativ berührt.

Tatsächlich sind es sehr viel mehr solch »imaginative Phantasmen« als materiell-räumliche Qualitäten, welche ein Gefühl der Zugehörigkeit – oder das Gegenteil – generieren.[80] Diese Form der räumlichen Identifikation wird als »symbolische Ortsbezogenheit« bezeichnet. »Nicht die Örtlichkeit einer Gemeinde, sondern der ihr zugeschriebene Name löst die Gefühlszusammenhänge aus. (...) Das der Ortsbezogenheit zugrunde liegende Problem ist die Identifizierung mit einer örtlich gebundenen sozialen Kategorie auf dem Umweg über die Identifizierung mit einem Ortsnamen, der das Symbol für diese Kategorie darstellt.«[81] Der Ortsname wird also zur Metapher und Symbolisierung emotionaler Zugezogenheit – und zwar um so mehr, wenn dieser Begriff bereits mit spezifischen Attributen und Eigenschaften aufgeladen wurde, die nun automatisch mit dem Ortsnamen konnotiert sind.

Hier dürfte auch das wesentlichste Identifikationspotential Kreuzbergs zu finden sein. »Kreuzberg«. Wie viele Bilder, wie viele Assoziationsketten tauchen bei der Nennung dieses Begriffs automatisch auf: Kreuzberg, das ist alternativ, anarchisch und eigensinnig, multikulturell, tolerant und vieles andere mehr. Aus der Lebenswelt Kreuzberg ist eine Bilderwelt, aus dem Stadtteil ein feststehender Begriff mit eigenständiger Bedeutung geworden (vgl. hierzu Kapitel 3, »Mythos Kreuzberg«).

Positiv werden sich dann all jene mit ›Kreuzberg‹ identifizieren, deren Selbstbild mit der diskursiven Repräsentation des Stadtteils bzw. mit dem Topos ›Kreuzberg‹ zur Deckung gelangt: Sie fühlen sich in Kreuzberg am richtigen Ort und haben überdies durch ihre alltäglichen Praxen dafür gesorgt, daß ihre Vorstellungen mehr und mehr Gestalt angenommen haben.

Damit sind die Argumente für meine Konzentration auf das soziale Milieu der Kreuzberger Szene benannt. »›Interessante Fälle‹ findet man an den offenbaren und verdeckten Intensitätspunkten des sozialen Lebens: wo sich etwas bricht oder dreht, wo bisher Unvereinbares zusammenkommt und einstige Si-

80 Vgl. Bude 1995, S. 27.
81 Treinen 1974, S. 237f.

cherheiten brüchig werden, wo die Subjekte sich bekämpfen, langweilen oder sich lieben.«[82] Mir schien, daß gerade für die Kreuzberger Szene, die sich häuslich im Kreuzberger Mauerwinkel eingerichtet und sich besonders stark mit dem Image des alternativen Randbezirks identifiziert hatte, durch die veränderte Situation nach 1989 »einstige Sicherheiten brüchig werden«. – Wie kommen sie, die Repräsentanten und Träger der kulturellen Werte der siebziger Jahre, zurecht mit den Metamorphosen des Stadtteils Kreuzberg, der zum Symbol für diese Werte geworden war und den sie deshalb aufgesucht hatten bzw. an dessen So-Werden sie mitgewirkt haben?

Grenzziehungen

Im Zusammenhang mit diesen Überlegungen muß abschließend auf die problematische Kehrseite regionaler Identität hingewiesen werden, namentlich sämtliche Abwehr- und Abgrenzungsreaktionen, die mit der affirmativen Zugehörigkeit offenbar automatisch einhergehen und die in Kreuzberg postwendend deutlich wurden.

»Es gibt Tausende in Kreuzberg, von denen mindestens ein Drittel aus Leuten wie wir besteht. (...). Hier sind wir alltäglich geworden, wir sind das Normale. (...) Draußen die Welt mit ihren Gesetzen, ihren Lügen. Draußen das Weiße, die ausgelöschte Seite. Ich will im Innern bleiben, auf der versteckten Seite, im Schatten der Mauer.«[83]

In den hier verwendeten Oppositionspaaren (»wir« ›Anormalen‹ ›drinnen‹ in Kreuzberg – »ihr« »Normalen« »draußen« in der Welt) deutet sich die in Rede stehende Grenzziehung an, die integraler Bestandteil jeder Identität ist und deshalb immer mitgedacht werden muß: Die Vorstellung eines homogenen Wirs innerhalb des Stadtteils (bzw. der Region oder des Gebiets) und eines ebenso monolithischen Ihrs jenseits der Grenzen. Alle »Identitätsprozesse, die sich auf Räume beziehen, unterstellen nicht nur äußere Grenzen und bestimmen damit darüber, wer innen und wer außen ist. Sie unterstellen auch eine gewisse Homogenität der Überzeugungen und Verhaltensweisen in und für einen Raum. Damit wird der innere Fremde produziert, der im Raum ist, aber nicht dazugehört.«[84]

---

82 Bude 1988, S. 425.
83 Hilaire 1991, S. 77 und S. 81.
84 Ipsen 1993, S. 16.

Gerade und insbesondere die fixen Vorstellungsbilder von Kreuzberg produzierten solche Grenzen; Grenzen zwischen innen und außen, zwischen wir und sie, zwischen authentisch und mutiert, zwischen adäquaten und falschen Überzeugungen und Verhaltensweisen. Indem sie die kulturelle Eigenart des Stadtteils festschreiben, lassen sie nur wenig Spielraum für Andersartigkeit und Abweichung; die Übereinstimmung des Stadtteils mit sich selbst impliziert immer auch die Abweisung des nicht damit Übereinstimmenden. Auch die Offenheit für Veränderungen, die Wandlungsfähigkeit des Bezirks wird vor dem Hintergrund solch fester Zuschreibungen schwierig. Kreuzberg wird auf ein und nur ein Wesen festgelegt.

Dies wird vor dem Hintergrund der veränderten Situation nach 1989 besonders deutlich. Mit der territorialen Veränderung hat sich der Lebensraum, aber auch das mit dem Stadtteil verbundene Vorstellungsbild verändert. Kreuzberg ist nun »Yuppie-Town« bzw. »normaler Innenstadtbezirk« geworden«.[85] – Was hätte all jenen, die gerade wegen der mit Kreuzberg konnotierten Anormalität in den Stadtteil gezogen waren, Schlimmeres widerfahren können? Das Revier wird deshalb von selbsternannten Platzhirschen teilweise mit Vehemenz gegen vermeintlich ›unpassende‹ Eindringlinge verteidigt. »Yuppies in die Spree« – verkündigt ein Graffito in der Wrangelstraße (SO 36). Und ähnlich könnte auch der Schlachtruf jener Gruppe namens »Klasse gegen Klasse« lauten, die Dachgeschoßbewohnern mit Lynchjustiz droht und – ihrer Meinung nach – zu feinen Restaurants mit Molotowcocktails und Fäkalien den Garaus macht.[86] Erklärtes Ziel dieser Gruppe ist es, der Mittelklasse ihren Aufenthalt in Kreuzberg »so ungemütlich wie möglich zu machen, so daß ihnen die Lust vergeht, in Kreuzberg EigentümerInnen zu werden«.[87] – Und ihre Argumente bezieht die Gruppe zu einem nicht unbedeutenden Teil aus dem wirkmächtig gewordenen

---

85 Stuttgarter Zeitung 10.07.1993; Der Morgen 07.01.1991.
86 In der Nacht zum 18. Oktober 1993 explodierte im Kreuzberger Lokal »Auerbach« eine Handgranate. Wenige Tage später zündete bei einem italienischen Lebensmittelladen (»Vini et Alimentari«) in der Skalitzer Straße ein Sprengsatz. Im November 1995 traf es das Griechische Lokal »Fou Fou«.
87 Auszug aus Flugblättern der Gruppe »Klasse gegen Klasse«. Und weiter: »Korrupte Krämerseelen wie Ihr gehört zu dem Potential von Mittelklasse-Schmeißfliegen, die sich wie Schweinepest im Kreuzberger Kiez ausbreiten. Ihr bereitet den weiteren Boden für schmierige Karrieristen, Yuppies und ähnlichem Pack, das für die Vertreibung angestammter Kiez-Bevölkerung sorgt.« »Der einzige Platz für Mittelklasse-Schmarotzer liegt zwischen Mündungsfeuer und Einschuß.«

Vorstellungsbild von Kreuzberg. Das feste Bild, das sich die Anhänger von »Klasse gegen Klasse« gemacht haben, ist mit den kulturellen und sozialen Veränderungen nach (aber auch schon vor) 1989 unvereinbar. Das Bild, welches Kreuzberg als Abseits bundesrepublikanischer Norm präsentiert, läßt eine Verwandlung zum »normalen Innenstadtbezirk« nicht zu.

2

Forschung in und über Kreuzberg

Diskursanalyse

Die Leitfrage für den diskursanalytischen Teil meiner Arbeit lautete: Wie ist das Bedeutungssystem ›Kreuzberg‹ in unseren Köpfen entstanden und wie konnte es immer mehr Gestalt und Form annehmen? Ausgehend von Michel Foucaults Axiom, daß nicht mehr die handelnden Subjekte, sondern sich verselbständigende Diskurse unsere Wirklichkeitssicht prägen, habe ich die Repräsentation Kreuzbergs in Printmedien und Reiseführern unter Berücksichtigung von Foucault theoretischen Überlegungen interpretiert.

Foucaults Theorie, die eine Unterscheidung zwischen Sprache und Praxis nicht mehr länger aufrechterhält, sondern Wissen als Produkt und Ergebnis von konkurrierenden Diskursfeldern versteht, impliziert zugleich die Negation eines Subjekts, das der ›eigentliche‹ Ursprung und Kern der sprachlichen Aussagen ist. Weder gibt es laut Foucault solch einen genau zu bestimmenden Ursprung noch ein Wesen (Signifikat) sprachlicher Aussagen. Der Sinn einer Aussage ist damit nicht durch die in ihr enthaltenen Intentionen begründet, sondern durch die synchronen und diachronen Oppositionsbeziehungen, die sie voneinander unterscheidet.[1] Damit wird vor allem jede Form von »Eigentlichkeit« negiert. Vereinfacht gesagt: Kreuzberg ist also nicht per se ›Kreuzberg‹, sondern weil es so und nicht anders repräsentiert wurde. Kreuzberg entsteht als Bedeutungssystem durch die Differenz zu anderen Stadtteilimages, aber auch zur eigenen möglichen, jedoch nicht realisierten Repräsentation und schließlich durch die Opposition zur eigenen Vergangenheit.

Methodisch bedeutet dies für eine Diskursanalyse, daß sie nicht nach den ›eigentlichen‹ und tieferliegenden Bedeutungen suchen kann, die sich unter

---

1 Vgl. Foucault 1973, ders. 1992.

den oberflächlichen Aussagen verbergen. Statt dessen muß auf paradigmatischer und syntagmatischer Ebene nach Differenzen zu möglichen und tatsächlichen alternativen Diskursformationen gefragt werden. Der Sinn der Aussage liegt nicht im verborgenen Wesen, sondern in ihrer Dominanz gegenüber anderen denkbaren bzw. realen Formationen. Die Frage lautet: Warum diese – und keine andere Aussage? Was unterscheidet diese von anderen, möglichen Aussagen? Welches Interesse wird damit verbreitet, ohne unbedingt intendiert zu sein?

Insgesamt habe ich über 400 Zeitungsartikel und sechs Berlin-Reiseführer hinsichtlich ihrer Repräsentation Kreuzbergs analysiert. Als Quellen dienten mir die Artikel des Pressearchivs des Senders Freies Berlin sowie des Zeitungsartikelarchivs im Kreuzberg-Museum. Bei den Reiseführern habe ich versucht, durch Stichproben im Fünf-jahres-rhythmus seit dem ersten Erscheinungsdatum bis zur neusten Ausgabe die Entwicklung des Kreuzbergbildes in »Baedekers Berlin«, »Anders reisen«, »Richtig reisen«, »Merian«, »GEO-Special« und dem »Insider-Lexikon« nachzuvollziehen. Dies war jedoch nicht immer möglich, da es in einigen Fällen nur zwei oder gar nur eine Edition der Reiseführer gibt.

Wie sah nun die Analyse im einzelnen aus? Zunächst habe ich mich der externen Diskursanalyse, d.h. der Frage, welchen genreabhängigen Regeln, Ritualen oder Gesetzmäßigkeiten die Texte folgen, zugewendet. Für den Zeitungsdiskurs ist typisch, daß darin nur das Auffällige, Außergewöhnliche und Aktuelle Eingang findet – während Alltag und Normalität bei der Berichterstattung außen vor bleiben. Das Brandneue, Hochdramatische, Katastrophische, der Rekord und die Prominenz haben grundsätzlich besonderen Nachrichtenwert und prägen folglich die Presseberichte.[2]

In die Medien findet nur das Besondere Eingang – und selbstredend ist damit auch die Repräsentation von Welt, hier: Kreuzberg, eine außer-gewöhnliche. Da dies eine Binsenweisheit und allen Printmedien gemeinsam ist, gilt es weiter zu fragen, ob und wie sich die unterschiedlichen Printmedien in ihrer Berichterstattung unterscheiden. D.h., es gilt zu fragen, ob sich etwa Differenzen zwischen »taz« und »FAZ« in bezug auf Themenwahl und Akzentuierung ausmachen lassen. Dies beginnt bei der Frage der Plazierung einer Nachricht; wird sie weggeworfen oder auf Seite eins gedruckt?[3] Weiter muß gefragt wer-

---

2 Vgl. Lindner 1990; Schlapp 1989, S. 13ff.; Emmerich 1984.

3 Eine Frage, die ich allerdings kaum beantworten konnte. Die Plazierung innerhalb der Tageszeitungen war nicht mehr zu rekonstruieren, da die von mir analysierten Artikel

den, welche Attribute, Metaphern und Schlüsselbegriffe jeweils verwendet werden. Diese je spezifische inhaltliche und formale Prägung der Zeitung resultiert aus einem Mechanismus, der in der Medienforschung als »Gate Keeping« bezeichnet wird. Gemeint ist damit die redaktionelle Linie, welche sowohl die Auswahl als auch den Stil der repräsentierten Themen dominiert und kontrolliert.[4]

Nachrichten werden heute in der Regel von großen Presseagenturen übernommen, deshalb waren bei meiner Zeitungsanalyse vor allem Reportagen, Kommentare und Glossen von Interesse. In diese journalistischen Formen der Berichterstattung fließt die subjektive Färbung und Meinung des Autors, sein persönliches Erleben ein. Da diese auf der Linie der Redaktion liegen werden, kann durch ihre Deutung am ehesten etwas über den zeitungsinternen Stil und darüber kommunizierte Botschaften in Erfahrung gebracht werden.

Entscheidend am Mediendiskurs ist nun aber, daß er wie keine andere Diskursformation unserer gegenwärtigen Gesellschaft dafür prädestiniert ist, »Doktrinen« (Foucault), d.h. allgemein verbindliche Wahrheiten und Anschauungen, zu generieren. Im Gegensatz zu anderen Diskursen, die begrenzt sind und nur innerhalb einer fixierten Zahl von Individuen zirkulieren, sind die in den Medien vertretenen Anschauungen weit verbreitet, ihr Einfluß auf den »Interdiskurs« (Link) ist, wie bereits erwähnt, besonders groß. Sie verbinden ganz unterschiedliche Personen durch die Anerkennung derselben Meinungen – zumal Nachrichten und Reportagen in der Alltagswahrnehmung als ›wahr‹ bzw. ›objektiv‹ gelten.

So wie für Printmedien die Regel gilt, daß das darin repräsentierte Kreuzberg vor allem als außergewöhnlich und atypisch erscheint, so gilt für die Reiseführer, daß sie den Stadtteil grundsätzlich als reizvoll und interessant darzustellen haben. Analog zur Presseberichterstattung steht daher an erster Stelle die Frage: In welchen Reiseführern gilt was als interessant und sehenswert? Welche Orte, welche Themen werden bei der Vorstellung des Bezirks in den Vordergrund gerückt, welche bleiben unerwähnt? Zu fragen ist weiter, mit welchem Akzent und welcher Färbung die jeweiligen Sujets präsentiert werden. Ist zum Beispiel der hohe Anteil an türkischen Bewohnern in Kreuzberg ein ›Pro-

---

zum Großteil Pressearchiven entnommen sind, welche die Artikel bereits nach Themen oder Ereignissen selektiert, ausgeschnitten und archiviert hatten.

4 Mit Foucault gesprochen könnte man die redaktionelle Linie auch als »diskursive Polizei« bezeichnen, »die man in jedem seiner Diskurse aktivieren muß«. Foucault 1992, S. 25.

blem‹ oder eher ein Faszinosum? Läßt sich auch hier so etwas wie eine redaktionelle Linie ausmachen? Worin unterscheiden sich »Baedeker« und »Anders reisen«? Durch diese Betrachtungsweise der Reiseführer wird deutlich, welche Bilder mit Vorliebe benutzt und produziert werden, welche Themen weniger attraktiv sind und mit welchem Image Kreuzberg fortan an die Öffentlichkeit tritt.

Bis hierher bewegt sich die Analyse auf der synchronen Ebene; sie sucht nach den Regeln und Gesetzmäßigkeiten, welche die Themen sowie den Stil der jeweiligen Printmedien strukturieren und prägen. Nun gilt es aber auch, die historische Entwicklung, die »Genealogie« (Foucault) der Diskurse zu beschreiben und zu deuten. Ziel dieses Teils der Analyse ist die Antwort auf die Frage, welche Bilder von Kreuzberg mit welchen entsprechenden Vorstellungen von wahr/falsch, gut/böse, authentisch/mutiert etc. sich durchgesetzt haben, aber auch, wie sich diese Vorstellungsbilder im Laufe der Zeit verändert haben.

Hierzu wurden die Zeitungsartikel und Reiseführer zunächst schlicht hinsichtlich der Häufigkeit bestimmter Sujets und Topoi systematisiert. So ergab sich beispielsweise in den sechziger Jahren eine signifikante Dominanz des Topos »Zilles Milieu«, bis gegen Ende der siebziger Jahre das Thema Stadterneuerung bei der Darstellung des Bezirks in den Vordergrund trat. Damit war das erste Tableau ›gefunden‹: Zilles Milieu. In dem Moment, da sich aufgrund der Häufigkeit bestimmter Begriffe und Themen wieder ein neues Sujet konstituiert, kann dann von einem neuen dominanten Vorstellungsbild Kreuzbergs die Rede sein.

Durch diese Systematisierung erhielt ich vier unterschiedliche Images des Stadtteils, die in unterschiedlichen Phasen virulent waren: Bohème und Montmartre, Utopia jenseits bundesrepublikanischer Norm, Spannung und Exotik und schließlich Schickimickis im neuen Zentrum. Gleichwohl darf man sich die so entstandenen Bilder nicht schlicht als chronologische Reihe vorstellen, vielmehr überlagern sich die einzelnen Topoi in unserem Gedächtnis: Das, was gegenwärtig als ›Kreuzberg‹ verstanden wird, Summe und Ergebnis all dieser Bilder und Images. Sämtliche dieser Tableaus sind in unserer Vorstellung präsent und nehmen von dort aus Einfluß auf die Wahrnehmung des Bezirks.

In einem zweiten Schritt wurde die Berichterstattung einer genaueren Interpretation auf der synchronen Ebene unterzogen: Welche Metaphern werden besonders häufig benutzt, wie lauten die Schlüsselbegriffe, und was wird mit ihnen kommuniziert? Auch hier wurden innerhalb der Zeitspanne, in der die jeweiligen Sujets dominierten, zunächst einmal einzelne Chiffren und Symbole ausgezählt. Erst im Anschluß daran folgte die Deutung: Innerhalb welcher assoziativen Spannungsfelder sind diese Begriffe sowohl syntagmatisch als auch paradigmatisch verortet? Zum Beispiel rückt die Überschrift: »Klein-Paris in Kreuzberg« den Stadtteil auf der syntagmatischen Ebene in die Nähe von Paris – auf der paradigmatischen Ebene läuft dann die Konnotationskette ab: Paris – Montmartre – Moulin Rouge und Toulouse-Lautrec ... aber auch Lebenskunst, un verre du rouge, savoir vivre und laissez faire ...

Auf diese Weise entstand eine Art Bilderreigen, der die variierende Repräsentation Kreuzbergs sowohl zu unterschiedlichen Zeiten als auch in unterschiedlichen Medien darzustellen vermag. Wie und wann diese Tableaus im einzelnen entstanden sind und welche Botschaften sie über den Bezirk vermitteln, ist Gegenstand des 3. Kapitels »Mythos Kreuzberg«.

Die medial repräsentierten und verbreiteten Vorstellungsbilder bleiben nicht ohne Einfluß auf die alltäglichen und subjektiven Wahrnehmungen der Stadtteilbevölkerung. Aus dem gesamten Bilderbogen rekrutiert sich unser Wissen darüber, was ›Kreuzberg‹ ist, er bildet das Angebot, die Grundlage, woraus dann ein selektives und subjektives Vorstellungsbild von Kreuzberg entsteht. – Denn selbstverständlich gesellen sich zum medial produzierten Image immer auch alltägliche, persönliche Erfahrungen. Aus der Vorlage des Bilderbogens einerseits sowie eigenen Perspektiven und Ansichten andererseits basteln sich die Subjekte ihr je spezifisches Bild von Kreuzberg. Fünf solche individuellen und dennoch typischen Kreuzbergbilder sind im 4. Kapitel »Rezeptionsweisen« dargestellt.

Feldforschung

Lebensweltliche Ethnographie

Um zu erfahren, mit welchen persönlichen Eindrücken und Ansichten die Bewohner ihr individuelles Bild von Kreuzberg anreichern und gleichsam das offizielle modifizieren, mußte ich mich mit ihnen unterhalten. Im Rahmen dieser Gespräche interessierte mich allerdings nicht nur, welche subjektive Bedeutung der Stadtteil für die einzelnen hatte und hat, sondern auch, wie sie – in Anbetracht dieser je persönlichen Bedeutung – auf die gegenwärtigen Metamorphosen in Kreuzberg reagieren. Ich wollte *verstehen*, warum meine Interviewpartner so oder so empfinden, denken und reagieren. Dazu waren ihre Antworten und Erzählungen im Interview nicht ausreichend. Statt dessen mußte ich versuchen, so viel wie möglich von ihrer Lebenswelt kennenzulernen und zu erfahren – und zwar nicht nur verbal; Erfahrung vielmehr im Sinne von ›am eigenen Leib erfahren‹. Ich mußte die Orte, von denen sie erzählten, selbst aufsuchen, mir mein eigenes Bild davon machen; ich mußte teilnehmen an ihren Praxen, und das hieß, mich zu ihnen setzen, mit ihnen spazieren gehen, Bier trinken, sie bei ihren Routinen beobachten – stets versuchend, mich in ihre Lage zu versetzen. Ziel war also ein Perspektivenwechsel – weg von meinem eigenen, hin zum Relevanzsystem derer, deren Lebenswelt ich beschreiben, rekonstruieren und verstehen wollte. Im Idealfall heißt das, »einer zu werden, wie ...«[5]

Dies ist das Anliegen der lebensweltlichen Ethnographie: »Als grundsätzliche Bedingung dafür, daß wir von einer lebensweltlichen Ethnographie sprechen können, erscheint mir der Erwerb einer praktischen Mitgliedschaft am Geschehen, das erforscht werden soll, der Gewinn einer existentiellen Innensicht.«[6]

Um solch eine Innensicht zu erwerben, ja um überhaupt etwas zu sehen, habe ich mich viele Stunden in Kreuzberg aufgehalten, habe stundenlang in Kreuzberger Kneipen und Restaurants, in Parks und Straßencafés gesessen, regelmäßig kreuz und quer Spaziergänge durch den Stadtteil gemacht. Ich habe mir die einzelnen Szenen genau angeschaut, beobachtet, wer sich wo aufhält, wie die Kommunikation verläuft – um die Bedeutung der Orte zu erfassen. Zudem habe ich versucht, so viel wie möglich mit Leuten zu reden; jeder Kontakt war mir willkommen. Die Schnorrer, die mich regelmäßig vor der Post in der Skalitzer Straße oder an U-Bahn-Stationen angesprochen haben, wurden umgekehrt von mir in Gespräche verwickelt[7]; genauso wie ich mich gezielt und absichtlich alleine in Szenekneipen an den Tresen gesetzt habe, in der Hoffnung, angesprochen zu werden – und so auf ›natürliche Weise‹ mit den Stamm-

---

5 Honer 1993, S. 245.
6 Honer 1989, S. 300f.
7 Sofern dies möglich war. Denn viele der Schnorrer, die sich vorzugsweise vor der Post in der Skalitzer Straße postierten, kamen aus Polen und sprachen kaum Deutsch oder Englisch. Ebenso übrigens die meisten der Punks, die im Sommer am Kottbusser und am Schlesischen Tor wartenden Autofahrern die Scheiben reinigten (mit der Absicht, dafür einen Obolus zu erhalten).

gästen ins Gespräch zu kommen. Damit folgte ich dem Leitprinzip, das typisch für die Chicagoer Schule der Stadtsoziologie und die spätere, auf direkter Beobachtung beruhende Soziologie geworden ist: »Nosing around«, »»Go into the district‹, ›Get the feeling‹, ›Become acquainted with people‹«.[8] Denn nur mit Hilfe dieser Vertrautheit mit dem Feld war es auch möglich, meine Interviewpartner zu verstehen und ihre Aussagen genauso wie statistische Daten adäquat zu interpretieren.

Doch so sehr ich mich darum bemühe, die Veränderungen in Kreuzberg aus der Perspektive meiner Gesprächspartner, d.h. subjektiv zu verstehen – was ich leisten kann, ist allenfalls ein wissenschaftliches Fremdverstehen dieser subjektiven Erfahrungen. Aber gerade um dieses prinzipiellen Fremdverstehens willen, das letztlich immer in der Interpretation mündet, ist der direkte Kontakt und die Kenntnis der sozialen Zusammenhänge, in die das Handeln einzuordnen ist, unerläßlich. Nur so kann sich der eigene Blick der Wirklichkeitssicht der anderen nähern und damit wenigstens annäherungsweise deren Sicht der Dinge widerspiegeln.

Grounded Theory

Durch diese Art des ›Sehen Lernens‹, d.h. durch die Annahme der Perspektive der anderen, entstanden am Anfang meiner Forschung in Kreuzberg erhebliche Irritationen und Verwirrungen. Meine eigenen, oft vorab verfertigten Ansichten gerieten nämlich immer wieder durch die meiner Gesprächspartner ins Wanken. Durch Forschungsliteratur und Medienrepräsentation inspiriert, hatte ich folgende Hypothese formuliert: Der Fall der Mauer und die damit einhergehende Neuverortung Kreuzbergs führt zur abrupten Gentrifizierung des Bezirks. – Doch was ich gehört habe, entsprach nicht immer meinen Vorannahmen, was ich gesehen habe, nicht meinen Erwartungen und so sah ich mich angehalten, meine bisherigen Überlegungen noch einmal gründlich zu überdenken und, wo

---

8   Park, zit. nach Lindner 1990, S. 10. Wie nahe meine eigenen Beobachtungen denen der Journalisten kamen, zeigte sich verschiedentlich im Feld. Einmal, als ich mich mit einer Schnorrerin über die Veränderungen in Kreuzberg unterhalten habe, erzählte sie mir, daß vor ein paar Tagen bereits eine Reporterin von der »Zeit« ›dagewesen‹ wäre. Ein anderes Mal begegnete ich auf meinen Touren und auf der Suche nach Gesprächspartnern an der U-Bahn-Station »Görlitzer Bahnhof« einem Kamerateam, das sich dort gerade mit einem Punk unterhielt.

nötig, über Bord zu werfen. Damit blieb ich in meiner Forschung, trotz der Anfangshypothese, offen für widersprüchliche und neue, unerwartete Erfahrungen im Feld. Offenheit, das heißt zunächst einmal, daß die Hintergrunderwartungen des Forschers transparent gemacht werden müssen. Offenheit heißt aber auch, auf Hypothesenbildung ex ante zu verzichten und statt dessen Thesen im Prozeß der Forschung zu generieren. Und schließlich bedeutet Offenheit, daß die theoretische Strukturierung des Forschungsgegenstandes zurückgestellt wird, bis sich die Strukturierung des Gegenstandes durch die Forschungssubjekte herausgebildet hat.

Ein solches Vorgehen, das aufgrund der eigenen Beobachtungen und Datenerhebung Thesen und theoretische Ansätze generiert, haben Glaser und Strauss in ihrer »Grounded Theory« konzeptualisiert. Ihre »Herangehensweise an die qualitative Analyse nennt sich deshalb Grounded Theory, weil ihr Schwerpunkt auf der Generierung einer *Theorie* und auf den *Daten* liegt, in denen diese Theorie gründet«.[9] Grounded Theory bedeutet also, daß »die Theorie ihre Grundlagen in empirischen Daten hat«.[10] Auf Basis der eigenen empirischen Daten werden Kategorien und Thesen gebildet, die es im weiteren Forschungsverlauf, wiederum durch die eigene Datenerhebung, zu kontrollieren gilt. Ergeben sich während der Forschung neue Gedankengänge und Hypothesen, muß darauf mit einem entsprechenden Sampling und Interviewleitfaden reagiert werden – so lange, bis es im Idealfall keine Fragen mehr gibt und die im Forschungsprozeß entwickelten Thesen hinreichend belegt werden konnten. – Was hieß das nun konkret für meine Forschung über und in Kreuzberg?

Die ständig wiederkehrenden Metaphern, wie etwa »Gallisches Dorf«[11] oder »Idyll«[12], die inflationären Reportagen über den Stadtteil im Umbruch und die Rede vom Wandel des Aussteiger- zum Aufsteigerbezirk legten die Vorstellung nahe, Kreuzberg sei bis 1989 gegenüber sozio-ökonomischem und kulturellem Wandel resistent gewesen und nun, nach dem Mauerfall, stürmischen Veränderungen ausgesetzt und daher binnen kürzester Zeit wie ausgewechselt. – In deutlichem Kontrast zu diesen Darstellungen standen nun aber meine eigenen Feldbeobachtungen: »Wer heute mit mir durch die Wrangelstraße gegangen wäre, dem hätte (s)ich wohl schwerlich das Bild der Umstrukturierung des

9 Strauss 1994, S. 50.
10 Strauss 1994, S. 51.
11 taz 14.11.1989; taz 15.05.1990; Morgenpost 28.08.1990.
12 taz 14.11.1989; Frankfurter Rundschau 03.05.1990; Spiegel 12/1990; Zitty 14/90.

Bezirks vermittelt. Der gammlige Schnorrer sitzt noch wie eh und je vor »Kaiser's«; gegenüber sieht man durchs milchig-trübe Fenster des »Bierhaus 2«, wie sich die Kundschaft vollaufen läßt; die Speisung der Obdachlosen in der Liebfrauen-Marien-Gemeinde geht ebenfalls ihren gewohnten Gang; die Türken nehmen die Straße in Anbetracht der ersten Sonnenstrahlen wieder in Besitz; sogar eine Ikone der Punkszene schreitet mit rot gefärbtem Haar, Tigermini und obligatorischer schwarzer Lederjacke an mir vorüber. Wo also kann von Verdrängung der bisherigen Bewohner die Rede sein? Und wo finden sich die mit Aktenkoffer und Anzug bestückten Dienstleister?«[13]

Mit dieser Feststellung, daß sich meine aus den Printmedien gewonnene Leseerfahrung deutlich von meiner Beobachtungserfahrung unterschied und sich die These von der heftigen Gentrifizierung des Stadtteils nicht halten ließ, war ich aufgefordert, noch einmal neu zu überdenken. Wie könnten diese beiden Beobachtungen zueinander in Beziehung gesetzt werden? Welche Hypothese ließe sich aufgrund dieser Daten generieren?

Was ich einigermaßen sicher behaupten konnte, war die Feststellung, daß, noch bevor neue Mieter und Nutzer in Kreuzberg Einzug halten, dieser Einzug bereits in den Medien beschrieben wurde. Die Texte über und Bilder von Kreuzberg geben damit in ihrer Darstellung nicht einfach Wirklichkeit – auch nicht eine subjektiv und sozial konstruierte Wirklichkeit – wieder, vielmehr greifen sie der zu erwartenden Entwicklung vor. Und dann verließ ich den Boden verläßlicher Methoden und trat »ins Freie«[14]; plötzlich ergab alles einen Sinn: Die architektonische Aufwertung und die ökonomische Umnutzung Kreuzbergs wird durch medial gefertigte Images, Bilder und Repräsentationen weniger beschrieben als vielmehr herbeigeschrieben. Den Projektionen und Diskursen kommt offenbar eine tragende Rolle innerhalb der Gentrifizierungsprozesse zu, weil sie mit Erwartungshaltungen und Wünschen spielen und so die betreffenden Stadtteile diskursiv für Gentrifizierungsprozesse vorbereiten, indem diese einer interessierten Klientel schmackhaft gemacht werden. Damit stellen die diskursiven Praxen einen ernst zu nehmenden Faktor dar, der auf die Konstruktion von Wirklichkeit und auf die Entwicklung des Bezirks erhebli-

---

13 Feldtagebuch 11.04.1994.

14 Heinz Bude schreibt zu der Frage, wie man zu einem allgemeinen theoretischen Satz kommen könne, man müsse sich »aus den Fängen abgesicherter Begründungen« lösen und sich trauen, »den Boden verläßlicher Methoden zu verlassen und ins Freie zu treten.« Bude 1988, S. 425.

chen Einfluß nahm und nimmt. Diesen in der bisherigen Forschung nicht berücksichtigten Prozeß nenne ich »symbolische Gentrifizierung«.

Noch in anderer Hinsicht gerieten meine anfänglichen Annahmen mit meinen im Feld erworbenen Erfahrungen in Konflikt: Während ich zunächst davon ausgegangen war, daß sich Kreuzberg bis 1989 durch seine Lage im Windschatten der Mauer als Sozialbiotop in relativ stabilem Gleichgewicht gehalten hatte und folglich die Veränderungen nach 1989 um so stürmischer über den Bezirk hereinbrechen würden, belehrten mich meine Interviewpartner eines Besseren. So erklärte mir etwa Joachim:

»Es begann ja mit der Neuen Deutschen Welle. Wo dann 'ne jüngere Generation kam und es toll fand, in hellen, bespiegelten Lokalen zu sitzen und einander zu beobachten und zu gucken, wer einen selber beobachtet. Das ist der große Gegenlauf. Oder da trat 'ne neue massive Generation auf, die an die Veränderbarkeit der Welt nicht mehr glaubte und die halt froh waren, wenn sie 'nen guten Platz in so 'nem Lokal hatten.« Und ein anderer Gesprächspartner machte mich auf meine zu eng gefaßte, zu starre Definition von ›alternativ‹ aufmerksam: »Die Jüngeren, die laufen jetzt halt eher in HipHop-Klamotten rum. Also die schwarzbekittelten Anarchos, irgendwie gibt's einfach nicht mehr so viele. Weil einfach andere Sachen, HipHop oder Techno, angesagt sind, wo die Jüngeren drauf stehen. 'N 14jähriger hört sich ja keinen Punk mehr an. Wobei man Techno oder HipHop durchaus auch als Alternativkultur sehen kann.«[15]

Meine Interviewpartner traten miteinander in einen Dialog – und ich mit ihnen. Gemeinsam verhandelten wir die Motive und Formen der beobachtbaren Veränderungen in Kreuzberg. Meine Gesprächspartner zeigten mir, wo sich *was* gewandelt hatte, sie machten mich so darauf aufmerksam, daß die Veränderungen im Bezirk nicht nur als Folge der neuen Dienstleistungsökonomie und der massiven Umnutzung nach dem Mauerfall zu deuten sind, sondern daß der beobachtbare Wandel maßgeblich kulturellen Veränderungen geschuldet ist, die sich spätestens seit Mitte der achtziger Jahre beobachten lassen. Damit trugen sie wesentlich zu meiner Argumentation bei, Gentrifizierungsprozesse nicht nur als sozioökonomische Wandelprozesse, sondern stärker als bisher geschehen auch als Folge eines kulturellen Wandels zu deuten. Sie veränderten mit ihren eigenen Beobachtungen auch *meine* Perspektive.[16]

---

15 Boris ist 30 Jahre alt, gebürtiger Berliner und lebt seit sechs Jahren in Kreuzberg. Von Beruf ist er Toningenieur.

16 Die Bedeutung dieser Kommunikationsprozesse wird insbesondere in der aktuellen Debatte zur Methodik und Ethik der ethnographischen Feldforschung diskutiert. Dabei

An meinen Beobachtungen, Hypothesen und an der Theoriebildung waren also stets auch ›andere‹ beteiligt. Wer waren diese anderen nun konkret? Meine Interviewpartner sollten einen repräsentativen Querschnitt der Kreuzberger Szene bilden, und so unterhielt ich mich mit den unterschiedlichsten Personen, die Ende der siebziger, Anfang der achtziger Jahre aktiv eine Nische im bestehenden System gesucht und darin Alternativen zum Althergebrachten aufgebaut haben – durch neue Betriebs- und Arbeitsformen ebenso wie durch neue Lebensformen und -stile. Vor diesem Hintergrund habe ich Interviews mit folgenden Gesprächspartnern geführt: eine obdachlose Schnorrerin, drei Frauen, die in einer Wagenburg in Kreuzberg leben, ein Aktivist des autonomen Spektrums, eine Architektin, drei Künstler, die stellvertretende Geschäftsführerin eines Softwareunternehmens, zwei freie Publizisten, ehemalige Hausbesetzer, drei arbeitslose Punks, ein Toningenieur, eine alleinerziehende Mutter und Sozialhilfeempfängerin, zwei in einem kollektiv geführten Betrieb beschäftigte Handwerker sowie die Mitarbeiterin eines ebenfalls kollektiv organisierten ökologischen Lebensmittelgeschäfts.[17] Insgesamt führte ich 18 Interviews, wobei die Differenz zwischen der Aufzählung und der Anzahl meiner Gesprächspartner dadurch entsteht, daß eine Person sowohl ehemalige Besetzerin als auch Künstlerin bzw. Archtitekturstudentin, sowohl Punk als auch Sozialhilfeempfänger sein kann. Darin zeigt sich einerseits, daß sich in dem von mir untersuchten sozialen Milieu eine besondere Häufung unorthodoxer Lebenslagen auch innerhalb eines Lebenslaufes vorfinden läßt. Andererseits geben die unterschiedlichen Charakterisierungen auch Aufschluß darüber, daß meine Gesprächspartner im Laufe ihrer Beiographie durchaus einen unterschiedlichen sozialen Status einnehmen können: Einstige Häuserbesetzer sind heute Geschäftsführer eines kollektiv geführten Betriebes oder Architekten geworden.

Die Kontaktaufnahme zur politisch engagierten und ökologisch bewußten intellektuellen Mittelschicht war unproblematisch. Hier hatte ich keine allzu

---

geht es nicht nur darum, die eigenen Vorkenntnisse, Annahmen und Schlußfolgerungen stets zu überprüfen und in Frage zu stellen, sondern vor allem um das Miteinander von Forscher und Erforschten bei der Konstitution von Hypothesen, Daten und Theorie: »der gesamte Forschungsprozeß erweist sich nunmehr als ein konstruktiver Vorgang: sowohl der Gegenstand als auch die Ergebnisse werden intersubjektiv konstituiert«. Damann 1991, S. 299. Vgl. außerdem Berg/Fuchs 1993.

17 Die Personen werden dort, wo ich sie zum ersten Mal zitiere, genauer vorgestellt.

großen Hemmungen, beispielsweise in einem ökologischen Lebensmittelladen mein Anliegen vorzubringen und nach Gesprächspartnern zu fragen. Ich stellte mich anfangs als Ethnologin, später als Kulturwissenschaftlerin vor[18], die an der Humboldt-Universität über die Transformation des Stadtteils Kreuzberg, insbesondere seit 1989, arbeitet. Dabei gehe es mir vor allem um die subjektiven Erfahrungen und um die Konsequenzen dieser Veränderungen für diejenigen, die in Kreuzberg leben.

Ausgehend von meinen theoretischen Überlegungen, daß sich gerade dieses Gesellschaftssegment besonders stark mit Kreuzberg identifiziert, vertraute ich auf das Interesse an meiner Arbeit über Kreuzberg – was auch meistens bestätigt wurde. Fast immer fanden diese Gesprächspartner es wichtig und richtig, daß sich jemand gerade jetzt, in Zeiten des Umbruchs, mit den daraus resultierenden Problemen für die Bewohner im Stadtteil auseinandersetzt. Mit diesen Informanten verabredete ich mich telefonisch, und in aller Regel fanden unsere Gespräche in deren Wohnung statt. Schließlich war entsprechend meinem Anliegen, möglichst viel von der Lebenswelt meiner Gesprächspartner zu sehen und zu erfahren, der Einblick in die Wohnverhältnisse und den darin praktizierten Lebensstil eine wichtige Informationsquelle. Zwei Gewährspersonen zogen allerdings ein Treffen am Arbeitsplatz vor, was ich wiederum als signifikant für ihre Lebenswelt gedeutet und interpretiert habe: In beiden Fällen schien mir die Arbeitswelt der zentrale Faktor für ihre Beziehung zu Kreuzberg zu sein, und es war daher nur logisch und konsequent, daß sie als Treffpunkt ihren Arbeitsplatz vorschlugen.[19]

Als schwierig gestaltete sich die Kontaktaufnahme zu Punks, Schnorrern und Angehörigen des Autonomen Spektrums. Allerdings entstanden die Probleme, mit ihnen ins Gespräch zu kommen, weniger aus ihrer Abneigung oder Verschlossenheit, vielmehr verhinderten meine eigenen Projektionen einen freien Zugang auf die potentiellen Gesprächspartner. In gewisser Weise ging ich mit meinen Vorstellungen von diesem sozialen Milieu deren Selbststilisierung auf den Leim: Coolness, eine ostentativ zur Schau gestellte Null-Bock-Hal-

---

18 Beim zweiten Gespräch provozierte die Fachrichtung »Ethnologie« Erstaunen etwa der Art: Aha, jetzt kommen schon die Ethnologen, um den ›seltenen und vom Aussterben bedrohten Stamm‹ der Kreuzberger zu erforschen. Daraufhin bin ich dazu übergegangen, meine qua Ausbildung multiple Identität dieser Irritation anzupassen und mich fortan als »Kulturwissenschaftlerin« zu präsentieren.

19 Am Porträt von Matthias – vgl. das Kapitel »Rezeptionsweisen« – wird dies besonders deutlich.

tung, ein antibürglich wirkender Lebensstil – all dies verhieß aus meiner Perspektive Abwehr und Ablehnung einer bürgerlichen Wissenschaftlerin, die sich ausgerechnet das Leben in Kreuzberg als Forschungsfeld ausgesucht hatte. So zumindest meine Erwartung. Daher verstrichen einige Wochen, bis ich mich trotz meiner Befürchtungen überwunden habe, den ersten potentiellen Interviewpartner aus diesem Aussteigermilieu anzusprechen: Zwei Bettler an der U-Bahn-Station Mehringdamm. Allerdings mußte ich feststellen, daß meine bisherige Praxis, Termine zu verabreden und kalendarisch festzuhalten, in diesem Milieu unüblich ist. Ganz offensichtlich hatte ich hier den potentiellen Gesprächspartnern mein eigenes Verhalten, das sich von dem ihrigen deutlich unterscheidet, aufzwingen wollen. Darauf mußte ich mich in Zukunft einstellen; um etwas von meinen Interviewpartnern erfahren zu können, mußte ich mich auf ihre Kommunikations- und Verhaltensformen einlassen. Das bedeutete, fortan keine Termine telefonisch zu vereinbaren, sondern spontan, vor Ort, im Park und an der U-Bahn-Station meine Gesprächspartner anzusprechen und für ein Gespräch mit mir zu gewinnen. Es hieß aber auch, mich zu ihnen zu setzen, auf den Boden, ihnen ein Six-Pack zu spendieren und teilweise auch ihren Jargon anzunehmen.[20] Da sich das Leben gerade innerhalb dieses sozialen Milieus viel im Freien, auf den Straßen und in Parks abspielt, wurde mir die Kontaktaufnahme einfacher gemacht. Ohnehin beim Biertrinken, beim Quatschen über Gott und die Welt, hatte man Zeit, genoß die Sonne – warum sich nicht zur Abwechslung mit einer Wissenschaftlerin über die Veränderungen in Kreuzberg unterhalten?

Durch diese Art der Gesprächsführung war es mir bei vielen Interviewpartnern folglich nicht möglich, Einblick in deren häusliche Lebenswelt zu erhalten. Auch dies deute ich jedoch als Datum: Die Lebenswelt der Schnorrer und Punks spielt sich nun einmal zu einem erheblichen Teil im Freien ab – und so ist es auch sehr viel aufschlußreicher, ihre dortigen Treffpunkte und Aufenthaltsräume zu sehen, als deren WG-Zimmer.

In den folgenden Tagen ging ich mit meinem Aufnahmegerät, einem kleinen Walkman, meinen Bildern und meinen Begriffen[21] ausgerüstet durch Kreuz-

---

20 Bei allen Vorbehalten gegenüber dieser Kumpanei erntet man sicher mehr Sympathie und insofern auch mehr Entgegenkommen, wenn man sich auf die Praxen der anderen einläßt, statt sich pikiert darüber zu geben, daß diese nachmittags um 16.00 Uhr bereits ihre zweites Six-Pack genießen.

21 Im Rahmen der Interviews legte ich meinen Gesprächspartnern Fotos und Begriffe vor, die gemeinhin mit dem Bezirk Kreuzberg in Verbindung gebracht werden. Meine Ge-

berg – stets auf der Suche nach möglichen Interviewpartnern, die ich in flagranti in ein Gespräch verwickeln wollte. Woran orientierte sich nun meine Auswahl bei den »möglichen Interviewpartnern«? Die Schnorrer waren durch die Praxis des Bettelns zu identifizieren. Punks und Freaks wurden von mir aufgrund iherer Selbststilisierung ausgemacht: Irokesenschnitt, gefärbtes Haar, zerrissene Kleidung, Springerstiefel oder Doc Marten's, ein Habitus, der sich bewußt schlecht erzogen geriert usw.[22]

Nachdem ich einmal die anfänglichen Hemmungen überwunden hatte, stellte ich fest, daß sämtliche der von mir Angesprochenen offen und ohne Argwohn auf mein Anliegen reagierten, mich mit ihnen über die Veränderungen in Kreuzberg zu unterhalten. Meine anfänglichen Projektionen entpuppten sich als Vorurteile. Im Unterschied zu meinen Gesprächspartnern aus der alternativ-intellektuellen Mittelschicht, die sich quasi altruistisch oder aus eigenem Interesse mit mir unterhielten, forderten die Schnorrer und Punks allerdings nicht selten eine Art Gegenleistung von mir: Alexa, die Schnorrerin, erwartete einen Verdienstausgleich in der Höhe von 30 DM – ich gab ihr 15 DM. Die drei Punks am Lausitzer Platz gaben sich mit einem Six-Pack zufrieden. Prinzipiell fand ich diese Bezahlung in Ordnung: So hatten wir beide etwas von unserem Gespräch und das Verhältnis von Geben und Nehmen war einigermaßen im Gleichgewicht.

Wie bin ich bei meinen Interviews konkret vorgegangen? Ich begann meine Gespräche mit offenen, erzählgenerierenden Fragen, die meinen Interviewpartnern Raum und Zeit für Erzählungen und eigene Einschätzungen boten; so erkundigte ich mich nach den ersten Eindrücken in Kreuzberg, wollte wissen warum man überhaupt in den Stadtteil gezogen war, wie der damalige Alltag in

---

sprächspartner sollten diejenigen auswählen, die sie besonders passend finden. Ich werde weiter unten noch ausführlich auf diesen Punkt in meinen Interviews eingehen.

22 Diese Orientierung am äußerlich sichtbaren und wirkungsvollen Stil ist durchaus legitim. Schließlich gehört gerade die materialisierte Opposition gegenüber der dominanten Gesellschaft in Form von Selbst- und Gruppenstilisierung zu den zentralen Merkmalen der Subkulturen. Der Stil objektiviert das Selbstbewußtsein der Gruppe. »Eine der wichtigsten Funktionen eines eigenen subkulturellen Stils ist es, die Grenzen der Gruppenmitgliedschaft gegenüber anderen Gruppen zu definieren.« Clarke 1979, S. 141. Ähnlich argumentiert auch Mike Brake: Kennzeichnend für alle Subkulturen sei ihr jeweiliger Stil. Dieser fungiert »als eine Art Argot oder Jargon, der sein Rüstzeug der vorherrschenden Mode entnimmt, diese aber in eine andere ›Sprache‹ übersetzt. Die Differenz zu herkömmlichen Stilen und den individuell verwendeten Metaphern wird bewußt akzentuiert.« Brake 1980, S. 22.

Kreuzberg aussah und wie er heute aussieht; weiter: was man bei einem potentiellen Wegzug am meisten vermissen würde, welche Bedeutung also der Stadtteil für die einzelnen hatte und hat, und schließlich: ob und wenn ja, wie sich der Bezirk verändert hat. Erst nach dieser Phase, in der meine Gesprächspartner mir möglichst unbeeinflußt von meinen Erwartungen bzw. von meiner eigenen Perspektive ihre Erfahrungen mitgeteilt hatten, bin ich zu einem vergleichsweise natürlichen Gesprächsverhalten übergegangen, d.h., ich ließ meine Gegenüber meinen eigenen Standpunkt wissen, ich stellte eher geschlossene Fragen, die teilweise durchaus provokativ gedacht waren, um Widersprüche, eigene Perspektiven oder auch Bestätigung und Ergänzungen zu generieren. Dadurch wurden meine Interviewpartner nicht bereits am Anfang unserer Unterhaltung durch meine Vorgaben beeinflußt oder irritiert, und trotzdem konnte sich im späteren Verlauf des Interviews ein relativ natürliches, weniger einseitiges Gespräch über Kreuzberg entwickeln. Das Ende dieser Gesprächsphase bildete die Bitte, aus 27 Begriffen, die ich aufgrund meiner Vertrautheit mit dem Gegenstand als ›typisch für Kreuzberg‹ definiert hatte, fünf auszusuchen, die am ehesten die subjektive Bedeutung des Stadtteils für die jeweiligen Gesprächspartner zum Ausdruck bringen.[23] Außerdem legte ich nach dem gleichen Prinzip acht Fotografien vor, aus denen drei ausgewählt werden sollten.[24] Anschließend habe ich nachgefragt, warum ausgerechnet diese Begriffe bzw. Fotos gewählt wurden und was sie für die einzelnen bedeuten. Diese Begriffs- und Fotophase diente als zusätzlicher Stimulus, um Erzählungen oder Erinnerungen von meinen Gesprächspartner zu erhalten.

Eine zweite Interviewphase habe ich nur noch mit jenen fünf Gesprächspartnern durchgeführt, die in meiner Arbeit ausführlich porträtiert werden. Hier habe ich einerseits stärker biographisch nachgefragt, um die subjektiven Erfah-

---

23 Ich gab folgende Begriffe zur Auswahl: Sanierung, alternativ, Widerstand, Aktivismus, Bürgerinitiative, Szene, Kneipen, Subkultur, Nächte, Kultur, Multikultur, Toleranz, Vielfalt, Heimat, zu Hause, Freunde, Alltag, Kiez, Gefahr, Autonome, Gewalt, Armut, Schnorrer, Aggression, Yuppies, Untergang Kreuzberg, Wandel. Zudem gab es noch leere Kärtchen, auf die je nach Bedarf noch eigene Begriffe geschrieben werden konnten.

24 Auf diesen Fotografien waren folgende Motive abgelichtet: Hinterhof; türkisches und deutsches Mädchen beim Spielen auf der Straße; mit Graffiti beschriftetes besetztes Haus; bemalte Fassade des ehemaligen KUKUCK (Kunst- und Kultur Centrum Kreuzberg); Punk; eingeschlagene Fensterscheiben der Berliner Bank; an einer Häuserfassade angebrachtes politisches Transparent; Polizisten, die einen umgeschmissenen VW-Bus wieder aufrichteten.

rungen besser verstehen und die Portraits plastischer werden zu lassen. Andererseits wurden noch offene Fragen bzw. Fragen und Hypothesen, die sich erst im Verlauf der ersten Gespräche ergeben hatten, exploriert.

Sämtliche Gespräche wurden mit meinem Walkman aufgenommen und anschließend transkribiert, so daß mir zur Interpretation Alltagstexte von Personen vorlagen, die sich über einen Lebensabschnitt ihrer Biographie geäußert hatten. Außerdem habe ich im Anschluß an die Interviews Kleidungsstil und Wohnungseinrichtung der Gesprächspartner notiert, um auch diese Daten bei der späteren Deutung berücksichtigen und nutzen zu können.

Die Deutung der Interviews

»In der Literatur zur qualitativen Methodologie und qualitativen Forschung, zu ethnographischen Methoden, zur Arbeit im Forschungsfeld und zu Techniken des Interviewens wird ausführlich über die Datenerhebung und über Forschungserfahrungen diskutiert und nur spärlich über das Analysieren, also darüber, wie man das Datenmaterial interpretiert. (...) Wie oft hört man den verzweifelten Hilferuf eines Wissenschaftlers: ›Was mache ich jetzt nur mit all diesen Daten, die ich erhoben habe?‹«[25] Ich vermute, diese Lücke hängt in erster Linie mit dem von Bude als »Blitz der Einsicht« bzw. als Verlassen »des Bodens verläßlicher Methoden«[26] bei der Interpretation zusammen. Gleichgültig, wie genau man sich bei der Deutung an Lehre und Methodik orientiert – der letzte Schritt der Interpretation bleibt subjektiv und also willkürlich. Er ist für den Interpreten daher nur schwer zu erläutern und für Außenstehende nur bedingt nachzuvollziehen.[27] Und so will ich hier zwar versuchen, meine Analyse-

---

25 Strauss 1994, S. 19.
26 Bude 1988, S. 425.
27 In diesem Sinne argumentiert auch die neuere Hermeneutik, deren Betonung auf der Subjektivität bzw. der Unhintergehbarkeit von Individualität als letztem, methodisch nicht einholbaren Rest in jedem Verstehensakt liegt. »Jede Auslegung, mag sie sich noch so sehr – und dies ist gefordert – Verfahrensweisen und Erkenntnisse (sozial- und kultur-) wissenschaftlicher Disziplinen zunutze machen, bleibt am Ende dennoch auf sich selbst verwiesen, und sie trägt in letzter Instanz einen unaufhebbaren hypothetischen Charakter«. Hermeneutik rückt damit in die Nähe »genialer Anschauung«. Jung 1990, S. 172.

schritte offenzulegen, aber es mag durchaus sein, daß der letzte induktive Schritt nicht explizierbar ist.

Die Interpretation meiner Interviewtexte oszillierte zwischen der Perspektive der anderen und meiner eigenen, kognitiv interessierten Sicht, zwischen den Sinnwelten des Alltags und der Theorie, zwischen Binnensicht und distanzierter Position als Wissenschaftlerin. D.h., zunächst versetzte ich mich in die Lage der anderen und übernahm deren Perspektive, gleichzeitig suchte ich auch nach Inkonsistenzen in den Aussagen meiner Gesprächspartner, die anhand meines Wissens über Kreuzberg und über die Person wieder konsistent gemacht wurden; die herausgelösten Elemente wurden also mit Hilfe meiner theoretischen Überlegungen wieder zu einer sinnstiftenden Einheit zusammengefügt.

Leitend bei der Deutung meiner Interviews war folgende Frage: Wie kommen die Angehörigen der Kreuzberger Szene zurecht mit der Wende im Stadtteil Kreuzberg, der zum Symbol für die kulturellen Werte der siebziger Jahre, für alternativ und exotisch, für ›Aussteiger‹ und ›Randbezirk‹ geworden war, und den sie deshalb aufgesucht hatten?

Bei diesen Fragen stützte ich mich vor allem auf zwei theoretische ›Vordenker‹: auf Thomas Ziehes Überlegungen zu »Lebenskunst« sowie Heinz Budes Reflexionen über »Lebenskonstruktionen«. Ziehe geht davon aus, daß im gegenwärtigen Stadium der Moderne nicht mehr ein noch radikalerer Lebensstil gefragt ist, sondern daß ein Modus der Lebbarkeit und Kontingenz unterschiedlicher, oft gegensätzlicher Stile gefunden werden muß.[28] Dieses Vermögen, innerhalb komplexer und heterogener Alltagswelten zu überleben, nennt Ziehe »Lebenskunst«. Bei seinen eigenen Erkundungen macht er drei unterschiedliche Modalitäten von Lebenskunst aus: »Radikalität«, »Beweglichkeit« und »Stimmigkeit«. Radikalität ist eine Lebensform, die eine Seite der Existenz ganz entfaltet und andere Seiten, um den Preis der Kontingenz, völlig ausblendet. Beweglichkeit ist jene Überlebensstrategie, die Wert darauf legt, »nichts zu tun, was unumkehrbar ist, aber nicht aus Rückversicherungsgründen, sondern weil gerade die Einseitigkeit als nicht hinreichend interpretiert wird«. Und schließlich der Lebensmodus der Stimmigkeit, welcher versucht, eine Synthese herzustellen, das Ganze zusammenzubringen und sich selbst »als kohärent, als in sich zusammenhaltend« zu empfinden.[29]

---

28 Vgl. Ziehe 1991.
29 Ziehe 1991, S. 56ff.

Ganz ähnliche Fragen stellt sich Heinz Bude in seinen Überlegungen über »Lebenskonstruktionen«: Wie organisiert eine Person ihr Leben, um ›erfolgreich‹ zu sein? Was versteht Bude nun unter »Lebenskonstruktion«? Der Begriff »schließt an eine alltägliche Verständnisweise an. Wir bekommen mannigfaltige Informationen über das Leben einer Person: wie sie sich kleidet, wie sie sich körperlich bewegt, wie sie redet, was sie tut, mit wem sie Umgang hat. Wir meinen in alledem eine Grundgestalt zu spüren, die sich in dem vielgestaltigen Lebensgeschehen hervorbringt.« Der Begriff der Lebenskonstruktion meint also eine Art »Gefügeordnung«, ein »Regelgerüst eines individuellen Lebens«.[30] Dieses entfaltet sich auch und gerade im Laufe eines Gesprächs – und so galt es, bei der Interpretation der Interviews eben dieses Regelgerüst zu dekodieren.

Hierbei war für mich die Frage zentral, wie auch das individuelle Bild von Kreuzberg mit der Lebenskonstruktion meiner Gesprächspartner korrespondiert. Wenn das gesamte Leben einer Person von einem in sich konsistenten, unsichtbaren Regelgerüst zusammengehalten wird, dann müßten die gleichen Strukturen auch in der Beziehung zu Kreuzberg auftauchen und die subjektive Bedeutung des Stadtteils prägen. Gibt es Parallelen und Wechselbeziehungen zwischen dem Selbst und der Beziehung zu Kreuzberg? Ist das Stadtteil-Bild integraler Bestandteil des Selbstbildes und zugleich geprägt durch die individuell typische Lebenskonstruktion? Und: Inwiefern beeinflußt dieses Bild die subjektiven Deutungen der gegenwärtigen Wandelprozesse in Kreuzberg? Gerät mit dem neuen Image des Stadtteils auch die eigene Lebenskonstruktion in Bewegung?

Zwei Blickrichtungen waren bei der Analyse meiner Interviews unter diesen Fragestellungen wegweisend: die eher formale und die inhaltliche Perspektive. Formal, damit sind wiederkehrende, vielsagende Formen des Sprechens gemeint: Man-Formulierungen, die die Überlegung nach sich ziehen, wer dieses kollektive ›man‹ ist; Adverbien wie »selbstverständlich«, »logisch« oder »natürlich«, die wiederum die Frage implizieren, was da so selbstverständlich ist und warum; bewertende Adjektive, mit denen man den in Rede stehenden Sachverhalt kommentiert -«klasse«, »toll«, »doof«, »idiotisch« etc. Hinter all diesen formalen Strukturen verbergen sich soziale Regeln und Normen, die die Weltsicht und Lebenswelt meiner Gesprächspartner strukturieren. Mit anderen Worten: die geheimen und unausgesprochenen Regeln, nach denen sie ihr Le-

---

30 Bude 1984, S.10; ders. 1987, S. 76.

ben organisieren – ihre Lebenskonstruktion. In diesem Zusammenhang waren auch Geschichten und Erlebnisse, die in direkter oder indirekter Rede präsentiert wurden, bedeutsam: Je direkter ein Erlebnis erinnert und erzählt wird, desto näher geht die Geschichte meinen Gesprächspartnern, desto bedeutsamer sind sie für die als ›wichtig‹ empfundenen Erfahrungen in Kreuzberg – und überhaupt.

Die andere Blickrichtung sucht mit Hilfe von Kodierungen nach den zentralen Ordnungskriterien, die sich in den Äußerungen meiner Gesprächspartner finden ließen. Ich suchte fortwährend nach Schlüsselkategorien innerhalb der Interviews, an denen sich alle Äußerungen festmachen ließen und die den gesamten Inhalt des Gesprächs verständlich machten.

Meine drei Schlüsselkategorien lauteten in etwa »Authentizität«, »Pragmatismus« und »Mode/Trend«[31]. Mit diesen Kategorien konnten sowohl das Vorstellungsbild, das sich meine Gesprächspartner von Kreuzberg gemacht hatten, als auch die Reaktionen im Umgang mit der veränderten Lebenswelt und deren verändertem Image erfaßt werden. Während die einen sich ein klar umrissenes Bild von Kreuzberg gemacht hatten und davon auch nicht abrückten (›authentisch‹), hatten andere lediglich eine vage Vorstellung davon, was ›Kreuzberg‹ ist. Bei ersteren tauchen daher immer wieder die gleichen Topoi und Beschreibungen im Zusammenhang mit Kreuzberg auf – die anderen reagierten meistens irritiert auf meine Frage, was für sie ›Kreuzberg‹ bedeutet (›pragmatisch‹). Und schließlich gab es drittens jene Gruppe, die zwar ebenfalls eine feste Vorstellung von ›Kreuzberg‹ hatte und hat, diese aber immer wieder trend- und zeitgemäß modifiziert (›modisch‹, ›trendy‹). Diesen Grunddispositionen entsprach auch die Einstellung und Reaktion auf Veränderungen in Kreuzberg bzw. Berlin überhaupt. Während erstere an vertrauten Orten und Routinen festhielten, reagierten letztere mit Neugierde und Interesse auf neue Etablissements

---

31 »In etwa« deshalb, weil diese Bezeichnungen nur provisorisch waren. Die definitive Festlegung auf die Begriffe »Utopisten«, »Pragmatiker« und »Lifestylisten« erfolgte erst relativ spät im Forschungsprozeß. Zuvor operierte ich auch mit den Begriffen »Gewinner« und »Verlierer« bzw. »Traditionalisten« und »Avantgardisten«. In diesen wechselnden Bezeichnungen spiegelt sich die Schwierigkeit wider, den passenden Begriff für die bereits als Schlüsselkategorie erfaßte Kodierung zu finden. »Es hat wenig Sinn, krampfhaft nach dem passenden Begriff zu suchen, besonders dann nicht, wenn man erst das Phänomen erkennt, das den Grund für die Bezeichnung liefert – die Reihenfolge ist wichtig, nämlich erst das Phänomen zu erkennen und dann einen möglichst plastischen Begriff zu erfinden oder zu verwenden.« Strauss 1994, S. 65.

und kulturelle Trends, wogegen die ›Pragmatiker‹ von Fall zu Fall verschieden entschieden.

Beide Blickrichtungen – die formal-sprachliche und die inhaltliche – ergänzten sich gegenseitig. Der inhaltlichen Ebene entspricht die normative Struktur des Sprechens, und so ergaben beide Blickrichtungen zusammen meine drei »typischen« Reaktionsweisen im Umgang mit dem Wandel Kreuzbergs: die Utopisten, die Pragmatiker und die Lifestylisten. Anhand von fünf Porträts habe ich die wiederkehrenden Sprach- und Reaktionsmuster, Bilder, Metaphern und Verkettungen, welche die jeweiligen Gesprächspersonen verwenden, herausgearbeitet und dargestellt. Erst nachdem dieses Netz aus Verweisungen ein dichtes, mit sich an jeder Stelle identisches Gewebe ergab, konnte mit Recht von Typik im Sinne von ›beispielhaft auch für andere Personen‹ die Rede sein. Nicht die Anzahl der untersuchten Fälle, sondern die Schlüssigkeit der Rekonstruktion eines Falles entscheidet bei solch einer Vorgehensweise also über Typik.

Damit ist freilich noch nichts über die Häufigkeit des Vorkommens gesagt. Typik und Repräsentativität haben prinzipiell nichts miteinander zu tun – über die Repräsentativität meiner Portraits kann ich damit keine Aussage treffen. Genausowenig, wie ich die Frage beantworten kann, warum jemand so oder anders reagiert, wie es also dazu gekommen ist, daß er diese und keine andere Lebenskonstruktion für sich entworfen und entwickelt hat.

Experteninterviews

Ergänzend zu den Gesprächen mit Angehörigen der Kreuzberger Szene, die in den Interviews als Alltagsexperten ihrer Lebenswelt interviewt wurden, habe ich auch »Sonntagsexperten«[32] zur Veränderung Kreuzbergs befragt, sprich Experteninterviews geführt. Nach der von Michael Meuser und Ulrike Nagel entwickelten Systematik handelt es sich bei den von mir geführten Gesprächen um Experteninterviews mit einer »Randstellung« im Forschungsdesign. Von einer Randstellung ist dann die Rede, wenn Experteninterviews »zusätzliche Informationen wie Hintergrundwissen und Augenzeugenberichte liefern und zur Illustrierung und Kommentierung der Aussagen der Forscherin zum Unter-

---

32 Mit diesem Begriff hat sich der Architekt Hardt-Waltherr Hämer, einer meiner Experten, selbst etikettiert.

suchungsgegenstand dienen«.[33] Im Gegensatz zu meinen anderen Interviews war hier also nicht die Gesamtperson Gegenstand der Analyse; das Ziel war vielmehr, zusätzliches, bisher noch nicht veröffentlichtes oder abgedrucktes Wissen über Kreuzberg in Erfahrung zu bringen, an das nur über das spezifische Fachwissen der jeweiligen Personen zu gelangen ist.

Dabei muß betont werden, daß der Auswahl der von mir als Experten angesprochenen bzw. zu Experten *erklärten* Personen eine Entscheidung zugrunde lag, die meinem Forschungsinteresse entsprungen ist. Anders formuliert: Meine Gesprächspartner wurden Experten, weil sie in bezug auf meine Fragestellung über ein je besonderes Insiderwissen verfügen; ›Experte‹ ist eben kein objektiv bestimmbarer Status, den eine Person aufgrund bestimmter Eigenschaften und Qualitäten einnimmt, sondern ein relationaler Status, der immer vom jeweiligen Interesse, von feldspezifischen Relevanzen und von dem Erkenntnisinteresse abhängig ist.

Entsprechend meiner Fragestellung, die einerseits nach der Entstehung und Entwicklung des Mythos Kreuzberg fragte, andererseits nach gegenwärtigen Gentrifizierungsprozessen in Kreuzberg suchte, erklärt sich der Expertenstatus meiner Gesprächspartner. In bezug auf die Aufwertungs- und Umnutzungstendenzen nach dem Mauerfall erschienen mir der Bezirksbürgermeister Strieder, der Stadtplaner Hardt-Waltherr Hämer sowie Raimund Thöring vom Stadtteilverein SO 36 Fachmänner zu sein. Was indes den Mythos Kreuzberg betrifft, vermutete ich vor allem bei jenen Insiderwissen, die die Geschichte des Viertels nicht nur vor Ort miterlebt hatten, sondern durch ihre Repräsentationen des Stadtteils auch aktiv mitgestaltet hatten. Meine Gesprächspartner habe ich aus drei unterschiedlichen Feldern kultureller Repräsentation rekrutiert: aus der fotografischen Darstellung (Wolfgang Krolow), aus dem Feld der Publizistik (Joachim Berger) und aus der musealen Repräsentation (Martin Düspohl, Direktor des Kreuzberg-Museum).

Das Expertenwissen meiner Gesprächspartner sollte mit Hilfe eines je spezifischen, relativ geschlossenen Leitfadeninterviews in Erfahrung gebracht werden. – Insofern unterschied sich nicht nur das Gesprächsinteresse von den anderen Interviews, sondern auch die Gesprächsführung. Handelte es sich bei den Bewohnerinterviews um offene, lediglich fokussierte Interviews, strukturierte bei den Experteninterviews ein genau ausgearbeiteter Leitfaden das Gespräch.

---

33 Meuser/Nagel 1991, S. 445.

Kartierung

Der letzte Zugang zu meinem Feld war eine Kartierung, die für einen kleinen Ausschnitt in SO 36 vorgenommen wurde: Der Abschnitt zwischen Spree, Landwehrkanal, Görlitzer Straße und Skalitzer Straße. Dieses Gebiet in Kreuzberg 36 war bis 1989 der am weitesten abgeschiedene Teil West-Berlins; Spree und Landwehrkanal markierten die Grenze nach Osten, die Schlesische Straße, die in die Köpenicker Straße übergeht, endete wenige Meter weiter westlich ebenfalls an der Mauer. Der von mir kartierte Abschnitt war also bis 1989 eine Art Sackgasse. Mit Öffnung der Grenzen wurden aus der Skalitzer, der Köpenicker und der Schlesischen Straße wieder vielbefahrene Durchgangsstraßen. Daher war gerade für diesen Zipfel Kreuzbergs ein besonders intensiv spürbarer Umbruch zu vermuten, und als Erhebungsgebiet für eine kleine Kartierung schien dieses Gebiet somit besonders geeignet. Als Korrektiv wurden noch Wiener, Glogauer und Forster Straße kartiert.

Ziel dieser Kartierung war es, wenigstens für diesen Ausschnitt ›Fakten‹ zu haben – was gegenwärtige Nutzung der Ladenräume, Stand der Renovierung und Gewerbestruktur anbelangt. Um einschätzen zu können, inwieweit die Rede vom Renovierungs- und Bauboom genauso wie die der Verdrängung bisheriger Gewerbetreibender durch Ladenketten, Boutiquen und ähnliche Offerten für Besserverdienende zutrifft, wurde eine Erhebung gemacht, die Veränderungen dieser Art zu erfassen in der Lage ist. Dazu wurden geschätztes Alter der Häuser (um 1900, bis 50er Jahre, 60er und 70er Jahre, Neubau), Zustand der Renovierung (frisch, O.K. und renovierungsbedürftig), Dachausbau (ja oder nein) sowie gewerbliche Nutzung auf einen Stadtplan übertragen.

3
Mythos Kreuzberg

Bilder einer Vorstellung

Das virtuelle Museum Kreuzberg

»Wenn ich zum erstenmal in eine fremde Stadt komme, nach Tokio zum Beispiel, werde ich begleitet, empfangen, verfolgt von Text. Man hat mir von der
Stadt erzählt. Ich habe in Zeitungen oder Büchern darüber gelesen (...): Reiseführer, Handbücher, historische Werke. (...). Deshalb ist es vielleicht nicht so,
daß sich Text an einem Ort angehäuft hat, weil sich viele Menschen dort befunden haben, sondern umgekehrt, weil sich Text gesammelt hat, lassen sich die
Menschen dort nieder, um ihm gewissermaßen zu dienen.«[1]
Dieses Zitat aus Michel Butors Essay »Die Stadt als Text« bringt meine theoretischen Überlegungen noch einmal anschaulich auf den Punkt. Ob man nach
Venedig, New York oder Hamburg reist – man hat immer ganz genaue Vorstellungen davon im Kopf, was einen erwarten wird, und im Reisebüro trifft man
seine entsprechende Wahl. Venedig mag anziehend auf ein frisch verliebtes
Paar wirken – wer sich gerade von seinem Lebensgefährten getrennt hat, Tape-
tenwechsel und Ablenkung sucht, wird eher dem »Big Apple« New York den
Vorzug geben. Ähnliche Mechanismen wirken bei der Auswahl des Studien-
orts, bei der Entscheidung, sich freiwillig nach Hamburg, München oder Berlin
zu bewerben, und erst recht bei der gezielten Wohnungssuche in einzelnen
Stadtteilen. Ein Blick in die Kleinanzeigen genügt: Fernsehjournalistin, Mode-
studentin, Filmstudent und HDK-Student suchen jeweils in Kreuzberg, Mitte
oder Prenzlauer Berg – den Ingenieur bzw. das Medizinerpaar zieht es nach
Pankow und in die grüne Umgebung.[2] – Warum? Warum geben die Film- und

---

1 Butor 1994, S. 7 und 13.
2 Zufällige Auswahl aus: Tip 10/95.

HDK-Studenten Kreuzberg und Prenzlauer Berg gegenüber Schöneberg oder Charlottenburg den Vorzug? Was zieht sie in ihren Bann?

Offensichtlich wird die rein materielle Beschaffenheit der Bezirke durch Bilder, Vorstellungen und Images überlagert. Sobald das Nirwana der vorsprachlichen Sphäre verlassen wird, erhalten die Dinge in der Art, wie man sie verbal oder bildhaft inszeniert, ihren Sinn und ihre Bedeutung. Um diese Vorstellungsbilder, genauer um ihre Zustandekommen, geht es hier: Um die diskursive Konstruktion eines Bedeutungs- und Vorstellungssystems, das man als ›Kreuzberg‹ begreift.

Um den Prozeß der Wirklichkeitskonstruktion im Falle Kreuzbergs wie auch dessen Rekonstruktion durch meine eigene Analyse noch einmal zu verdeutlichen, scheint der Vergleich mit einem Museum hilfreich. Im Museum werden Artefakte und Bilder unterschiedlicher Epochen gesammelt und ausgestellt. Die Präsentation folgt dabei der Absicht, entweder ein bestimmtes Thema – zum Beispiel »Berlin«, »die Elbe« oder in diesem Fall »Kreuzberg« – möglichst wirklichkeitsnah zu inszenieren oder, wo diese Idee aufgegeben wurde, wenigstens qua Inszenierung Interesse und Neugier für das Thema zu wecken. Sowohl das Sammeln als auch die Präsentation folgt dabei der subjektiven Selektion und Interpretation des Museologen, der sich gleichwohl eines bestimmten, ihm zur Verfügung stehenden Fundus bedient. Die Bilder und Objekte, welche nach seinem Verständnis und seiner Kenntnis das in Rede stehende Thema sinnfällig darstellen sollen, werden ausgewählt und möglichst effektvoll inszeniert. Damit konstruiert er einen Bedeutungsraum.[3]

Analog funktionieren auch die Bilder und Sujets, mit denen Kreuzberg der Öffentlichkeit vorgeführt wurde. Ähnlich wie im Museum ist das Thema der Präsentation festgelegt; es geht um Kreuzberg. Dieses Thema kann auf sehr unterschiedliche Weise durchdekliniert werden: Ob der Akzent eher auf Exotik oder auf Alltag liegt, ob man Auseinandersetzungen zwischen Polizei und Demonstranten als »Chaos« oder als Aufbegehren der sozial Depravierten deutet und mit welchen Fotos man seine Aussagen kommentiert – dies bleibt der individuellen Auslegung und Anschauung der Kommentatoren überlassen. Durch diese zwangsläufig interpretative Repräsentation entsteht nun aber ein ganz bestimmtes Image von Kreuzberg. Man macht (sich) ein Bild.

Zu unterschiedlichen Zeiten wurden freilich unterschiedliche Bilder gezeichnet und präsentiert – und meist gab es zudem mehrere, einander ergänzen-

---

3 Vgl. z.B. Korff/Roth 1990.

de oder auch miteinander konfligierende Motive. Wie in jedem Ausstellungsraum hängen daher auch im fiktiven ›Kreuzberg-Museum‹ mehrere Tableaus. Der imaginäre Besucher und Voyeur einer virtuellen Kreuzberg-Ausstellung behält sie allesamt im Gedächtnis. Es entsteht eine Art ›Museum im Kopf‹. Im Archiv der Erinnerung sind vergangene Bilder und Topoi gesammelt, von dort aus wirken sie auf die gegenwärtige Wahrnehmung und Erfahrung ein. Aktuelles und Vergangenes, Zeitgenössisches und Überkommenes, aber auch Schauriges und Schönes sind zeitgleich in unserer Vorstellungswelt präsent.

Dies ist der Grund, warum die folgenden Abschnitte nicht immer in chronologischer Reihenfolge, sondern oft parallel, neben- und übereinander zu denken sind. Manche Topoi sind nämlich weit über ihre Entstehungszeit und ihre eigentliche Aktualität hinaus, manchmal bis in die Gegenwart, für die Wahrnehmung Kreuzbergs von Bedeutung. So mag, wer heute ›Kreuzberg‹ hört, immer noch an die Krawalle des 1. Mai 1987 oder an die Hausbesetzerzeit denken.

Aus der individuellen Aneignung und Erinnerung, aus der Mischung und Überlagerung der unterschiedlichen Bilder ergibt sich ein je spezifisches Vorstellungsbild von Kreuzberg. Das Museum liefert lediglich Angebote – die Selektion des Rezipienten ist ungesteuert und subjektiv; sie ist damit vergleichbar mit jener taktischen und bastelnden Kreativität, die Michel de Certeau für die Praktiken aller Verbraucher beschrieben hat.[4] Jeder Betrachter der imaginären Kreuzberg-Ausstellung entwickelt unterschiedliche Lektürepraktiken, unterschiedliche Umgangsweisen mit den angebotenen Images; kurz: die persönlichen Vorstellungsbilder sind das Ergebnis individueller Aneignungsprozesse der medial kommunizierten Images.

Einige dieser Umgangsweisen, d.h. die Frage, auf welche Bilder sich die einzelnen länger und intensiver einlassen, was ihnen im Gedächtnis bleibt und fortan ihr Bild von Kreuzberg prägen wird, sind Thema des Kapitels »Rezeptionsweisen« und werden dort exemplarisch dargestellt. Bevor aber die Praktiken der Bewohner beschrieben werden können, muß das ihren Umgangsweisen zur Verfügung stehende Reservoir veranschaulicht werden.

Manche der Kreuzberg-Bilder lassen sich bestimmten Epochen zuordnen – die »Bohème« zum Beispiel ist ein typisches Bild der sechziger Jahre, während man »Exotik« eher in den späten achtzigern archivieren müßte. Einige Bilder verraten die besondere Federführung und Akzentuierung spezifischer Schreibwerkstätten (so ist zum Beispiel das Bild vom Krawallbezirk Kreuzberg vor

---

4 Vgl. De Certeau 1988.

allem durch die Springer-Presse gezeichnet worden), in anderen Topoi dagegen ist die Autorschaft ganz unterschiedlicher Verfasser zusammengeflossen, in ihnen vereinen sich einzelne Stimmlagen zu einem harmonisch-vielstimmigen Chor – oder zur Kakophonie. Und immer stehen die einzelnen Darstellungen im Kontext früherer und zeitgenössischer Repräsentationen; sie stehen in Bezug zueinander und beziehen sich aufeinander. All diese Tableaus zusammen hängen im »Museum Kreuzberg«, wo sie als Bilder einer Vorstellung die Kreuzberger Wirklichkeit (re)konstruieren.

Entree: Historische Skizze

Kreuzberg zwischen 1871 und 1961

Der Bezirk Kreuzberg existiert in der heutigen Ausdehnung und Bezeichnung erst seit 1920, als acht Städte, 59 Landgemeinden und 27 Gutsbezirke zu Groß-Berlin zusammengelegt und zugleich in neue Verwaltungsbezirke unterteilt wurden. Kreuzberg ging als sechster Verwaltungsbezirk aus der ehemaligen »Friedrichsstadt«, »Luisenstadt« und »Tempelhofer Vorstadt« hervor. Daher fließen in der Bezirksgeschichte Kreuzbergs im Grunde genommen drei unterschiedliche Geschichten zusammen, die erst ab 1920 einen gemeinsamen Verlauf nehmen.[5] Das heutige SO 36 entspricht in etwa dem Gebiet der ehemaligen südlichen Friedrichstadt bzw. Luisenstadt, während Kreuzberg 61 zu großen Teilen mit der früheren Tempelhofer Vorstadt übereinstimmt.

Die südliche Friedrichsstadt war bis 1871 eher ein ärmliches Gebiet, doch durch die Reichsgründung und die damit verbundene neue Funktion Berlins als deutscher Hauptstadt änderte sich dies: Die Friedrichstadt wurde Regierungs- und Dienstleistungsviertel. So entstanden neben Regierungsgebäuden auch Kaufhäuser, Hotels und Banken sowie das Zeitungsviertel in der Kochstraße. Viele damals in der Friedrichstadt ansässige Handwerker wurden infolgedessen aus ihren Wohnungen verdrängt; sie zogen in die angrenzende Luisenstadt, wo sie nicht nur eine neue Bleibe, sondern auch Arbeit fanden: Mitte des 19. Jahrhunderts setzte in der Luisenstadt ein Bauboom ein, der Maurern und Zimmerern, Schlossern und Klempnern Beschäftigung bot.

---

5 Ich beziehe mich bei meinem kurzen historischen Abriß vor allem auf: Spode 1994.

Die Ursache für diesen Boom in der Luisenstadt liegt wiederum in Industrialisierungs- und Urbanisierungsprozessen begründet, wie sie in der zweiten Hälfte des 19. Jahrhunderts für ganz Berlin charakteristisch waren. Maschinenbau, chemische Industrie und Elektroindustrie wirkten anziehend auf arbeitssuchende Zuzügler aus ländlichen Regionen, Schlesier und Schwaben, Bayern und Brandenburger, Polen und Rheinländer – sie alle hofften, in der Industriestadt Berlin Arbeit zu finden, ja, Karriere machen zu können.[6] Durch die enormen Zuwanderungszahlen fanden sie sich allerdings zunächst in einer katastrophalen Wohnungsnot und damit verbundener sozialer Not wieder. Mit dem Bau großer Mietskasernen gedachte man dieser Misere Abhilfe zu schaffen. Ähnlich wie die Arbeitswelt war daher auch die private Wohnwelt vorwiegend »blue collar«. Durch den stadtplanerischen Entwurf von Peter Joseph Lenné, bzw. von James Hobrecht für den Teil zwischen Lindenstraße und Landwehrkanal, dominierte die einfache Blockstruktur. Im Vorderhaus der mit neoklassizistischen Fassaden versehenen Häuser wohnten meist die Hausbesitzer, Lehrer und kleine Beamte, in Hinterhaus und Seitenflügel kleine Ladenbesitzer, Gastwirte, Zugehfrauen, gelernte und ungelernte Arbeiter, Prostituierte und so weiter. Die Seitenflügel wurden häufig gewerblich genutzt; in kleinen Werkstätten und Remisen wurden Maschinen, Möbel und Textilien hergestellt. Diese Funktionsmischung von Wohnen und Arbeiten wird heute als »Kreuzberger Mischung« bezeichnet.[7]

Im heutigen SO 36, rund um den Görlitzer Bahnhof, fand sich damals auf dem Köpenicker Feld ein großflächiges Areal für Mietwohnungsbau. In enormer Geschwindigkeit – ca. ein halbes Jahr rechnete man für den Bau eines Wohnhauses – wurde Block für Block, dicht an dicht gebaut, und noch während in den oberen Etagen gearbeitet wurde, zogen in den unteren Stockwerken erste Mieter in die feuchten Wohnungen ein, um sie gegen Mieterlaß »trocken« zu wohnen.[8] Mit den daraus resultierenden Gesundheitsschäden – vor allem Lungenkrankheiten – sorgte Kreuzberg schon früh für negative Schlagzeilen. Auch die dunklen Hinterhöfe, die Rachitis begünstigten, trugen ihren Teil zu Kreuzbergs schlechtem Ruf bei. Da die Grundsteuern der Eigentümer nach der Breite der Straßenfront und nicht nach der Gesamtgröße des Grundstücks berechnet wurden, bauten die damaligen Bauherren ›in die Tiefe‹, d.h. sie bauten

---

6 Vgl. Korff 1993.
7 Vgl. Hoffmann-Axthelm 1984.
8 Vgl. Verein SO 36 1990.

Berlin-Kreuzberg um 1915. *Quelle*: Kreuzberg-Museum, Archiv

oft mehrere Blöcke hintereinander, die nur durch die extrem engen Hinterhöfe Tageslicht erhielten.[9]

Die Tempelhofer Vorstadt schließlich behielt lange Zeit ihren ländlichen Charakter: Felder und Wiesen sowie, am Fuße des Kreuzbergs, der Vergnügungspark »Tivoli« prägten dieses Gebiet Kreuzbergs, bis ca. Mitte des 19. Jahrhunderts die Bebauung der Tempelhofer Vorstadt begann, welche in ihrer Form derjenigen der Luisenstadt sehr ähnlich war. Allerdings waren die Vorderhäuser prunkvoller und die Mieter dementsprechend wohlhabender – in der Tempelhofer Vorstadt lebten vorwiegend Beamte, Offiziere, Kaufleute und Handwerkermeister.

Da die Bevölkerungszahlen in Kreuzberg immer noch anstiegen, wurde zusätzlicher Wohnraum geschaffen, indem man die geräumigen Wohnungen der Häuser kurzerhand halbierte. Dies hatte den Wegzug der vermögenderen Bevölkerungsschichten und eine zunehmende Verarmung des Bezirks zur Folge.

---

9 Die Enge vieler Höfe liegt ebenfalls in der damaligen Rechtslage begründet: Laut Bauordnung mußten die Höfe gerade breit genug sein, damit die Löschfahrzeuge der Feuerwehr noch genügend Platz zum Wenden hatten.

Berlin-Kreuzberg um 1915.   *Quelle*: Kreuzberg-Museum, Archiv

– Ein Zustand, der durch die Wirtschaftskrise noch verschärft wurde: 1933 lag die Arbeitslosenquote bei 34%.

In diesem Klima gelang es der KPD, ihre Anteile in Kreuzberg auf ca. 1/3 der Wähler auszubauen – was wiederum eine besonders drastische Verfolgung der Linken durch die SS nach sich zog. Nachdem die NSDAP am 12. März 1933 36% der Wählerstimmen erhielt, begann auch in Kreuzberg der Pogrom: In den Kneipen der NSDAP wurden »wilde KZs« eingerichtet und Kommunisten und Demokraten gefoltert. Von 6096 Juden, die 1933 im Stadtteil lebten, wurden 1300 ermordet.

Parallel bauten die Nationalsozialisten ihr Machtzentrum in Berlin aus, dessen Schwerpunkt in der Prinz-Albrecht-Straße sowie in der Wilhelmstraße lag: Das geheime Staatspolizeiamt befand sich im bisherigen Kunstgewerbemuseum, die Reichsführung der SS im Hotel »Prinz Albrecht« und der Sicherheitsdienst im Prinz-Albrecht-Palais – d.h. nahebei und zum Teil auf dem Gelände der ehemaligen südlichen Friedrichstadt.

Während des Zweiten Weltkrieges wurden weite Teile Kreuzbergs vollständig zerstört. Vor allem die südliche Friedrichstadt bzw. die westliche Luisenstadt wurden wegen ihrer Nähe zum Machtzentrum der NSDAP durch Luftangriffe dem Erdboden gleichgemacht. Erst als am 26. April 1945 die Rote Armee in die Stadt eindrang, wurden die Angriffe eingestellt. Am 2. Mai 1945 kapitulierte Berlin. Im Rahmen des Viermächte-Abkommens wurde Kreuzberg den amerikanischen Truppen zugeteilt.

1961 und seine Folgen

Während der südöstliche Teil von SO 36, rund um den Görlitzer Bahnhof, weitgehend erhalten blieb, wurden die südliche Friedrichsstadt und die westliche Luisenstadt im Krieg fast vollständig zerstört. Die damaligen Stadtplaner trauerten diesen Zerstörungen jedoch nicht nach, sondern witterten die einmalige Chance, Kreuzberg wie auch die Stadt insgesamt neu zu erschaffen. Ganz im Sinne der »Charta von Athen« wollten sie die gewachsene Blockstruktur zerschlagen und statt dessen Wohnmaschinen und Autotrassen realisieren. Vom historischen Ballast befreit sollten die Stadträume entsprechend ihrer Funktionen – Arbeit, Wohnen und Freizeit – weiträumig getrennt werden. Doch die meisten Pläne wurden nicht umgesetzt, vielmehr beschränkten sich die Neubautätigkeiten in den fünfziger und sechziger Jahren auf die Schließung einzelner Baulücken. Die einzigen größeren Neubausiedlungen entstanden in Kreuzberg an der Ritterstraße (Spring-Siedlung) sowie am Waldeckpark (Otto-Suhr-Siedlung).

Genauso nachhaltig für die Entwicklung des Bezirkes wie die Zerstörung im Zweiten Weltkrieg war der Bau der Berliner Mauer. Dadurch war Kreuzberg seit 1961 an drei Seiten von Grenzen zur DDR umgeben, die Verbindungswege zum alten Zentrum am Alexanderplatz waren blockiert (Köpenicker Straße, Oberbaumbrücke, Heinrich-Heine-Straße), Arbeitsstätten im Ostteil der Stadt verloren, der Bezirk in eine Art Isolation geraten. Wer es sich leisten konnte, zog in den sechziger Jahren aus Kreuzberg fort, in die neu entstehenden Trabantenstädte Gropiusstadt und Märkisches Viertel – dort gab es wenigstens Innentoilette, Küche und Bad. Befördert wurde dieser Wegzug vor allem durch die damals übliche Sanierungspolitik.

Wie auch in anderen bundesdeutschen Städten orientierte man sich in Berlin bis weit in die siebziger Jahre am fordistischen Prinzip der Stadtplanung.[10] Dieses sah die Trennung und Zentralisierung unterschiedlicher Funktionen wie Wohnen, Arbeiten, Einkaufen etc. in dafür vorgesehenen Gebieten vor. Bauliche Großfiguren – zum Beispiel riesige Wohnsiedlungen, aber auch Industrieviertel – würden künftig das Stadtbild dominieren, und um den Bewegungsfluß zwischen den einzelnen Lebens- und Funktionsräumen zu gewährleisten, waren Stadtautobahnen wie überhaupt breite Straßen für ein reibungsloses Vorwärtskommen notwendig.

Alles, was dieser neuen Stadt und deren Funktionieren im Wege stand, mußte niedergerissen werden. Kreuzberg mit seinen Altbauten und seiner ureigensten »Kreuzberger Mischung« aus Wohnen und Arbeiten im Viertel bzw. innerhalb eines Häuserblocks widersprach den Vorstellungen solch einer modernen Stadt und sollte deshalb möglichst vollständig verschwinden.[11] Tatsächlich kursiert die Rede, daß in den Jahren zwischen 1961 und ca. 1980 in Kreuzberg mehr Häusersubstanz zerstört wurde als während der Kriegsjahre.[12]

---

10 Vgl. dazu Bodenschatz 1987.

11 Die Vorteile, die diese Mischung bedeutet – vor allem kurze Arbeitswege und damit mehr Freizeit sowie weniger Umweltbelastung, aber auch ein größeres Maß an Vertrautheit und Kommunikation der Bevölkerung innerhalb des Viertels – wurden in den sechziger und siebziger Jahren übersehen. Statt dessen monierte man auf stadtplanerischer Seite die Belästigung durch Lärm und Gestank für die Bewohner.

12 »Schlimmer als von Krieg und Mauer wurde Kreuzberg von den Sanierungsplänen der 60er und 70er Jahre getroffen« Hämer, zitiert nach: IBA 1984, S. 35.

Neben der unzeitgemäßen Funktionsmischung wurde der mangelnde Wohnkomfort als Argument für den Abriß der Altbauten ins Feld geführt. So entstanden Pläne für ein neues Kreuzberg: Geplant war eine Stadtautobahn, die vom Treptower Park kommend über das Gelände des Görlitzer Bahnhofs und die Skalitzer Straße in Richtung Oranienplatz führen sollte.[13] Geplant – und rund um das Kottbusser Tor leider realisiert – war außerdem der großflächige Abriß ganzer Häuserzeilen und der Neubau gigantischer, standardisierter Wohnsiedlungen.

Vielen Gebieten, etwa der Gegend rund um den Görlitzer Bahnhof, die noch nicht als »Sanierungsgebiet«, sondern erst als »Sanierungserwartungsgebiet« ausgewiesen waren, stand dieser Prozeß bevor. Solange sie jedoch ›in Erwartung‹ waren, wurden sämtliche Tätigkeiten zunächst einmal auf Eis gelegt. Die Realisierung der neuen Pläne sowieso, aber ebenso lagen die etwaigen Renovierungs- und Sanierungsarbeiten der noch bestehenden Altbausubstanz brach. Denn wo Autobahnen, Abriß und Wiederaufbau bevorstanden, da lohnte sich weder die Instandhaltungssanierung, geschweige denn eine umfassende Häuserrenovierung. Die Mieter dieser maroden Wohnungen, die der Kahlschlagsanierung geopfert werden sollten, wurden gezielt in die nebenstehenden Siedlungen am Rande West-Berlins, nach Gropiusstadt und ins Märkische Viertel, umgesetzt. Als Resultat standen in Kreuzberg ganze Häuserblocks leer und blieben unvermietet. Für Kreuzberg bedeuteten diese Entwicklungen zunächst einen rapiden Bevölkerungsrückgang. Nach 1950 sank die Einwohnerzahl Kreuzbergs von 213.000 (1952) auf 158.000 (1970). So entstand in Kreuzberg allmählich ein Vakuum. Nur noch jene, die sich keine andere Unterkunft leisten konnten, nahmen mit den Abrißhäusern vorlieb: Studenten, Künstler und türkische Migranten.

Den Erzählungen der von mir befragten Zeitzeugen zufolge bot Kreuzberg zu dieser Zeit, d.h. Ende der sechziger bis ca. Mitte der siebziger Jahre, einen schaurigen Anblick. Einige erinnern sich daran, wie amerikanische Truppen in den Häuserruinen für den ›Ernstfall‹ geprobt haben, und die meisten erinnern sich an Kreuzberg als »äußerst dunkel«, »wenig bewohnt« und als »leere, schwarze Löcher«.[14]

---

13 Vgl. Verein SO 36 1990.
14 Hier zum Beispiel Käthe; sie ist 1981 nach Kreuzberg gezogen, hat dort ein Haus besetzt, in dem sie auch heute noch lebt. Käthe ist 35 Jahre alt und Künstlerin. Im nächsten Kapitel, »Rezeptionsweisen«, wird sie ausführlich porträtiert.

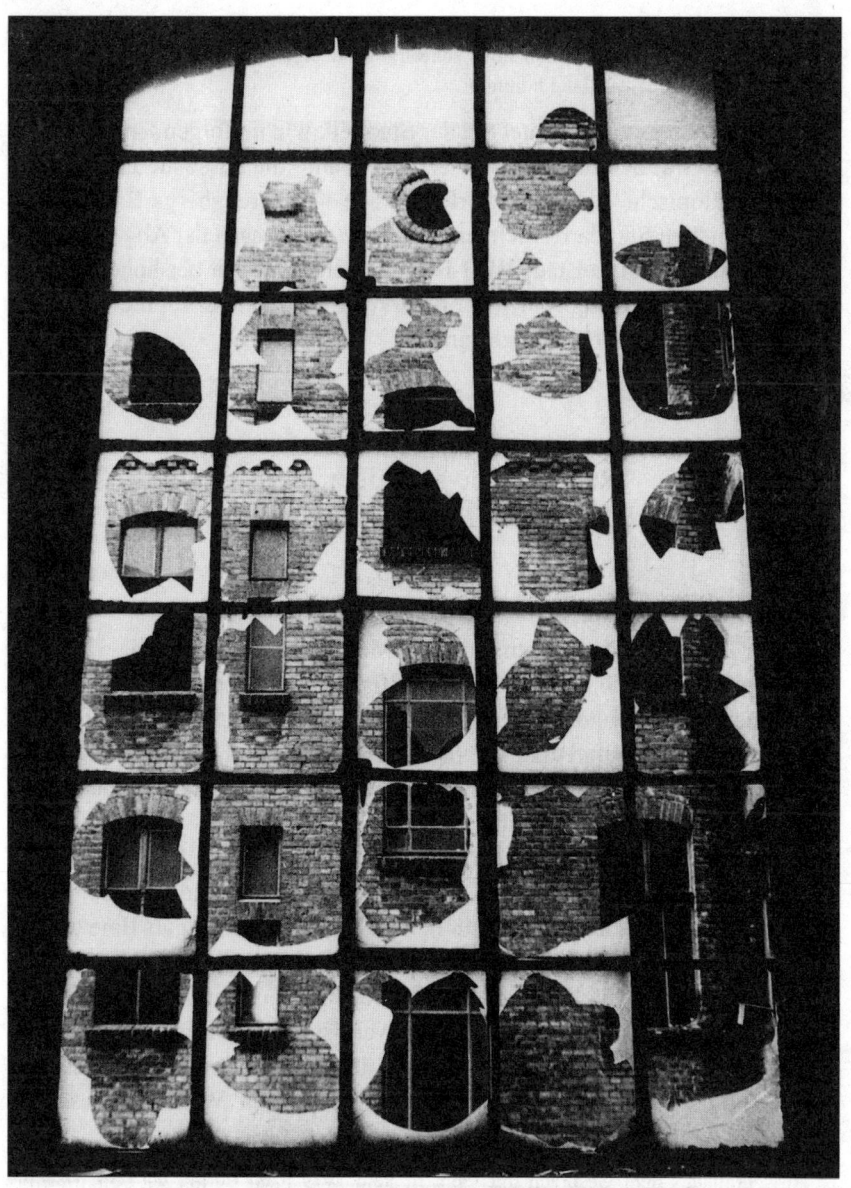

»An Kreuzberg 36 kann ich mich erinnern als ein total düsteres, schwarzes Loch.« (Paul)
Quelle: Wolfgang Krolow

113

»An Kreuzberg 36 kann ich mich erinnern als ein total düsteres, schwarzes Loch. Völlig dreckig alle Häuser, kaputt, leer, alles schwarz. Und eigentlich ziemlich erschreckend, wenn man aus Westdeutschland kommt.«[15]

Doch aller Tristesse ungeachtet bot der Stadtteil, wie im folgenden Kapitel zu zeigen sein wird, bereits Ende der sechziger Jahre die passende Projektionsfläche für utopische Lebensentwürfe. Gerade *weil* Kreuzbergs Bausubstanz den bürgerlichen Standards nicht entsprach, gerade *wegen* der Abgeschiedenheit am Rande der Inselstadt West-Berlins, gerade *wegen* der hohen Anzahl nichtdeutscher Bewohner schien der Bezirk wie kein anderer für die Verwirklichung von Aussteigerträumen geeignet.

Raum 1: Die sechziger Jahre –
Bohème am Berliner Montmartre

»Bohème«

»Was für Paris einst der Montmartre und Montparnasse waren, das wurde für das Nachkriegs-Berlin in einem sehr spezifischen Sinn der Stadtbezirk Kreuzberg: eine Brutstätte und ein Refugium der Nicht- bzw. der Noch-nicht-Angepaßten, wo das bunte und triste Chaos und der künstlerische Wildwuchs besser als anderswo gediehen.«[16] – So der Zeitgenosse Hellmut Kotschenreuther über das Kreuzberg der sechziger Jahre.

In der Tat etablierte sich in den sechziger Jahren in Kreuzberg ein soziales Milieu, das einen unorthodoxen Kunst- und Kulturbetrieb hervorbrachte und sich auch lebensweltlich unkonventionell und anti-bürgerlich gab. Eine wichtige Institution war die Galerie »Zinke« in der Oranienstraße, welche 1959 von Robert Wolfgang Schnell, Sigrud Kuschnerus, Günter Bruno Fuchs und Günther Anlauf eröffnet wurde. Auf der ersten Vernissage der »Zinke« war der Bilderzyklus »Berlin von hinten« ausgestellt, dessen Intention es war, auch und gerade etablierten Berliner Bürgern Einblicke hinter die Wohlstandsfassaden

---

15 Ausschnitt aus dem Gespräch mit Paul. Er kam 1979 nach Berlin, hat von 1980 bis 1983 in einem besetzten Haus gewohnt und machte zum Zeitpunkt unseres Interviews sein Diplom in Architektur. Auch Paul wird im nächsten Kapitel ausführlich porträtiert.
16 Kotschenreuther 1990, S. 22.

der Stadt zu gewähren. Ein Anliegen, das auch für die weiteren Ausstellungen und Veranstaltungen in der »Zinke« Programm war. Man wandte sich gegen den affirmativen, hochkultivierten Kulturbetrieb und setzte diesem Provokation, Skurrilität und Phantasie entgegen.

Etwa zeitgleich, und für die Künstlerszene in Kreuzberg nicht weniger wichtig, organisierte der Trödler und Maler Kurt Mühlenhaupt den ersten »Kreuzberger Bildermarkt«. Auf diesem Bildermarkt, der anfangs vor seinem Trödelladen, später am Fuße des Kreuzbergs lokalisiert war, durfte jeder ausstellen, der imstande war, eine Leinwand mit Farben zu bedecken. In Robert Wolfgang Schnells zeitgenössischem Roman »Geisterbahn«, welcher als *das* Zeitdokument dieser Ära und Szenerie in Kreuzberg gilt, ist der Beginn des Bildermarkts wie folgt beschrieben: »Die Tatsache, daß ein so seltsamer Mann in Kreuzberg wirkte, hatte sich herumgesprochen, so daß immer mehr Leute, die sonst nie diese Gegend gesehen hatten, auf einmal bis zu Rabenholz' ‹ (das Pseudonym für Kurt Mühlenhaupt, B.L.) Häuschen vorstießen, bis ins gefährliche Kreuzberg. (...) Diese Leute, auf getarnter Suche nach abgeschmackten Realitäten, die geheimnisvoll genug waren, um nicht als gewöhnliches Leben zu erscheinen, kamen zu Rabenholz.« So »fand sich eine Schar von Bärtigen, Langhaarigen, penibel gewichsten Lyrikern, Verlotterten, Buchhändlern, Annoncenakzessisten und Artisten neben den schaudernd zusehenden Villenbesitzern bei ihm ein. Seine Idee war, alle bewußter zusammenzuführen (...). Da kam Rabenholz die Idee, einen privaten Markt zu veranstalten. Einen Bildermarkt vor seinem Hause, auf dem jeder seine Werke anbieten, sich davorstellen, sie erklären oder irgendeinen Spaß dazu machen konnte, sich mit Pappnasen verkleiden, als Stierkämpfer auftreten.«[17]

Vielleicht am wichtigsten, zumindest aber das Image des Viertels am stärksten und nachhaltig prägend, waren die Kneipen, welche den Künstlern und Möchtegernkünstlern zugleich als Entfaltungs-, Kommunikations- und Präsentationsraum dienten. Im »Leierkasten« und in der »Kleinen Weltlaterne« verkehrten Kunstschaffende und Intellektuelle, von denen einige später prominent geworden sind – etwa Schobert & Black, Insterburg und Co., Karl Dall ebenso wie Günther Grass oder Ulrich Schamoni. In diesen Kneipen fanden aber auch jene wilden Zechereien und Nächte statt, denen durch die »Gebrüder Blattschuß« mit ihrem Schlager »Kreuzberger Nächte sind lang« ein Denkmal gesetzt wurde.

---

17 Schnell 1964, S. 58f.

Helmut Kreuzer weist in seinem Buch über die Bohème darauf hin, wie wichtig Kneipen für die soziale Konstitution dieses Milieus sind: Sie ermöglichen den Zusammenhalt, interne Feste und Séancen; sie bieten Raum für die intellektuelle Auseinandersetzung oder das persönliche Gespräch, für Spiel und Tanz, schließlich fungieren sie auch als Bühne für Rollen, die man für seinesgleichen genauso wie vor dem ›bürgerlichen‹ Publikum spielt.[18] Interessant ist außerdem der enge Zusammenhang, den Helmut Kreuzer zwischen der Sozialwelt der Bohémiens und ihrer räumlichen Umwelt herstellt: »Die Treffpunkte und Wohnungen der Boheme sind vielfach in bestimmten Großstadtvierteln oder -vororten gelegen. (...) Als ideal gelten Viertel, wo sich ökonomische Vorteile und folkloristische oder historische Reize verbinden (...). Weit über ihren quantitativen Anteil hinaus wirkt die Minorität der Boheme – die auffälligste Gruppe – auf das Bild und die Atmosphäre dieser Stadtteile ein.«[19]

Dies gilt auch für das Kreuzberg-Bild, das in den sechziger Jahren durch die Bohème geprägt worden war und das für die Geschichte und Entwicklung des Stadtteils von zentraler Bedeutung werden sollte: Die noch nicht renovierten Altbauwohnungen im unattraktiven Mauerrandgebiet waren erschwinglich und also passende Nischen für die damalige Bohème. In der medialen Repräsentation des Stadtteils wurde der enge Zusammenhang zwischen Architektur bzw. gebauter Umwelt einerseits sowie Kultur und Lebenswelt der Bohème andererseits immer wieder betont. – Kreuzberg, so schien es, bot durch und wegen seiner architektonischen Eigenart einen passenden Entfaltungs- und Artikulationsraum für die ›Gegenwelt‹.

So wird der Bezirk in der überwiegenden Mehrzahl der von mir analysierten Artikel zwischen 1961 und ca. 1976 als Künstlerviertel porträtiert.[20] Dabei tauchten vor allem zwei Topoi immer wieder auf, die zugleich in enger Verbindung zueinander stehen: »Zilles Milljöh« und »Bohème am Berliner Montmartre«. Im Feature eines Stadtteilporträts der Berliner Morgenpost vom 15.11.1964 liest man beispielsweise: Kreuzberg »ist und bleibt einer der typischsten Bezirke Berlins: Hier würde Zille heute noch einige seiner Typen und Motive finden. Hier paßt immer noch Paule mit dem Leierkasten hin. Hier begegnet einem jetzt noch ›een Stück von det olle Berlin‹. (...) Und die Menschen? (...) Sie sagen zum wildfremden Busnachbarn nicht Herr, sondern Män-

---

18 Vgl. Kreuzer 1968, S. 170 und S. 213.

19 Kreuzer 1968, S. 217.

20 Von insgesamt 34 Artikeln, die meiner Analyse für diesen Zeitabschnitt zugrunde lagen, war in immerhin 20 die Künstlerwelt Kreuzbergs Thema.

neken, sie gehen nicht tanzen, sondern zum Schwof. Ein wenig rauh ist manchmal der Ton in SO 36, und wer allzu ›fürnehm‹ tut, bleibt lieber in seiner Gegend. Aber wer ihn liebt, den herben Hinterhof-Charme, der wird schnell Freunde finden.«

Kreuzberg, so vernehmen wir, war »rauh« und »herb«, man sprach dort noch unverstellten Jargon und war auch ansonsten wenig »fürnehm«. Aber nicht nur Etikette und zivilisatorische Höflichkeit, auch die Kulisse scheint in einem früheren evolutionsgeschichtlichen Stadium stehengeblieben zu sein: »Zille«, »Paule« und sein »Leierkasten« wären hier nach wie vor nicht deplaziert. Diese romantisierend-historisierende Charakterisierung wird als »typisch« für Berlin klassifiziert und zugleich gegenüber dem Rest Berlins abgesetzt. Letzteres geschieht vor allem über implizite Gegenüberstellungen: das für Berlin »typische« Kreuzberg wird dem untypisch gewordenen Berliner Rest gegenübergestellt; »rauh« steht gegen »fürnehm«, herber Hinterhof gegen glatte Häuserfassaden am Ku'damm.

Zum einen wird dem Leser hier ein Stück Authentizität suggeriert: In Kreuzberg ist selbst Mitte der sechziger Jahre noch die für Berlin »typische« Zille-Atmosphäre zu spüren. Zum anderen wird das anheimelnde Kreuzberger Flair, in dem man »schnell Freunde findet«, der anonymen, entfremdeten Großstadt West-Berlin gegenübergestellt.

Deutlicher noch wird dieser Romantizismus in einem Artikel der wenige Tage später erscheinenden Morgenpost über die Kreuzberger Bohème kommuniziert: »Die Enge der Häuserzeilen, wo der Himmel nur ein kümmerliches Dasein fristet, die Destillen, Keller- und Eckkneipen bringen einem den Mitmenschen näher, schaffen Duz-Atmosphäre. Seit Jahren ist Kreuzberg bevorzugter Treff der Bohémiens und der ›Verkannten‹, der Naiven und der ›Intellektuellen‹. Die Gegend zu beiden Seiten des Hochbahnviadukts entlang der Gitschiner Straße hält sicher nicht den Vergleich mit den Künstlervierteln Chelsea oder Heampstead in London, Greenwich Village in New York, St. Germain des Près in Paris oder Schwabing in München aus. Kreuzberg ist unromantisch und ohne historische Patina, ist weniger Heimstätte als Absteige für die Kunst. (...) Künstler haben hier ihr Dauerquartier. Immerhin. Das liegt an den erschwinglichen Mieten in sanierungsreifen Blöcken, an den vielen kleinen Werkstätten, die sich leicht in Ateliers umbauen lassen, aber auch an den grauen Fassaden der Miethäuser mit ihren brüchigen Reizen.« (Morgenpost 22.11.1964)

Das der damaligen Gestalt Kreuzbergs entsprechende, grundsätzlich eher düstere Bild (man erinnere sich an die Aussagen meiner Interviewpartner über die »schwarzen Löcher«) wird durch seine Kontextualisierung in ein positives Licht gerückt. Das Bild: »Enge«, »brüchige« Häuserzeilen, »graue Fassaden«, finstre Hinterhöfe, »wo der Himmel nur ein kümmerliches Ausschnitt-Dasein fristet« – und, so könnte man spekulieren, wo himmlische Gefilde statt dessen im Rausch in den zahlreichen »Eckkneipen« simuliert werden. Im Grunde genommen ein wenig ansprechendes Ambiente. Positive Assoziationen ruft diese Darstellung erst hervor, indem sie mit mentalen und psychosozialen Qualitäten aufgeladen wird: Enge schafft dann nicht etwa Beklemmung, sondern mitmenschliche Nähe und wirkt großstädtischer Anonymität entgegen (»Tuchfühlung« und »Duz-Atmosphäre«).

Erst recht jedoch erhält das morbide Ambiente des verfallenden Stadtteils Lokalkolorit, indem es als Quelle für künstlerische Kreativität und schöpferische Phantasie dargestellt wird. Auch dies geschieht nicht immer explizit; indem jedoch »Ateliers« und »brüchige« »Fassaden« in einem Atemzug genannt werden, indem das morbide Flair und parallel die schöpferische Kreativität beschrieben werden, wird auf der syntagmatischen Ebene ein Zusammenhang konstruiert. Nicht trotz, sondern *wegen* der Architektur haben sich die unorthodoxen Künstler in Kreuzberg niedergelassen. Es scheint, als wirke gerade die baulich-räumliche Umwelt besonders inspirativ, und so betrachtet haben dann selbst brüchige Fassaden ihren »Reiz« und entpuppen sich als »Absteige der Musen«, wie es in der Überschrift heißt (Morgenpost 22.11.1964).

Vor allem aber durch die Analogie zu anderen Künstlervierteln wird diese Bedeutung Kreuzbergs, »Tummelplatz der Musen« zu sein, hervorgehoben. Derartige Vergleiche finden sich in den Artikeln über Kreuzberg immer wieder: »Eine Reise wert: Berlin SO 36. Viele Weltstädte und Metropolen haben in ihren Mauern Bezirke, auf die sie mehr oder minder stolz sind; nämlich Touristenzentren, Künstlerviertel, Studentenbezirke und auch Ghettos. Man denke an Greenwich Village in New York, St. Germain in Paris, Watts in Los Angeles, Chelsea-Kensington in London, oder Amsterdam. Auch in Berlin gibt es so etwas. Von jedem ein bißchen. Man findet es in Kreuzberg, im alten SO 36.«[21]

Wenn SO 36 aber Ähnlichkeiten mit Greenwich Village oder dem St. Germain aufweist, dann erfährt der Stadtteil eine erhebliche Aufwertung. Das Viertel wird zum Dorado all jener, die sich selbst als ›Künstler‹ oder ›Bohémiens‹ definieren. So entsteht das Vorstellungsbild von Kreuzberg, das nicht primär als

---

21 Der Abend 16.10.1970. Ebenso in der Welt vom 16.04.1966: »Berliner Schwabing ohne Pose – Bohème in Kreuzberg«.

verwahrlosendes Altbauviertel erscheint, sondern als Hort der schöpferischen Kreativität und genialen Dilettanten. Ein Ort eben wie Greenwich Village oder St. Germain, wo sich nicht nur Künstler, sondern auch Kunstliebhaber und Nachtschwärmer gerne aufhalten.

Die Tableaus, die Kreuzberg in den sechziger Jahren präsentieren, zeigen den Stadtteil als historisch-liebenswerte Kulisse, die sich ein Stück Eigenart und Besonderheit im Vergleich zur Ku'damm-Welt bewahrt hat; außerdem als Tummelplatz der unprätentiösen Bohème. Dabei wird eine Wechselwirkung zwischen Kulisse und Kunst, zwischen Ambiente und Art, Gebäuden und Geselligkeit konstatiert: Gerade weil Kreuzberg anders ist, hat sich der Stadtteil zum Wirkungs- und Entfaltungsraum für unorthodoxe (Lebens-) Künstler entwickelt.

Charakteristisch für dieses frühe Kreuzberg-Bild ist damit der enge Zusammenhang, der zwischen räumlich-materieller Umwelt und sozio-kultureller Lebenswelt gesehen und behauptet wird. Bereits Ende der sechziger Jahre ist Kreuzberg ›anders‹ und ›eigenartig‹ – räumlich wegen seiner isolierten Lage und der Bausubstanz, sozial im Sinne eines Aussteiger- und Bohème-Milieus, das sich in dieser Umgebung zu Hause fühlt und eingerichtet hat.

Insofern galt Kreuzberg als etwas ›Besonderes‹, vergleichbar dem Pariser Montmartre oder dem New Yorker East Village. Und gerade diese Wertschätzung funktionierte als Kontrapunkt zur in den sechziger Jahren üblichen Flächenmodernisierung (Abriß und Neubau statt Modernisierung und Renovierung): Diese dürfte die Hinterhöfe wohl eher als nicht zeitgemäßes Übel interpretiert und desavouiert haben. Bewußt oder unbeabsichtigt – auf jeden Fall wird in der skizzierten Repräsentation des Stadtteils eine Art Credo für Altbau, Hinterhof und Stuckfassaden formuliert, mit dem Argument, daß in dieser Kulisse Kreativität und Kunst besser als anderswo gedeihen. Ohne sich dessen bewußt zu sein, haben die Kommentatoren und Reporter des damaligen Kreuzberg so den Nährboden für ein Bewußtsein geschaffen, das sich in den folgenden Jahren durchgesetzt und der praktizierten Sanierungspolitik die Stirn geboten hat: »Kein Abriß unter dieser Nummer«.[22]

---

22 Vgl. Laurisch 1981.

Raum 2: Die siebziger und frühen achtziger Jahre –
Utopia jenseits bundesrepublikanischer Normen

Kreuzberg: der andere Ort

In den siebziger und frühen achtziger Jahren setzte sich die Repräsentation und Materialisation unterschiedlicher Aussteiger-Utopien, die mit der Bohème in den sechziger Jahren begonnen hatten, fort und spitzte sich zu: Die neuen sozialen Bewegungen suchten, fanden und schufen sich in Kreuzberg einen Ort, an dem sie ihre alternativen Lebens-, Wohn- und Arbeitsformen realisieren konnten; politisch wurde Kreuzberg zum Agitationsraum Nr. eins im Kampf gegen das »Schweinesystem«; Punks, die in der bundesrepublikanischen Gesellschaft »no future« für sich sahen, fanden in Kreuzberg den passenden Ort, um dieser Gesellschaft symbolisch und lebensweltlich den Rücken zu kehren.

Insbesondere durch die Presseberichterstattung wurde diese Bedeutung des Stadtteils immer wieder nach außen getragen: Kreuzberg erschien in den Medien stets unter Betonung seiner Andersartigkeit und mit Blick auf seine Funktion als Auffangbecken für die Nein-Sager dieser Gesellschaft. Damit aber war die Presseberichterstattung zugleich zentraler Motor innerhalb der nach und nach stattfindenden Stigmatisierung und Stilisierung: Kreuzberg wurde erklärtermaßen zum gesellschaftlichen »Exil«, zum »Draußen« und »Jenseits der Republik«. D.h., der Stadtteil wurde immer wieder mit dem Label des ›Anders- und Draußen-Seins‹ etikettiert – aber auch immer stärker als solcher Ort frequentiert und angeeignet. Diese Wechselwirkung zwischen medialer Darstellung und lebensweltlicher Aneignung erst machte aus Kreuzberg den ›anderen Ort‹: Indem der Stadtteil stets unter besonderer Betonung seiner Andersartigkeit und seiner chaotischen Eigenart im bundesrepublikanischen Abseits an die Öffentlichkeit trat, entstand ein Bild von Kreuzberg, das viele anzog; – sei es, um in Ruhe jenseits von üblichen Konventionen leben zu können, sei es, um in dem großzügig überlassenen Freiraum neue Lebens- und Arbeitsformen zu erproben, sei es, um eine bestimmte Phase ihrer Adoleszenz auszuleben. Gleichzeitig wurden freilich all jene, die mit diesem Gegenentwurf zur bürgerlichen Lebenswelt nichts anzufangen wußten, ferngehalten; alle, die nicht im Abseits, sondern im Zentrum des Geschehens stehen wollten, fühlten sich in Kreuzberg deplaziert.

Diese beiden Pole – medial produziertes und vervielfältigtes Vorstellungsbild von Kreuzberg einerseits sowie der Zuzug jener Bevölkerungsgruppen, die sich dadurch angesprochen und angezogen fühlten andererseits – standen in einem wechselseitigen Spannungsverhältnis zueinander. Je mehr schwäbische Aussteiger und ›Häuslebesetzer‹, niedersächsische Revoluzzer und bayerische Freaks sich nämlich in Kreuzberg einfanden, desto charismatischer konnte das daraufolgende Bild des Stadtteils wiederum gemalt werden. Und: Je mehr Aktivisten in Kreuzberg ansässig wurden, desto wirkungsvoller und mächtiger wurden auch deren eigene Aktivitäten im Stadtteil. Handwerkskollektive, die sich »Wilder Hammer«, »Kernholz« und »Querholz« nannten, ökologische Lebensmittelgeschäfte mit Namen wie »Kraut und Rüben« oder »Biotopia«, Punk- und Szenekneipen wie der »Pink Panther«, die »Fallgrube« und das »Café Kuckucksei« gaben nach und nach den Ton in Kreuzberg an, so daß durch daraufolgende Repräsentationen und Reportagen noch schillerndere Bilder in Umlauf gebracht werden konnten. Das wirkmächtige Bild von Kreuzberg entstand also in einer Art dialektischem Prozeß: durch die sich potenzierende Wirkung von Projektion bzw. Präsentation einerseits und ihrer Materialisation in Folge des Zuzugs handlungsaktiver Bevölkerungsgruppen andererseits. Dieser Circulus vitiosus ist im zweiten Raum des ›Museums Kreuzberg‹ dargestellt.

Kreuzberg als kränkelndes Sorgenkind

Das Bild des morbiden, gleichwohl Kreativität, Kunst und Geselligkeit befördernden Altbauviertels, die Rede vom ›Berliner Montmartre‹ wurde Mitte der siebziger Jahre durch kritische Stimmen überlagert, welche die sozialen und alltäglichen Mißstände innerhalb Kreuzbergs ohne jegliche Romantisierung diskutierten. So etwa in einem Artikel der FAZ, in dem Kreuzberg als »deprimierendes«, »häßlich-abstoßendes« und »entsetzliches« Ghetto »mit allen Zeichen des Zerfalls, der Verwahrlosung, des Elends« beschrieben wird.[23] Ebenso in einer Reportage der Süddeutschen Zeitung: »Berlin, Adalbertstraße 74, Quergebäude: Das Haus mit dem Pestzeichen. (...) Im Schatten des Kurfürstendamms hat sich die Welt, die durch Zille traurige Berühmtheit erlangte, auf beklemmende Weise erhalten.« Die Adalbertstraße 74 ist gekennzeichnet durch »Erbärmlichkeit«, die Adalbertstraße 74, das ist ein Haus, in dem sich allenfalls »Ratten wohl (fühlen)« und wo auch die Bewohner, Viechern ähnlich, in ihrem

---

23 FAZ 13.06.1976.

»dunklen, verkommenen Loch« vor sich hin »vegetieren«. »Irgendwie ist hier Endstation«.[24]

Kreuzberg wird als »Schattenseite« der ›sunny side of life‹ Kurfürstendamm gegenübergestellt: Hier Glitzer und Glamour, Reichtum und Wohlstand – dort Schatten und Tristesse, Erbärmlichkeit und Armut. Kreuzberg bleibt also der ›andersartige Ort‹, abseits vom West-Berliner Zentrum und im Abseits der Bundesrepublik, allerdings erscheint der Stadtteil nun nicht mehr als romantischer Aussteigerort für Bohémiens, sondern als problematischer Randbezirk.

Diese und ähnliche Berichte redeten jedoch keineswegs dem Abriß das Wort, vielmehr verlangten sie nach einer behutsamen Sanierungspraxis, welche die Mißstände beheben und dennoch den Bestand der alten Lebenswelt garantieren sollte. Diese Trendwende muß im Zusammenhang mit einem Umdenkprozeß auf seiten der Stadtplanung und der Politik gesehen werden. Bereits Mitte der sechziger Jahre machten kritische Kommentatoren wie Jane Jacobs, Wolf Jobst Siedler oder Alexander Mitscherlich auf die »Unwirtlichkeit unserer Städte« aufmerksam[25], und allmählich setzte sich deren Bewußtsein auch auf politischer und stadtplanerischer Ebene durch. Man erkannte, daß die Funktionstrennung nach Wohnen, Arbeiten, Freizeit und Verkehr in eine Sackgasse geführt hatte. Gemeinsam suchte man daher nach neuen Konzepten und Lösungsmöglichkeiten, welche die Innenstädte als Wohn- und Lebensraum wieder attraktiv machen sollten. Vor diesem Hintergrund erarbeitete der Architekt und Stadtplaner Hardt-Waltherr Hämer Ende der sechziger Jahre alternative Sanierungskonzepte für ein Gebiet im Berliner Stadtteil Wedding, die nicht mehr Abriß, sondern Erhaltung, und zwar unter Mitsprache der Mieter, verfolgten. Kurz darauf wurde dieses Konzept von Hämer erneut, diesmal in Charlottenburg am berühmten »Block 118«, erprobt. 1974 diskutierten dann erstmals in großem Stil Architekten, Soziologen und Politiker über mögliche Konzepte solch einer behutsamen Sanierung. Nach rund 20 Jahren Standardisierung im Wohnungsbau und Funktionstrennung in der Stadtplanung ging der Trend ca. Mitte bis Ende der siebziger Jahre weg von der Flächensanierung hin zur Stadterneuerung. Ziel wurde nun, die Innenstädte als Wohn- und Lebensraum, d.h. die Mischung aus Arbeit, Wohnen und Freizeit innerhalb des Quartiers, wieder attraktiv zu machen.

---

24 Süddeutsche Zeitung 24.12.1978.
25 Vgl. Mitscherlich 1965; Jacobs 1961; Siedler u.a. 1964.

Dies ist der historisch-gesellschaftliche Kontext, in dem die Idee für den 1977 ausgeschriebenen Wettbewerb »Strategien für Kreuzberg« reifen und gedeihen konnte. Die »Strategien für Kreuzberg«, die der in der Kreuzberger Marthagemeinde amtierende Pfarrer Duntze initiiert hatte, sahen eine aktive Beteiligung aller im Bezirk vertretenen Gruppen – Wohnbevölkerung und Hausbesitzer, Gewerbetreibende und Arbeitnehmer – bei der Entwicklung von Zukunftsperspektiven für ihren Stadtteil vor. Unter Beteiligung der Bürger sollte die Wiederbelebung des Viertels in Angriff genommen werden. Jeder – »von der Putzfrau bis zum Bundespräsidenten«, so Pfarrer Duntze – sei aufgerufen, bei diesem Projekt mitzumachen, d.h. Vorstellungen und Konzepte einzureichen, wie die Sanierung des Bezirks konkret aussehen könnte.[26]

Aufbruchsstimmung

Parallel zum Lamento über unzumutbare soziale und architektonische Zustände setzte sich so Aufbruchsstimmung im Stadtteil durch. Forciert wurde diese durch das den »Strategien für Kreuzberg« immanente Moment der Bürgerbeteiligung und Mitbestimmung. Die Schlüsselbegriffe, die diese Akzentuierung zum Ausdruck bringen, lauteten »Bürgerbeteiligung«, »Jedermann« und »gemeinsam«. Es ging eben nicht nur um eine Rettungsaktion, sondern um den »*Gemeinsamen* Rettungsversuch für das alte Berlin SO 36. *Jedermann* darf Ideen beisteuern« (Tagesspiegel 01.01.1977, Hervorhebung B.L.), »Jedermann ist dazu aufgerufen, ob Deutscher oder Ausländer« (Morgenpost 04.03.1977). Damit spiegeln die Artikel dieser Zeit die Überzeugung wider, daß die Zukunft Kreuzbergs in der Hand der Bewohner selbst liege. Nicht von staatlichen oder ökonomischen Mächten schien der Werdegang des Viertels bestimmt, sondern durch das »gemeinsame« Tun der Bewohner vor Ort, durch die Aktivitäten »jedermanns«. Wer daher teilhaben wollte an dieser wie auch immer gearteten, auf jeden Fall aber vielversprechenden Zukunft, vor allem: wer diese Zukunft mitgestalten und beeinflussen wollte, der klinkte sich in die »Strategien für Kreuzberg« ein.

Diese Idee von der gemeinsam zu schaffenden Zukunft lieferte eine fruchtbare Projektionsfläche für allerlei phantastische und illusionäre Ideen. – Zumal Kreuzberg, aufgrund seiner geographischen Lage im Abseits, inzwischen ein

---

26 Tagesspiegel 04.03.1977.

123

wirtschaftlich uninteressantes Gebiet geworden war und Freiraum für andere Nutzungen bot. Entsprechend titelten die Zeitungen: »Der Pfarrer von der Martha-Kirche will Kreuzberg zum Paradies machen!« »Kreuzberg: Zwischen Machern und Träumern«[27] Mit Metaphern wie »Paradies« und »Traum« werden Vorstellungswelten angesprochen, die sich – noch – jenseits der Wirklichkeit, fernab vom Hier und Jetzt befinden, aber bereits in greifbare Nähe rücken. Das Paradies auf Erden ..., der Traum, der Wirklichkeit werden sollte ... in diesen Schlagzeilen verschaffte sich der Wunsch Gehör, in Kreuzberg eine bessere, andere Welt schaffen zu können.

Es geht voran!

Diese Utopie traf vor allem bei der alternativen Generation ins Schwarze.[28] Um diese Behauptung verstehen und nachvollziehen zu können, sei ein kurzer Rückblick auf die kulturelle und politische Verfaßtheit der damaligen Bundesrepublik erlaubt.

Wir befinden uns im Jahr 1977, welches zugleich das Jahr des sogenannten »Deutschen Herbstes« ist. Mit diesem Schlagwort werden einerseits die Aktivitäten der RAF im September und Oktober 1977 auf den Begriff gebracht; andererseits schwingt darin auch die Desillusionierung der Anti-AKW-Bewegung mit, nachdem ihre geplante Massendemonstration gegen den Bau des Schnellen Brüters in Kalkar gescheitert war.

Am 5. September wurde Arbeitgeberminister Schleyer von RAF-Mitgliedern entführt. Ziel dieser Aktion war es, die Freilassung einer großen Anzahl von RAF-Gefangenen aus dem Gefängnis zu erwirken. In Reaktion auf die Entführung verhängte die Regierung eine absolute Kontaktsperre, d.h. die vollständige Isolierung über die RAF-Gefangenen. Nicht nur Besucher oder Kon-

---

27 Der Abend 04.03.1977; Der Abend 18.08.1977.

28 Zwar riefen die »Strategien« auch und gerade das proletarische Kreuzberger Milieu zur Mitarbeit auf, doch der Aufruf wurde außerdem in überregionalen Zeitschriften, weit über Kreuzberg, ja selbst bundesdeutsche Grenzen hinaus, veröffentlicht. Insbesondere Angehörige der alternativen Mittelschicht fühlten sich angesprochen und sensibilisiert. So beobachtete der »Tagesspiegel« vom 22.03.1977: »Zu den Interessenten gehören vornehmlich jüngere Bürger. Sie kommen nicht nur aus dem Kreuzberger Gebiet, sondern auch aus vielen anderen Stadtbezirken.«

takte zum Anwalt, selbst Informationen qua Medien wurden mit dem sogenannten »Kontaktsperregesetz« unterbunden.

Wenig später, am 13. Oktober, wurde von der RAF eine Lufthansamaschine
aus Mallorca entführt. Auch die Geiselnahme der zufällig in diesem Flugzeug
sitzenden Touristen sollte den Druck auf die Bundesregierung zur Freilassung
der Häftlinge erhöhen. Doch am 17. Oktober wurde die Maschine in Mogadi-
schu durch ein GSG-9 Kommando gestürmt; von den Entführern überlebte keiner. Am nächsten Morgen wurden die RAF-Gefangenen Andreas Baader, Jan
Carl Raspe und Gudrun Ensslin tot aufgefunden, Irmgard Möller war lebensge-
fährlich verletzt. Ob es sich dabei um Selbstmord handelte oder ob der Tod der
Häftlinge andere Ursachen hatte, ist bis heute ungeklärt. – Sicher ist, daß diese
Ereignisse einen tiefen Schock, Lähmung und Resignation bei den Linken zu-
rückließen.

Begleitet wurden diese Vorfälle von einer gescheiterten Anti-AKW-Demon-
stration am 24. September 1977 anläßlich des Baus des »Schnellen Brüters«:
Die Polizei sperrte eine Reihe von Autobahnen vollständig, so daß in der ganzen Bundesrepublik auf der Nord-Süd-Achse der Verkehr zum Erliegen kam.
Dabei wurden rund 125.000 Personenüberprüfungen vorgenommen. »Polizei-
hubschrauber hielten auf offener Strecke ganze Bundesbahnzüge an, die ebenso wie ganze Buskonvois von mit Maschinengewehren ausgerüsteten Bullen
durchsucht wurden. Die meisten DemoteilnehmerInnen kamen entweder gar
nicht oder viel zu spät zu der geplanten Kundgebung.«[29] – Was blieb, war eine
allgemeine Desillusionierung, auch in der Anti-AKW-Bewegung.

Die Ereignisse des »Deutschen Herbstes« und die Nachwirkungen der Öl-
krise von 1973, welche eine neue Sensibilität für die Grenzen des Fortschritts
geschaffen hatte sowie die ökologischen Folgeprobleme des industriellen
Wachstums – all diese Erfahrungen bündelten sich im Krisenbewußtse in der
neuen sozialen Bewegungen. Diese sahen innerhalb des »Modells Deutschland«»no future« und daher nur noch einen Ausweg: Aussteigen.[30]

Symbolisch für diesen programmatischen Ausstieg stand das TUNIX-Tref-
fen 1978. In einem Flugblatt der Spontis hieß es damals: »UNS LANGT'S
JETZT HIER! – Der Winter ist uns zu trist, der Frühling zu verseucht, und im
Sommer ersticken wir hier. Uns stinkt schon lange der Mief aus den Amtsstu-
ben, den Reaktoren und Fabriken, von den Stadtautobahnen. Die Maulkörbe

29 Geronimo 1990, S. 66.
30 Vgl. Brand 1987.

schmecken uns nicht mehr und auch nicht mehr die plastikverseuchte Wurst. Das Bier ist uns zu schal und auch die spießige Moral. Wir woll'n nicht mehr immer dieselbe Arbeit tun, immer die gleichen Gesichter zieh'n. Sie haben uns genug kommandiert, die Gedanken kontrolliert, die Ideen, die Wohnung, die Pässe, die Fresse poliert. Wir lassen uns nicht mehr einmachen und kleinmachen und gleichmachen. – WIR HAUEN ALLE AB! – ... zum Strand von Tunix.«[31] – Dieser aber lag nun ausgerechnet bzw. bezeichnenderweise in West-Berlin.

Inmitten des real existierenden Sozialismus gelegen und zugleich abgekoppelt von den Normen des verhaßten »Modells Deutschland« bot die ›Insel‹ West-Berlin all jenen, die aussteigen und nach anderen Wegen suchen wollten, ein passendes Exerzierfeld für alternative Projekt- und Lebenszusammenhänge. Auf der Insel West-Berlin konnte eine »zweite Kultur« entstehen und gedeihen, die sich gegenüber der Mehrheitskultur deutlich abgrenzte.[32] Und zum Epizentrum dieses alternativen Lebensraums entwickelte sich der Stadtteil Kreuzberg. Nicht nur fand sich hier infolge der jahrelangen Sanierungspolitik ein räumliches Vakuum, nicht nur war der Bezirk großzügig überlassenes, weil ökonomisch uninteressantes Experimentierfeld – auch mental bildete Kreuzberg die ideale Projektionsfläche für den Traum vom alternativen Lebensraum. Durch seine Lage am Rande West-Berlins, an drei Seiten umgeben von der Mauer oder anderen Grenzen zu Ost-Berlin, war mit Kreuzberg noch stärker als mit West-Berlin insgesamt das Raumbild eines – auch – sozio-kulturellen Abseits verbunden. Zudem wirkten die vorangegangenen Bilder über das Viertel der Bohème mit Künstlercharme, Lokalkolorit und mitmenschlicher Nähe noch nach. Auch dieses Bild traf einen empfindlichen Nerv der alternativen Aussteiger, spielte es doch auf Lebensformen und Einstellungsmuster an, die sie für sich selbst ebenfalls in Anspruch nahmen. Schließlich lieferten die »Strategien für Kreuzberg« und die in diesem Zusammenhang wiederkehrenden Chiffren wie »Mitmachen«, »Mitbestimmung« und »Bürgerbeteiligung« die passenden Signets für eine jugendliche Alternativbewegung, die aufgebrochen

---

31 Zitiert nach: Geronimo 1990, S. 68.

32 Die Metapher der »zwei Kulturen« schürte innerhalb der neuen sozialen Bewegungen die Hoffnung, sich den kapitalistischen Herrschafts- und Ausbeutungsmechanismen der Mehrheitskultur durch den Aufbau einer Alternativkultur entziehen zu können. Gleichzeitig bot sie der sozialliberalen Regierungskoalition die Möglichkeit, die Alternativbewegung zu entpolitisieren und in den Bereich des Kulturellen abzuschieben. Vgl. Geronimo 1990, S. 71,

»Das Ende der Welt. Kreuzberg.« (Kits Hilaire). *Quelle*: Kreuzberg-Museum, Archiv

war, um ihren Ausstieg aus der BRD und gleichzeitig ihre alternativen Lebensvorstellungen zu verwirklichen: Man kannte sich aus der Anti-AKW-Bewegung, aus Wackersdorf und Gorleben, man hatte gemeinsam Enttäuschungen
auf den Demos gegen die »Startbahn West« und den »Nato-Doppelbeschluß«
hinter sich, man war sozial bewegt und politisch wie überhaupt engagiert, nur
reichlich desillusioniert. Und nun fand sich hier, in Kreuzberg, mit einem Mal
ein Agitations- und Handlungsraum, wo all die frustrierten Energien ausgelebt
und endlich einmal positiv umgesetzt werden konnten.

Beflügelt wurde der Eindruck, daß in Kreuzberg die Umsetzung und Realisierung alternativer Lebensmodelle möglich sei, durch eine glückliche historische Fügung: Im Dezember 1978 wurde vom Berliner Abgeordnetenhaus die
Internationale Bauausstellung (IBA) 1984 beschlossen, und im Sommer 1979
begann die IBA GmbH ihre Arbeit. Diese teilte sich in die sogenannte IBA-Neu
und IBA-Alt; während erstere, wie der Name andeutet, Neubauten nach stadt-
planerisch verträglichem Maßstab realisierte, operierte die IBA-Alt mit Hilfe
der von Hämer entwickelten »behutsamen Stadterneuerung«. Ihre wichtigsten
Instrumente waren Mieterbefragungen, Hausversammlungen sowie die soge-

nannte »Arbeitsgruppe Erneuerungskommission«, welche Betroffene und andere am Planen und Bauen Beteiligte zusammenbrachte.

Aufgabe der IBA war es, praktische Möglichkeiten zu erarbeiten, um die vom Niedergang bedrohten Innenstädte zu retten. Parallel sollten im Rahmen der IBA jedoch auch neue Modelle für ökologisches und energiesparendes Bauen, neue Wohnformen, insbesondere für soziale Problemgruppen, Verkehrsberuhigung, Begrünung und vieles andere mehr umgesetzt werden. Die Planung selbst sollte möglichst ›von unten‹, ›aus der Nähe‹ und in engem Kontakt mit den Bürgern stattfinden. Ziel war außerdem die bewohnerorientierte Erneuerung des Stadtteils ohne die Verdrängung der bisherigen Mieter, die Nutzung historischer Strukturen für gegenwärtige Ansprüche, weiter ein besseres Zusammenleben verschiedener Bevölkerungsgruppen sowie die Kreuzberger Mischung aus Wohnen und Arbeiten zu erhalten.[33] – Damit hatte die »behutsame Stadterneuerung« Ziele im Blick, die auch von den neuen sozialen Bewegungen anvisiert wurden: Ökologisches Denken und soziale Verantwortung, Gemeinschaft und Vertrautheit der Bewohner im Kiez sowie gleichberechtigte Lebenschancen und -perspektiven für gesellschaftliche Randgruppen.

Es war das Zusammenspiel dieser Umorientierung auf Senats- und Planungsebene einerseits mit den Aktivitäten im Stadtteil andererseits, das einen Umschwung in der Sanierungspraxis einleitete. Sicherlich haben die Proteste der Alternativbewegung in Kreuzberg einen wesentlichen Teil zum Kurswechsel in der Sanierungspraxis beigetragen; doch ohne den gleichzeitigen Trendwechsel auf seiten der Stadtplanung bzw. bei politischen Entscheidungsträgern wären ihre Proteste wohl einmal mehr im Nichts versandet. Durch die Aktivitäten der Hausbesetzer sah sich der Senat unter Handlungsdruck gesetzt, und jedes positive Anzeichen in Richtung »Sanierung statt Abriß« spornte die Aktivisten zu neuen Initiativen an. – Plötzlich schien es, als hätten ihre Proteste einen Sinn. Maximen wie ›Wer sich nicht wehrt, lebt verkehrt‹ oder ›seien wir realistisch, fordern wir das Unmögliche‹ schienen sich zum ersten Mal zu bestätigen, und so machte sich allmählich Aufbruchsstimmung im Stadtteil breit: »Keine Atempause, Geschichte wird gemacht – es geht voran!« (Fehlfarben).

Aus dieser Stimmung heraus entwickelten sich unzählige Vereine und Initiativen, die sich aktiv mit der Gegenwart und Zukunft des Stadtteils auseinandersetzten: Mietervereine und Bürgerinitiativen für Verkehrsberuhigung oder Kiezbegrünung, Treffpunkte und Diskussionsveranstaltungen, Kiez-Palaver

---

33 Vgl. IBA 1984; IBA 1987.

und Plena hatten Konjunktur. Während die einen sich vorwiegend das Wohl des Stadtteils und seiner Bevölkerung zur Aufgabe machten, hegten andere die Utopie, von Kreuzberg aus noch sehr viel mehr als die Sanierungs- und Wohnungspolitik verändern zu können. Daher formierten sich neben Stadtteil-Initiativen auch Frauen- und Männergruppen, die eine Veränderung der Geschlechterverhältnisse zum Ziel hatten; außerdem Anti-AKW-Gruppen und Friedensgruppen, die gesamtgesellschaftliches ökologisches und militärisches Umdenken zu ihrem Programm machten; darüber hinaus gab und gibt es zahlreiche autonome Gruppen, die zunächst allgemein linken Konsens in Kreuzberg und dann innerhalb der Gesellschaft überhaupt herstellen wollten.[34] Man hatte das Gefühl, erzählte mir Joachim, ein Interviewpartner,

»hier in diesem Bezirk, da bist du an Veränderungen beteiligt, die sozusagen wichtig sind auch für andere Stadtteile, andere Städte. Also hier ist ein Gebräu von Leuten zusammen, so 'ne Art von menschlicher Mischung, aus der was entstehen wird.« »Studentenbewegung« und »Ökoszene«, »Anarchos«, »Hausbesetzerszene« und später »Friedensbewegung«, »also praktisch alles, was so die Welt verändern wollte, das drängte sich da auf engstem Raume«.

Kreuzberg Mitte der siebziger Jahre, das war für Joachim und seinesgleichen, wie er sagt, »der Ort überhaupt in Deutschland«. In ihrer Vorstellung imaginierte sich die Alternativszene Kreuzberg zum ersten Mal als »U-Topos« im Wortsinn: als Ort, wo es sich besser leben läßt, wo Wünsche Realität geworden und Hoffnungen erfüllt sind.

Der alternativen Generation lieferte das Raumbild Kreuzberg damit den passenden Entwurf für ihre eigenen Zukunftsvisionen: Ein Leben jenseits bundesrepublikanischer Normen und Gesetzmäßigkeiten, die räumliche Materialisation ihrer Vorstellung vom Ausstieg aus dem Modell Deutschland – und zugleich ein Laboratorium, das allerhand Freiheit und Chancen für Alternativen bot. Damit wurde an das Bild der sechziger Jahre angeknüpft: Kreuzberg bleibt Aussteigertraum und -destination; so, wie sich mit dem Bezirk in den sechziger Jahren das Bild der gesellschaftskritischen, eigenwilligen Bohème verbunden hatte, so verknüpft sich mit dem Stadtteil in den siebziger Jahren das Bild vom alternativen Lebensraum. In beiden Fällen aber ist Kreuzberg anders, räumlich und sozial bildete der Bezirk ein Abseits vom bürgerlichen Durchschnittsleben.

---

34 Diese Struktur bildet sich noch heute im Stadtteil ab: Vgl. z.B. Stattbuch Berlin 1989 oder Kunstamt Kreuzberg 1990. Beide Bücher lesen sich als eine Art alternatives Branchenverzeichnis, letzteres mit dem Schwerpunkt Kultur.

Der Begriff »besetzt« bezeichnete also weit mehr als die (widerrechtliche) Aneignung von Wohnraum; er ist die Chiffre, welche eine sowohl ideelle als auch
räumliche Inbesitznahme des andersartigen Stadtteils signalisierte, notfalls auch
entgegen legaler Eigentumsverhältnisse, und so schlug die große Stunde der
»Instandbesetzer«: Am 3. Februar 1979 besetzte die Bürgerinitiative SO 36 in
der Lübbener Straße 3 und in der Görlitzer Str. 74 zwei Wohnungen der senats-
eigenen Wohnungsbaugesellschaft BeWoGe – und lieferte damit den Stoff, aus
dem fortan die Kreuzberger Träume gesponnen werden sollten.[35]

Diese beiden Besetzungen waren zunächst als symbolischer Akt gedacht;
nachdem sich die Bürgerinitiative SO 36 bereits seit längerem – allerdings ohne
Erfolg – für die Modernisierung und Vermietung der beiden Objekte eingesetzt
hatte, wollte man Aufmerksamkeit und Unterstützung bei der Öffentlichkeit er-
regen. Was auch gelungen ist: Durch die Sanierungspolitik der vergangenen
Jahre war die Bevölkerung skeptisch gegenüber Hauseigentümern und
Wohungsbaugesellschaften geworden, daher hatte die Besetzung in der Presse
ein durchweg positives Echo. Vor allem aber fand das Vorbild zahlreiche Nach-
ahmer. Im Juni 1981 waren in Berlin 165 Häuser besetzt; mit 86 Häusern lag
Kreuzberg eindeutig an der Spitze (gefolgt von Schöneberg mit 32 und Charlottenburg mit 12 Häusern).[36] Anfänglich reagierte der Senat auf die Besetzungen mit Duldung (die sogenannte »weiche Linie«). Hausbesetzungen waren
zwar illegal, galten aber dennoch als legitim; immerhin wurden die zerfallenden
Häuser durch ihre neuen Bewohner instandgesetzt, zudem mußte auch der Senat politische Fehler in der Sanierungs- und Wohnungspolitik einräumen.

Doch im Dezember 1980 begannen die Krawalle. Einige Aktivisten wollten
das Fraenkelufer 48 besetzen, wurden aber durch die Polizei daran gehindert;
wenig später kam es auf der Kottbusser Brücke und am Kottbusser Tor erneut
zu heftigen Auseinandersetzungen zwischen Besetzern und Polizei, worauf
letztere mit zahlreichen Verhaftungen reagierte. Auf seiten der Aktivisten war
nun an Verhandlungen über die Legalisierung anderer besetzer Häuser nicht

---

35 Zwar hatten auch zuvor schon vereinzelt Häuserbesetzungen in Kreuzberg stattgefunden – z.B. 1970 das Georg-von-Rauch-Haus am Mariannenplatz bzw. 1977 die alte
   Feuerwache in der Reichenberger Straße – doch die große Welle der Instandbesetzun-
   gen begann mit den beiden Besetzungen in der Lübbener und Görlitzer Straße.
36 Tagesspiegel 12.06.1981.

»Besetzt!« *Quelle*: Wolfgang Krolow

mehr zu denken. Bevor man sich wieder gemeinsam mit dem Senat an einen Tisch setzen würde, müßten die Inhaftierten freigelassen werden: »Keine Verhandlungen, bevor nicht die Leute aus dem Knast raus sind« lautete die Forderung.[37] Im Dezember 1980 und im Januar 1981 kam es daher zu zahlreichen Demonstrationen, auf denen die Freilassung der Häftlinge gefordert wurde und die immer wieder zu heftigen Auseinandersetzungen mit der Polizei führten.

Zugleich war damit eine Spaltung der Besetzerbewegung geschaffen worden: Während sich die einen gegenüber jeglichen Verhandlungen verweigerten, waren die anderen, trotz der Inhaftierungen und trotz des nun rigoroser werdenden Vorgehens der Polizei, zu Gesprächen mit dem Senat bzw. mit den Eigentümern bereit. Schließlich war eine Legalisierung der Häuser nur so, mit Kompromissen und Zugeständnissen beider Fraktionen, möglich.

Im Sommer 1983 wurde die Cuvrystraße 25 als erstes Haus legalisiert. Das Bezirksamt schloß mit den Besetzern einen Erbpachtsvertrag ab. Darauf folgten die Legalisierung der Görlitzer Straße 39, der Liegnitzer Straße 7 und 5 und vieler anderer Häuser.

Das Chaos

Die Zeitungen der Jahre 1980/81 sind voll mit Berichten und Reportagen über die Häuserbesetzungen. 44 von 63 Artikeln, die meiner Analyse für diesen Zeitabschnitt zugrunde lagen, machten sie zum Thema und repräsentierten zugleich jenes Vorstellungsbild des Stadtteils, das diesen nachhaltig zum Ort der Randseiter und Aussteiger jenseits der bundesrepublikanischen Normalität stempelte.

Bereits die Schlüsselbegriffe der Artikel im Dezember 1980 bzw. Januar 1981 sind vielsagend: »Straßenschlacht« und »Straßenkampf«, »Chaoten« und »Krawall« lauten die wiederkehrenden Begrifflichkeiten und Motive, die den Stadtteil außer Rand und Band präsentierten. »Hausbesetzer *warfen Steine* auf parkende Autos. (...) Hausbesetzer *randalierten* nachts in der Oranienstraße 44 (Kreuzberg). Aus dem dritten Stock *warfen* sie *Steine* auf die Straße und *demolierten* dabei rund 15 parkende Autos. Die Polizei konnte das Haus nicht räumen – die Aufgänge waren durch Stahltüren *verrammelt*.« »Die Hausbesetzer *drohen* mit *Feuersturm* in Berlin«. »Nach der *Schlacht* (...) 300 Scheiben zu Bruch, 67 Autos kaputt«. »Die Weihnachtsfeier hatte gerade begonnen – da

---

37 Vgl. Laurisch 1981, S.161.

flogen die ersten Pflastersteine (...) Sonnabend mittag. Taxifahrt zur Kreuzberger Admiralbrücke. ›Wollen Sie sich das Theater ansehen?‹ fragt der Fahrer und schaltet die Uhr ein. ›Komisch, daß wir ohne *Krieg* nicht leben können. Und wenn wir ihn alleine machen.‹« »*Barrikaden* auf den Straßen und *geplünderte Geschäfte*. Bilanz der Kreuzberger Straßenschlacht – 57 Festnahmen. (...) Polizeipräsident Klaus Hübner (...) sprach von einem ›*Riesenchaos*‹, das sich in Kreuzberg entladen habe.«[38]

Begriffe wie »Barrikaden« oder »verrammelt« legen zum einen nahe, daß sich da in Kreuzberg eine Sozietät zusammengerauft habe, die sich gegenüber den anderen, draußen und jenseits der Barrikaden, hermetisch abzuriegeln gedenkt. Zugleich suggerieren Formulierungen wie »Riesenchaos« und »Plünderungen«, »demolieren« und »randalieren«, daß hinter den Barrikaden eine unkontrollierbare Masse wütet, die sich längst nicht mehr an Ordnung und Pflicht orientiert. Im Gegenteil: Sie zieht gegenüber den Ordnungsinstanzen des Staats in den »Krieg« und setzt zur »Schlacht« mit »Feuersturm« und »Katapultgeschossen« an. Entsprechend zitiert die »Berliner Morgenpost« den damaligen sicherheitspolitischen Sprecher der CDU-Fraktion: Er besitze Informationen, daß »kriegsmäßig-logistische Vorbereitungen für eine groß angelegte bewaffnete Offensive« der Hausbesetzer getroffen würden. Man habe »Erkenntnisse, daß ein bestimmtes Gebiet in Kreuzberg abgeschottet und zum alleinigen Herrschaftsgebiet der Besetzer« gemacht werden soll (Morgenpost 30.10.1980).

Derartige Berichte machten ihre Leser glauben: In Kreuzberg ist etwas aus den Fugen geraten, hier hat man es mit einem Gebiet zu tun, in dem Demokratie und Rechtsstaatlichkeit der Lage nicht mehr Herr werden. Statt dessen herrscht das Chaos. Gleichzeitig forcierten solche Repräsentationen die Frontenbildung zwischen Kreuzberg und dem Berliner bzw. bundesrepublikanischen Rest. Die »Barrikaden« funktionierten also auch in einem übertragenen Sinn: Als Grenzziehung zwischen dem anarchischen Volksstamm der Kreuzberger und den braven Bürgern. Schließlich klingt in Formulierungen wie »Straßenschlacht«, »Terror« und »Chaoten« Bedrohlichkeit an – und um so mehr mußte dieses kritische Potential, wo man ihm schon nicht mehr Einhalt gebieten konnte, verbannt und umzäunt werden.

Diese Grenzziehung wurde durch das Bild von Kreuzberg als »alleinigem Herrschaftsgebiet der Besetzer« auf die Spitze getrieben. Und zwar insbeson-

38 B.Z. 12.12.1980; B.Z. 16.12.1980; Bild 17.12.1980; Morgenpost 19.12.1980; Tagesspiegel 14.12.1980, Hervorhebungen B.L.

dere von einer ambitionierten Berichterstattung, die nach Hintergründen und Motivationen für die Geschehnisse in Kreuzberg fragte. Kreuzberg, hieß es immer wieder, sei eine »selbstgeschaffene Republik«, eine »jenseits der Eltern- und Staatskultur (gegründete) eigene Republik«, »ein freies Land im unfreien Staat«, wo die Häuser zu »Festungen« ausgebaut sind und die Bewohner einem »nicht genau georteten Geheimsender ›Radio Utopia‹« lauschen.[39]

Explizit werden die in Kreuzberg ansässig gewordenen Bevölkerungsgruppen in diesen Reportagen in ein gesellschaftliches Abseits gestellt. Über das sprachliche Mittel der Gegenüberstellung – hier Eltern und Staat – dort Emanzipation in Kreuzberg, hier unfreier Staat – dort Freiheit und Laissez faire, hier der eintönige Rhythmus der Realität – dort der schrille Sound von Radio »Utopia« – wird Kreuzberg nicht nur räumlich, sondern auch sozial marginalisiert. Diskursiv wurde eine Grenze gezogen; eine Grenze, die weit weniger den geographisch zu bestimmenden Bezirk markierte, sondern sehr viel mehr die darin lebende Bevölkerung. Nicht zwischen Kreuzberg und den anderen Bezirken Berlins (bzw. Westdeutschland), sondern zwischen ›denen‹ und ›uns‹, zwischen ›chaotisch‹ und ›normal‹ verlief die Demarkationslinie.

In einem Artikel aus der FAZ vom 21.02.1981 wird dieser Mechanismus noch einmal deutlich. Der Artikel beginnt mit einem Feature, das Kreuzberg wie folgt beschreibt: Im Winter bricht über Kreuzberg »schon am frühen Abend eine Trostlosigkeit herein, als habe es nie ein Ende des Jahres 1947 gegeben (...). Zwischen den dunklen Häuserwällen, in die Nebenstraßen, die offenen Verfall anzeigen, durch die Tore zu den Hinterhöfen, hinter denen man nur mehr aufgetürmter Schuttwüsten gewahr wird, huschen – nie vereinzelt – Menschen, Erwachsene, bestrebt, schnell ihr Ziel zu erreichen; Kinder bisweilen zögernd, sich umschauend, und dann wie gehetzt, in einer Angst, die die viel zu großen Augen verraten.«

Deutlich werden hier durch eine an Bedrückung nicht zu überbieten Wortwahl unangenehme Assoziationsketten generiert: »Trostlosigkeit«, »dunkel«, »offener Verfall«, »Schuttwüsten«, »Angst« (»nie vereinzelt«!) und Beklemmung (der Autor verspürt »einen Kloß im Hals«). Damit wird einerseits an das beschriebene Vorstellungsbild vom chaotischen, furchteinflößenden Stadtbezirk angeknüpft. Zugleich, so die Meinung des Autors, bietet diese Trostlosigkeit aber die passende Kulisse für Deutschlands Außenseiter und Aussteiger, Nein-Sager und (Kriegsdienst-)Verweigerer. Hier, in SO 36, führen sie »durch

---

39 FAZ 27.01.1981; Volksblatt 23.08.1981; FAZ 21.02.1981; B.Z. 15.01.1981.

Polizisten versuchen, in ein besetztes Haus einzudringen. *Quelle*: Wolfgang Krolow

und durch ein Eigenleben, das sich mit Verbitterung gegen jedes Draußen abgrenzt«. »Sie sind draußen«, sie »wollen mit Staat und Gesellschaft (...) nichts zu tun haben« und »ihre Motive sind dabei nicht politischer und nicht im üblichen Sinn moralischer Natur. Was sie treibt ist Lebenswille als Wille, nicht dazuzugehören.«

Wie schon in den sechziger Jahren wird eine klare Verbindung zwischen räumlicher Umwelt und sozialem Leben in Kreuzberg hergestellt. Stadtteil und Stadtteilbevölkerung, Ambiente und Ambitionen der Bewohner harmonierten aufs Trefflichste und gingen eine Bindung miteinander ein: Der Bezirk wurde und die darin ansässig gewordene Wahlbevölkerung hat aufgegeben. Kreuzberg wurde zum Sammelbecken aller Dropouts und Outsider deklariert.

Mit der deutlichen Betonung des Aufgegeben-Seins bzw. Aufgegeben-Habens und der damit einhergehenden Isolation hat die Berichterstattung jenen Prozeß forciert, den zu beschreiben sie eigentlich angetreten war: Indem wiederholt das Abgeschieden- und Anders-Sein Kreuzbergs akzentuiert wurde, arbeiteten diese gesellschaftlichen Redeweisen der zunehmenden Marginalisierung des Bezirks in die Hand – »Aussteiger«, die »Draußen« in »Festungen«

ihr »Eigenleben« in der »eigenen Republik«, »jenseits« von Eltern- und Staats-kultur leben. In derartigen Begrifflichkeiten, die fraglos von Drinnen-Draußen, Wir-Ihr Konstellationen ausgehen, wurde die angeblich bereits bestehende Grenze zwischen drinnen und draußen erst eigentlich gezogen.

Immer mehr wurde der Stadtteil exterritorialisiert, immer stärker wurde der Eindruck vermittelt, man habe es mit einem sowohl trostlosen als auch von der Norm weit abgeschlagenen Gebiet zu tun. War der Bezirk durch seine Lage ohnehin schon Randgebiet, war er durch die Sanierungspraxis ohnehin bereits seit Jahren dem Verfall preisgegeben, geriet er durch derartige Repräsentationen vollends ins Aus. Kreuzberg lag fortan zwar noch innerhalb der Grenzen West-Berlins bzw. der Bundesrepublik, gehörte aber trotzdem nicht mehr dazu.

Dieses Gefühl, daß man in Kreuzberg hinter einer imaginären Demarkati-onslinie lebt, hat sich auch unter den Bewohnern verbreitet. So erklärte mir eine meiner Gesprächspartnerinnen, man merke immer erst »wenn man draußen ist, was hier (in Kreuzberg, B.L.) anders ist«[40]. Und Tanja antwortet auf meine Frage, wo sie sich in ihrer Freizeit bevorzugt aufgehalten habe:

»Also es gab für mich keine festen Plätze. Was nur völlig feststand, das war: nicht aus Kreuzberg raus. Alles was aus Kreuzberg raus war, Neukölln oder so, das war für mich tief-stes Fremdland.«[41]

Die »Drinnen« und »Draußen«-Opposition funktionierte damit aus beiden Per-spektiven: Stellte sich Kreuzberg aus Sicht der Bürgerlichen als außerhalb der bundesrepublikanischen Normalität dar, sah sich die Alternative Szene inner-halb eines geschützten Binnenraumes – jenseits der Bezirksgrenzen war das feindliche »Draußen«. Kreuzberg – den einen Dorn im Auge, den anderen »der einzig mögliche Ort, die einzig lebbare Wirklichkeit.«[42] Für all jene, die sich durch die Vorstellung eines gesellschaftlichen Abseits angezogen fühlten, die sich aus den unterschiedlichsten Gründen in der bundesrepublikanischen Nor-

---

40 Heike kommt ursprünglich aus Stuttgart. Nach einem längeren Aufenthalt im Ausland fühlte sie sich dort nicht mehr wohl, weil sie das »interkulturelle Flair« vermißte, und so ist sie nach Berlin-Kreuzberg gezogen. Seit drei Jahren lebt Heike in einer Wagen-burg. Sie studiert Pädagogik und Psychologie und ist 29 Jahre alt.

41 Tanja ist 29 Jahre alt, alleinerziehende Mutter von drei Kindern und lebt von Sozialhil-fe. Mit 17 (1982) kam sie nach Kreuzberg, wo sie zusammen mit vier anderen in einem besetzten Haus gelebt hat, das später legalisiert wurde. Tanja wird im nächsten Kapitel ausführlich porträtiert.

42 Hilaire 1991, S. 11.

malität nicht aufgehoben fühlten, wurde Kreuzberg zum Mekka. »Alle hat's nach Kreuzberg gezogen. Das war automatisch irgendwie«, erklärte mir Tanja, die 1982 nach Kreuzberg gezogen war.

Public Relations

Selbst wenn Kreuzberg weder zu diesem noch zu irgendeinem späteren Zeitpunkt jene nach außen hermetisch abgeriegelte und homogene Aussteigergemeinschaft beherbergte, spiegelt das Bild doch die damals dominante Wunschvorstellung vieler auch aus der Alternativszene wider. Die mediale Repräsentation Kreuzbergs im Sinne eines Randbezirks, dessen Population sich kritisch und protestierend gegenüber dem ›Draußen‹ zur Wehr setzte und drinnen andere Lebensformen praktizierte, deckte sich mit deren Selbstverständnis, ja, gerade die Akteure der Alternativszene wirkten am Image Kreuzbergs tatkräftig mit. Neben der Medienberichterstattung über die Häuserbesetzungen bildeten die (Selbst-)Repräsentationen aus dem alternativen Spektrum die zweite wichtige Diskursformation, die den Mythos Kreuzberg, die Utopie des ›anderen Lebens an einem andersartigen Ort‹ mitgeneriert hat. Getrieben von ihrem Wunsch, hier in Kreuzberg einen Gegenentwurf zum »Modell Deutschland« zu verwirklichen, wurden sie nicht müde, Stimmung für ihr Projekt zu machen. Autoren und Fotografen, Liedermacher und Initiatoren alternativer Stadtrundfahrten – sie alle lenkten den Blick auf das andere Berlin und prägten so gemeinsam die Vorstellung vom eigensinnigen Stadtteil. In Kreuzberg wurde eine Werbekampagne lanciert.

Besonders deutlich wird dies, wenn man sich ›alternative‹ Reiseführer ansieht, die ihren Lesern das »anders« bzw. »Richtig reisen« durch Berlin nahebringen wollen. Im Unterschied zu traditionellen Reiseführern – etwa »Baedekers Berlin« – lautet ihr dezidiertes Ziel, das weniger offizielle, alltägliche Berlin vorzustellen. Im Rahmen dieser Bücher durfte Kreuzberg nicht fehlen, weil es sich als Kontrastkurs zum normalen Touristenprogramm mit Ku'damm, Brandenburger Tor und Charlottenburger Schloß vorführen ließ. Während »Baedekers Berlin« den Stadtteil wie alle anderen Bezirke relativ nüchtern mit Zahlen, Daten und historischen Sehenswürdigkeiten vorführt, versuchen »Anders Reisen« und »Richtig Reisen« ein plastisches Bild des kurios-spannenden Stadtteils zu zeichnen. Da sich diese Art Reiseführer gezielt und bewußt an eine bestimmte Leserschaft – namentlich die westdeutsche ›Szene‹ – und deren spezielle Interessen richtet, dürfte hier der Mechanismus aus Repräsentation und Rezeption, aus Image und Zuzug besonders nachhaltig zur Wirkung gekommen sein.

Der 1980 erstmals erschienene Reiseführer »Anders Reisen« liefert davon Zeugnis. Neben acht anderen »Touren« durch Berlin wird auch Kreuzberg und zwar unter der Überschrift »1 Berlin-Kreuzberg – Ein Kudamm-Kontrastkurs« präsentiert. Bereits im Titel wird damit das Anders-Sein des Stadtteils akzentuiert, und daran ändert sich auch im weiteren Verlauf des Kapitels nichts. So heißt es im einleitenden Absatz: Kreuzberg sei »Heimat für zwanzig Prozent aller »Zitty«[43]-Leser oder 1 Berlin-Freakland. Proletarier, Türken, Freaks – in Kreuzberg leben sie besonders konzentriert nebeneinander.« Deutlicher könnte die Repräsentation des Stadtteils als Ort der Randseiter und Aussteiger kaum ausfallen: Aus »1 Berlin-Kreuzberg« wurde »1 Berlin-Freakland«, Kreuzberg und Freakland scheinen also austauschbar zu sein, zumindest aber ist Kreuzberg Ort und Lebensraum Nummer eins für alle »Freaks«. Außerdem wird auf die Besonderheit der Kreuzberger Bevölkerung abgehoben: Neben Aussteigern leben hier Türken und Arbeiter, also Bevölkerungsgruppen, die sich durch ihre nicht-hegemoniale Stellung in der Bundesrepublik charakterisieren.

Doch »Kudamm-Kontrastkurs« bezeichnet nicht nur eine soziale, sondern auch eine kulturelle Differenz. Wer sich für Kreuzberg interessiert, so die implizite Annahme und das darauf basierende Angebot des Reiseführers, interessiert sich zuglich für Sub- bzw. Soziokultur: Erwänt und beschrieben werden der Mieterladen am Chamissoplatz, die Friesenbuchhandlung, wo man sich »weiterführende Informationen über die Auseinandersetzungen im Kiez beschaffen« kann, die Bergmannstraße mit »Trödel en masse!«, das »Max und Moritz«, ein »kollektiv geführter Scenetreff« in der Oranienstraße, der Verein SO 36 und das »Midgard«, eine »Scenekneipe, die seit 1979 vielfältige alternativkulturelle Aktivitäten in ihrem Theatersaal im Hinterhaus (Fabriketage!) entfaltet«.

---

43 Eines der beiden Berliner Stadtmagazine, in dem neben dem täglichen Veranstaltungskalender – mit Kino, Theater, Ausstellungen, Konzerten, Vorträgen, Flohmärkten usw. – vor allem Kleinanzeigen – Wohnungen, Reisen, Freizeit, Jobs, Tauschbörse, Kontakte – abgedruckt sind. Außerdem erscheinen in der »Zitty« regelmäßig Berlin-spezifische Reportagen, Theater- und Kinobesprechungen. Die »Zitty« erscheint 14tätig und ist neben dem »Tip« das wichtigste Stadtmagazin Berlins.

Der Reiseführer richtet sich im übrigen nicht nur hinsichtlich seiner Inhalte, sondern auch stilistisch eindeutig an die junge Alternativszene: Er ist im Vokativ geschrieben, d.h. man geht von einer Gemeinschaft Gleichgesinnter aus, mit denen man auf Du und Du steht. Das liest sich dann so: »Die Bergmannstraße solltet ihr euch nicht entgehen lassen. (...) Gut wäre nur, wenn ihr es schafft, irgendwie beim Planufer (am Urbanhafen) anzukommen. (...) Paul-Lincke-Ufer; Heimat wichtiger Berliner Rockgruppen (in den Kneipen am Ufer Näheres herausfinden!)«[44].

Von mir zu dir werden im Vertrauen Tips gegeben, Adressen genannt und einschlägige Institutionen der Alternativszene vorgestellt. Damit soll nicht nur Interesse für den Bezirk geschaffen werden, vielmehr suggerieren Form und Inhalt auch eine Art Komplizenschaft, die Autor und Leser miteinander verbindet. »1 Berlin-Freakland« ist eben die erste Adresse für Freaks, ein Dorado, ja fast schon ein Muß für all jene, die hier dazu dazugehören und dort auf keinen Fall Mitglieder sein wollen: Für »uns« und »euch«, die wir – im Gegensatz zum Rest – gemeinsam »1 Berlin-Freakland« repräsentieren.

Im Unterschied zu »Anders reisen« richtet sich der DuMont-Führer »Richtig reisen« weniger an eine Leserschaft, die sich selbst der Szene zurechnet, sondern an die linksintellektulle bürgerliche Mittelschicht. Im Feature der zweiten Ausgabe von 1983 heißt es über den Stadtteil: »Der Tourist, der Berlin kennenlernen will mit seinen Abgründen, Nöten und Idyllen, muß selbstverständlich Kreuzberg sehen. Wie im Brennspiegel zeigen sich hier die Probleme der Stadt auf kleinem Raum: Wohnungsnot, Häuserbesetzungen, Sanierung, Jugendprotest, Armut, Aufruhr, Underground und auch ein Stück Altberliner Schönheit, neuerdings farbenfrisch restauriert. (...) Die Hochbahn in diese Richtung heißt ›Orientexpress‹. Es wohnt hier alles durcheinander: Künstler, Ausgeflippte, Studenten, Revoluzzer, Arbeiter, Krawallbrüder, Kleinbürger, Punks, Gewerbetreibende und viele Rentner. Brave HausInstandbesetzer und weniger brave Berufs-Chaoten.«[45] Auf dieses Feature folgen dann die üblichen Sehenswürdigkeiten des Stadtteils: An erster Stelle Schinkels Nationaldenkmal auf dem Kreuzberg, dann die Oranienstraße, Riehmers Hofgarten, der Chamissoplatz, das Maybachufer, die Adalbertstraße, Theater und Veranstaltungsorte.

Was die politisch korrekte Zielgruppe des »DuMont Richtig reisen« an Kreuzberg interessiert, ist die Teilnahme an den Problemen der sozialen Rand-

---

44 Anders reisen 1982, S. 193f.
45 DuMont. Richtig reisen 1983, S. 88f.

seiter im Kontext ihrer Lebenswelt: »die Probleme der Stadt auf kleinem Raum: Wohnungsnot, Häuserbesetzungen, Sanierung, Jugendprotest, Armut, Aufruhr«. Dies sind zugleich – nebst Riehmers Hofgarten und dem Schinkeldenkmal – die eigentlichen ›Wahrzeichen‹ des Stadtteils. Deutlich wird also an das Bild vom ghettoisierten Krawall- und Chaotenbezirk angeknüpft; allerdings mit einem etwas anderen Akzent: Nicht meiden, sondern selbst erleben, lautet die Devise; um die Probleme soll und darf kein Umweg gemacht werden, vielmehr führt der Weg durch Berlin nicht an Kreuzberg vorbei: Wer Berlins Abgründe und Nöte kennenlernen will, »*muß* selbstverständlich Kreuzberg sehen«. Mit diesen Worten wird bei aufgeschlossenen Berlinreisenden mit dem Problembezirk Kreuzberg geworben. – Im Gegensatz zu »anders reisen« wirkt die Repräsentation zwar nicht verlockend und anziehend im Sinne eines dauerhaften Aufenthalts, aber für eine kurze Stippvisite bietet Kreuzberg ein richtig spannendes Programm.

Der Traum vom freien Raum

1979 erschien in der Zeitschrift »Pardon« eine Reportage über die »Kreuzberger Macher«, namentlich die in Kreuzberg ansässig gewordene »Künstler-Szene«, die »ganz und gar nicht in den gewohnten deutschen Kulturbetrieb paßt«, wie es im Lead der Reportage hieß. Derlei Gegenüberstellungen und Gegensätze finden sich wiederholt innerhalb des Textes: »Die Atmosphäre ist ungezwungen wie nirgends in Deutschland«. Es gibt »noch viele andere Leute in Berlin, die gute Sachen machen. In den seltensten Fällen findet man sie im etablierten Kultur-Betrieb. In Kreuzberg um so öfter.« (Pardon 1/1979)
  Gewohnt, etabliert, Deutschland – alles im Gegensatz zu Kreuzberg. Durch diese auf der syntagmatischen Ebene hergestellte Opposition bildet Kreuzberg zugleich auf der paradigmatischen Ebene die Summe aller Assoziationen, die sich im Kontrast zu »etabliert«, »Deutschland«, »gewohnt« etc. einstellen. Insgesamt kommunizierte der Artikel die Botschaft: Wer sich in geradlinige Norm nicht einfügen kann oder will, wer unkonventionelle Kunst produziert und dafür einen Entfaltungsraum sucht, der komme nach SO 36, denn kein anderer Ort in Deutschland ist so ungezwungen und ausgefallen, und kein anderer Ort in Deutschland bietet so vielfältige Möglichkeiten und Chancen für junge Kreative.
  In der Reportage sind die Kreuzberger Macher allerdings nicht nur Thema,

sie kommen auch selbst zu Wort. Claudia Skoda etwa, Modemacherin in der Zossener Straße, sagt über Kreuzberg damals: »Kreuzberg ist kein steriler Villenvorort, hier ist nichts begradigt. Man ist hier so, wie man ist. Die Leute haben sich eine enorme Toleranz angewöhnt. Kreuzberg ist unerhört vielfältig, das schafft ein entspanntes Klima«.

1994 dagegen beteuert Claudia Skoda, inzwischen ein paar Jahre gealtert, gegenüber dem Stadtmagazin »Tip«: »Nie wieder Kreuzberg« – und nennt in einem Atemzug ihr neues Dorado, das Scheunenviertel in Berlin-Mitte. »Dem Trend«, weiß Tip, muß sie, die Skoda, »nicht hinterherhecheln. Und trotzdem oder gerade deshalb ist sie von Kreuzberg nach Berlin-Mitte gezogen.« Denn dort, im Scheunenviertel, findet Skoda »wahre Brutstätten der Kreativität«, »Freiräume für Experimente«, während Kreuzberg nur noch Muff und Mief zu bieten habe (Tip 14/94).

Skoda ist damit Trendsetterin – nicht nur in der Modebranche. Heute wie vor 15 Jahren funktioniert(e) ihre und freilich auch noch anderer Leute Bewegung wie eine Wünschelrute, die – in den entsprechenden Postillen zielgruppenorientiert geschaltet – den richtigen Weg zum richtigen Ort zur richtigen Zeit weist. 1994 liegt dieser im Scheunenviertel, Ende der siebziger Jahre indes lag Kreuzberg im Trend.

Damit sind wir wieder in die Zeit der Häuserbesetzungen, Anfang der achtziger Jahre, zurückgekehrt. Die 1980/81 aus der Außenperspektive eines distanzierten Betrachters verfaßten Artikel über die Besetzer hatten die Vorstellung von Kreuzberg als gesellschaftlichem Exil ins Leben gerufen. Umgekehrt knüpften die Autoren, Interpreten und Publizisten der Alternativszene in ihren Selbstdarstellungen an dieses Bild an, sie perfektionierten es und füllten es aus ihrer Sicht mit Leben, wie bereits das Beispiel aus »Pardon« 1/79 gezeigt hat.

Einer, der den Traum eines gesellschaftspolitisch andersartigen Raumes aus der Perspektive der Hausbesetzerszene multipliziert hat, ist Wolfgang Krolow. Wolfgang Krolow ist 43 Jahre alt, lebt seit 1977 in Berlin-Kreuzberg und ist Fotograf. 1981 hat er das »Instandbesetzer Bilderbuch« sowie 1982 den Bildband »Seiltänze« veröffentlicht.[46] Im »Instandbesetzer Bilderbuch« sind Graffiti auf Häuserwänden, Parolen auf Demo-Transparenten, Flugblätter und Plakate, aber auch besetzte Häuser und Menschen in Kreuzberg abgebildet. »Abrißbirnen für den Knast« oder »Ohne Bullen kein Krawall« stand auf den Transparenten; Graffiti an Häuserwänden verkündeten: »Seid realistisch for-

---

46 Vgl. Instandbesetzer Bilderbuch 1981, Seiltänze 1982.

dert das Unmögliche« oder »Dies Haus ist unser Haus! Wir bleiben drin! Basta!«; mit bunter Farbe wurden Pflastersteine bemalt und Häuser dekoriert, mit Phantasie Objektensembles arrangiert (z.b. eine Schaufensterpuppe auf einem Balkon) und Wände dekoriert.

Das ganze »Instandbesetzer Bilderbuch« ist der Katalog einer gesammelten Gegenästhetik; es ist aber auch ein Zeitdokument, das die Befindlichkeit und die gesellschaftspolitische Überzeugung der Besetzerbewegung sinnfällig macht: »Gegen das Schweinesystem« (so Krolow im Interview), anders sein, anders leben, lautete die Devise, die hier vor allem ästhetisch vermittelt wurde. Der Bildband veranschaulicht den Glauben an eine Utopie, zumindest in Kreuzberg »allgemein linken Konsens« herstellen zu können (Krolow). Die vielen abgebildeten, bunten Besetzerhäuser, die zahlreichen Bilder von Demonstrationen und politischen Maximen zeigen in ihrer Ansammlung auch: Hier tut sich was, hier ist etwas in Bewegung, hier ist etwas möglich geworden, wovon wir bisher nur zu träumen wagten.

Etwas weniger politisch akzentuiert ist der Bildband »Seiltänze«. Dennoch transportiert auch dieser vor allem eine Botschaft: Dieser Stadtteil ist ›anders‹ und einzigartig – und so soll er auch bleiben. Oder, wie es in dem darin abgedruckten Essay von Peter-Paul Zahl und Rolf Hosfeld heißt: »Ich werde nicht wie die anderen, sagt Kreuzberg, meine Geliebte«.

Als ich ihn nach der Motivation für diese beiden Werke fragte, antwortete Wolfgang Krolow: »Also ich hab schon meine Liebe zu dem Bezirk hier ausdrücken wollen.« Eine Liebe, die sich bei ihm vor allem aus dem Widerstands-Potential Kreuzbergs speiste:

Es »war mein erklärtes Ziel, Widerstandskultur zu fördern.« Selber, wie er sagt »total integriert in der Politszene«, wollte er zunächst einmal nur »dokumentieren, was da alles passiert«: »Mieterbewegung«, »Häuserbesetzergeschichte«, »Alltagsleben« und »Arbeit«. »Für mich waren das einfach interessante Motive, die aber gleichzeitig auch etwas beitragen sollten zu Veränderung. Ich wollte Aufmerksamkeit darauf richten.«

Mit seinen Bildern ging Krolow an die Öffentlichkeit. Sie machten Stimmung und heizten an, sie unterstützten das Selbstbewußtsein der linken Politszene und verbreiteten die Hoffnung, der »allgemein linke Konsens« werde sich – zumindest in Kreuzberg – realisieren.

Ein anderes Beispiel dafür, wie das Selbstverständnis der damaligen Bewegung weitertransportiert und publik gemacht wurde, ist das Stück »K 36« der Kreuzberger Rockgruppe »Mekanik Destrükti w Komandöh (MDK)« aus dem

Jahr 1981: »Kreuzberg ist so wundervoll! Diese geilen Außenklos! Diese grauen Betonsilos! Wenn ich durch die Straßen geh und besetzte Häuser seh, (...) Fahnen wehn im Wind. Kreuzberg ist so wundervoll! Und die Leute aus dem besetzten Haus, die winken mir zum Fenster raus. Kreuzberg ist so wundervoll! Schmeißt die Bullen raus! Das ist unser Haus!«[47]

Kreuzberg wird hier als alleiniger Herrschaftsbereich der Besetzer beschrieben; nicht nur wird den staatlichen Ordnungskräften das Bleiberecht verwehrt (»Schmeißt die Bullen raus!«), auch haben die Instandbesetzer bereits ein symbolisches Zeichen für ihre Inbesitznahme des Bezirks gesetzt. Sie haben ihre Fahnen gehißt und damit Land erobert: Kreuzberg ist unser!

Populärer als die »Mekanik Destrükti w Komandöh (MDK)« waren die Songs und Texte der »Ton Steine Scherben«, über die ihr Bandleader Rio Reiser behauptet, sie hätten »Klang und Rang als die Band aus dem aufmüpfigen Kreuzberg« innegehabt.[48] Tatsächlich durften deren bekannteste Titel – »Keine Macht für Niemand« oder »Macht kaputt was euch kaputt macht« – auf keiner Veranstaltung fehlen. Derartige Stimmungsmacher, auf Demonstrationen oder bei Partys gespielt, wirkten wie Hymnen; sie erzeugten ein Gemeinschaftsgefühl und heizten ihre ›Mannschaft‹ an. Titel, Texte und Melodien produzierten und potenzierten das Bewußtsein einer kämpferischen, rebellischen Stadtteilguerilla mit dem Schlachtruf: »Der Kampf geht weiter« (Ton Steine Scherben). Gegen das Schweinesystem.

Der Traum vom Dorf in der Stadt

Neben den politisch engagierten Revolutionären gab es noch jene Aktivisten der neuen sozialen Bewegungen, die vor allem Wärme und Geborgenheit innerhalb einer ökologisch wie überhaupt intakten Lebenswelt erstrebten. Ihr Ziel war die Verwirklichung einer Art heilen Welt, die zwischen Landleben, dörflicher Lebenswelt und Kommune oszilliert. Ihr Wunsch lautete: »»Raus aus der Isolation der Mietshäuser, hin zu einem Leben in Hausgemeinschaften, wo wir wirklich was miteinander aufbauen, wo wir unseren Lebenszusammenhang

---

47 Der Titel der Kassette lautet: »Der Weg zum Frieden« und ist 1981 bei »Stechapfel Verlag und Produktion GmbH« in Kreuzberg SO 36, in der Görlitzer Straße 74 veröffentlicht worden.
48 Reiser 1994, S. 222.

selber bestimmen und gestalten.‹«»›Der Kiez soll wieder leben. Hausgemeinschaft wird für uns dann wieder erfahrbar, und wenn ich durch die Straßen laufe, will ich die Nachbarn kennen, auch die Frau, die beim Bäcker oder Fleischer hinterm Ladentisch steht.‹ So wie Carola denken viele.«[49]

»Miteinander«, »Gemeinschaft«, »Zusammenhang«, »Kiez« – all diese Begrifflichkeiten sind mit ›Wärme‹ und ›Geborgenheit‹ im Gegensatz zur angrenzenden Kälte und Anonymität der Großstadt konnotiert. Vertrautheit und Solidarität innerhalb des Viertels wird der Entfremdung und Vereinzelung im Moloch Stadt gegenübergestellt. Es ging damit auch um eine Art dörfliches Leben in der Lebenswelt Stadt mit einem hohen Maß an Vertrautheit, wo jeder jeden kennt, wo man sich auf dem »Dorfplatz« beim »Tratsch« begegnet.[50]

Ein wichtiger Promoter dieses ›Projekts‹ war der bereits mehrfach zitierte Joachim Berger. Joachim hat »so um 1980 rum« (genau kann er sich nicht mehr erinnern, und das Erscheinungsjahr der Erstausgabe ist in der inzwischen mehrfach neu aufgelegten Ausgabe nicht vermerkt) ein »Kreuzberger Wanderbuch« geschrieben und darin »Wege ins widerborstige Berlin« gewiesen.[51] Erklärtes Ziel seines Wanderbuches war es, ein Buch über Kreuzberg zu schreiben, das Interesse für den Stadtteil erzeugt. Er habe gehofft, daß man,

»wenn man sich in das Buch einliest, denkt, das ist 'ne tolle Gegend, da möchte ich öfters sein. Da möchte ich mich dafür interessieren. Und das möchte ich auch gegen die Angriffe der großindustriellen Gesellschaft verteidigen. (...) Es steckte halt die Intention dahinter, Leuten, die nach Kreuzberg kommen, egal jetzt ob Neuberliner oder Besucher, zu zeigen: das ist ein Stadtviertel, da tut sich was und es ist interessant, sich damit zu beschäftigen. Und zu gucken, ob man sich da irgendwie einklinken kann. (...) Im Grunde war es auch so 'ne Art Beschwörung. D.h. es möge so weitergehen.«

Es möge so weitergehen, vorangehen, voran in Richtung alternativer Zukunft. Diese Utopie, die nach Joachims Wunsch – und er steht stellvertretend für viele

---

49 Volksblatt 23.08.1981; Tagesspiegel 05.04.1981.

50 So wird, wie mir einer meiner Gesprächspartner erklärte, der Kreuzberger Heinrichplatz im Szene-Jargon genannt: »Der Heinrichplatz heißt sowieso Dorfplatz. Gehn wir auf'n Dorfplatz. Und sich den ganzen Tag den neusten Tratsch und Klatsch da um die Ohren hauen: ›Weeste schon da und weeste schon det und weeste schon von dem?‹«

51 So der (programmatische) Titel: »Kreuzberger Wanderbuch. Wege ins widerborstige Berlin.« Autor: Joachim Berger, Berlin o.J. Das Buch ist in 32 Kapitel mit dazugehörigen Spaziergängen zu Kreuzberger Sehenswürdigkeiten gegliedert. Die Spaziergänge präsentieren vor allem historische Informationen über die jeweilige Wegstrecke. Vorab gibt es eine Art Einführung und am Ende »Kreuzbergtips von A – Z«, die von »Alternativprojekten« über »Kinos« bis »Zoo« reichen.

andere – verwirklicht werden sollte, beschreibt er in seinem Wanderbuch mit folgenden Worten:»Mehringhof, Kerngehäuse, Kinderbauernhof.[52] Auf verborgenen Inseln wollen wir vor Anker gehen, wo die Bewohner begonnen haben, ihre Phantasien in den weißen Sand zu pflanzen. Sprießende Träume von einem Leben in Selbstbestimmung und Wärme.«[53]

Kreuzberg wird hier metaphorisch als »Insel« mit »weißem Sand« umschrieben, wo »Phantasien« und »Träume« nicht nur »sprießen«, sondern auch wachsen und gedeihen können. Aus dem sauberen, unberührten und »weißen Sand« konnte eine Art kindliche Strandburg, das Projekt ›Kreuzberg‹, modelliert werden. Kreuzberg bot die Chance, einen Lebensraum nach eigenen Vorstellungen zu schaffen: ein »warmes« Nest, basierend auf alternativ-ländlichen Kultur-, Lebens- und Arbeitsformen. Gleichzeitig liefert die Rede von der »Insel« Kreuzberg Zeugnis davon, daß der Stadtteil auch und gerade in den Mental Maps der Alternativszene irgendwo im exotischen Niemandsland verortet wurde. Kreuzberg: ein weißer Fleck auf der Landkarte, den zu besetzen sich die Alternativen der Achtundsiebziger-Generation zum Ziel setzten. Oder, wie es Joachim umschrieben hat: hier »wollen wir vor Anker gehen«, seßhaft und tätig werden.

No Future

Seit Anfang bis Mitte der achtziger Jahre tauchten in den Zeitungen vermehrt Artikel und Reportagen über Punks in Kreuzberg auf. Punk läßt sich sowohl als Protest gegenüber der Herkunftskultur als auch gegenüber der dominanten Kultur verstehen; d.h. in der Punkbewegung artikuliert sich das Aufbegehren

---

52 Der »Mehringhof« ist ein alternatives Zentrum in Kreuzberg; eine Erwachsenenschule, Theater, Kneipe, aber auch Werkstätten sind innerhalb des Komplexes integriert. Das »Kerngehäuse« war der erste großangelegte Versuch, kollektiv in einem Block zu wohnen und zu arbeiten – auch heute noch gibt es im »Kerngehäuse« Wohngemeinschaften, ein Taxi- und Handwerkerkollektiv, das Ratibortheater und das Büro für ungewöhnliche Maßnahmen. Schließlich der Kinderbauernhof: Er befindet sich auf einer Grünfläche Adalbert-, Ecke Mariannenstraße. Vor 1989 wirkliches Dead-End, mit Blick auf die Mauer, hatte sich dort eine Initiative etabliert, die mitten in der Stadt Hühner, Pferde, Ziegen und Gänse großzieht und damit vor allem den Kindern dörfliche Lebensstrukturen nahebringen wollte.

53 Berger o.J., S. 14f.

gegen gesellschaftliche Normen und Verhältnisse – und zwar in einer sinnlich wahrnehmbaren Form.[54]

Die Punks, deren Ideologie »no future« hieß und die diese in Form der Selbststilisierung sinnfällig machten, fanden im Rand- und Außenseiterbezirk Kreuzberg das passende Ambiente zum eigenen Ich-Entwurf. Einerseits bildeten Abbruchhäuser und Straßenschlachten das Passepartout zu deren Selbstpräsentation. Andererseits wurde durch den Zuzug nach Kreuzberg, das zu diesem Zeitpunkt längst als ›Enfant Terrible‹ bekannt war, die ablehnende Haltung gegenüber der Gesellschaft zusätzlich unterstrichen.

Umgekehrt fügten sich die Punks bestens in das Vorstellungsbild von Kreuzberg. Die Berliner Morgenpost bezeichnet die Punks deshalb als »Punkt auf dem i im Katalog der Schattenseiten des Bezirks«.[55] Und so fand die Presse in der Punk-Bewegung einmal mehr ein gefundenes Fressen für aufregende Schlagzeilen: »Berliner Punker lieferten Polizei eine Straßenschlacht«; »Punker belästigen Verkäufer und Kunden«; »Punker tobten durch Kreuzberg«. »Wie Spatzen auf der Stange sitzen fünf Punker zwischen zerknautschten Bierdosen auf der Gehsteigkante. Ereifert sich eine ältere Dame: ›Ihr sollet den Müll wegräumen, damit man nicht stolpert‹. Schon setzt es Kontra: ›Oma, spende lieber 'ne Mark oder mach 'ne Fliege.‹ So gestern am Kottbusser Tor beobachtet. Inzwischen ist die Situation so gespannt, daß viele Kunden aus Angst die nahegelegenen Geschäfte meiden.« Ähnlich wie berichtet der »Tagesspiegel«: Die »auf den Stufen des ›Neuen Kreuzberger Zentrums‹ lagernden Punker betteln Passanten ›recht massiv‹ an und schüchtern dabei besonders alte Menschen ein. Der Hausverwalter spricht von ›ekelhafter Wegelagerei‹. Die kahl- oder buntköpfigen Jugendlichen, so klagt ein Kaufmann, verrichteten in aller Öffentlichkeit ihre Notdurft, oftmals direkt vor den Geschäften.«[56]

Kreuzberg wird von unzivilisierten Rowdies beherrscht – brave Bürger jedenfalls wird hier das Fürchten gelehrt. Dieser Eindruck wird nicht nur durch die Beschreibung der Punks und deren Praktiken (Notdurft in der Öffentlichkeit; ekelhafte Wegelagerei, betteln, Bierkonsum etc.) nahegelegt; verstärkt wird er noch durch die Art, wie Punks und bürgerliche Kundschaft hier zueinander in Beziehung gesetzt werden: Es sind die Punks, welche die Alten, und

---

54 Vgl. Schwendter 1987.
55 Morgenpost 15.09.1982.
56 Welt 22.08.1982; Morgenpost 15.09.1982; B.Z. 10.01.1983; Morgenpost 15.09.1982; Tagesspiegel 23.09.1982.

Der Heinrichplatz in SO 36. *Quelle*: Wolfgang Krolow

das heißt die Alteingesessenen, vergraulen; es sind die Punks, die damit die Hegemonie über den angestammten Lebensraum alteingesessener Kreuzberger an sich reißen.

Feuer und Flamme für Kreuzberg

Den Höhe- und gleichsam Schlußpunkt des Vorstellungsbildes von Kreuzberg als Außenseiterenklave außer Rand und Band markierte die Berichterstattung rund um den 1. Mai 1987. Die gewaltvollen Auseinandersetzungen müssen im Kontext zweier zeitgeschichtlicher Ereignisse gesehen werden: Zum einen fand im selben Jahr bundesweit die Volkszählung statt, welche von Anfang an der Kritik der Linken ausgesetzt war. Staatliche Kontrolle, härtere Repressalien – das waren die Argumente, mit denen überall zum »Volkszählungsboykott« aufgefordert wurde: »Das Ziel ist die totale Überwachung aller und die Steuerung künftigen Verhaltens. Eine Grundvoraussetzung hierfür ist die lückenlose Erfassung aller Daten der Bevölkerung« heißt es zum Beispiel in einem Ratgeber zum Volkszählungsboykott.[57]

Am Morgen des 1. Mai durchsuchte die Polizei ohne Durchsuchungsbefehl das Büro der Berliner Volkszählungsgegner, welches im »Mehringhof« (einem alternativen Zentrum in Kreuzberg 61) lokalisiert war, und beschlagnahmte rund 300.000 Flugblätter zum Volkszählungsboykott. Bereits dies hätte wohl die linken und autonomen Gruppen in Kreuzberg in Aufruhr versetzt. Zudem fand am Vortag die große Eröffnungsfeier zum 750jährigen Bestehen Berlins im Congress Centrum statt. Auch diese Feierlichkeiten trafen auf wenig Verständnis bei den Kreuzberger Aktivisten. Ihre Argumente: Wo soziale Probleme tagtäglich wachsen, gibt es nichts zu feiern.

Insofern stand das alljährliche (und also keineswegs mit ›Berlin 750‹ im Zusammenhang stehende) Stadtteilfest auf dem Lausitzer Platz unter einem unguten Stern. Die hohe Polizeipräsenz vor Ort – der Berliner Senat witterte offenbar bereits Unruhen – tat ihr übriges, und als sich abends eine spontane Protestdemonstration gegen die Durchsuchung des Mehringhofs bildete, zögerte die Polizei nicht lange und ließ den Lausitzer Platz räumen. Damit war der Auftakt zum legendären 1. Mai 1987 gegeben: »Der Polizei gelang es zwar noch, das Fest aufzulösen, mit der anschließenden Gegenwehr, an der sich weit mehr

---

57 Rottmann 1986, S. 7.

Menschen beteiligten als es alle Beobachter von früheren Auseinandersetzungen her kannten, hat sie in diesem Ausmaß nicht gerechnet. Es dauert nicht lange, bis sich die Polizei zurückzieht« und bis die Plünderungen und Zerstörungen in SO 36 ihren Lauf nahmen.[58] Der entstandene Sachschaden wurde später auf ca. 15 Millionen Mark geschätzt, 36 Läden wurden geplündert und eine Filiale der Supermarktkette »Bolle« in der Wiener Straße ausgebrannt. Überraschend war vor allem, daß nahezu jede Bevölkerungsgruppe Kreuzbergs an diesem anarchischen Ausnahmezustand beteiligt war.

In die Berichterstattung über die Mai-Krawalle hat sich das prominent gewordene Bild von Kreuzberg deutlich eingeschrieben. Selbst wenn Sensationspresse und bürgerliche Printmedien sich sowohl im Duktus der Darstellung als auch in der Interpretation unterschieden, griffen doch beide auf bereits bekanntes ›Wissen‹ über Kreuzberg zurück; beide reproduzierten in ihrer Berichterstattung das Bild, das sie sich längst gemacht hatten: Im einen Fall ist dies das Bild des marginalisierten Stadtteils außer Rand und Band, in dem eine gefährliche Spezies Mensch das Sagen hat. Im anderen Fall multipliziert sich das Bild des Randbezirks, in dem die Dropouts sich zu einer homogenen Außenseitergemeinschaft vereint haben. Insofern lassen sich sämtliche Darstellungen als unterschiedliche Spielarten ein und desselben Mechanismus begreifen: Die zunehmende Marginalisierung und Exterritorialisierung, die in der Metapher des »gallischen Dorfes« ihren Höhepunkt erreichte und die in der Zementierung des Vorstellungsbildes von Kreuzberg als gesellschaftlichem Exil resultierte.

»Plünderer, Feuer. Es war wie im Krieg«; »Chaoten warfen Scheiben bei Bolle ein, dann stürmten sie den Laden, schleppten kistenweise die Waren weg – dann legten sie Feuer«; »Kreuzberg: Blutige Straßenschlacht. Chaoten plündern Geschäfte.«; »Die Terror-Nacht. 1000 Gewalttäter. 100 Verletzte. 36 Plünderungen. 35 Brände. 24 verhaftet. U-Bahn gestoppt. Feuerwehr behindert. Bolle ausgebrannt. 77 Polizeiwagen beschädigt. Nach einem Straßenfest auf dem Lausitzer Platz (veranstaltet von AL und SEW) rotteten sich über 600 Chaoten zusammen, errichteten Barrikaden aus Containern und Autos, zündeten sie an, empfingen Polizisten mit einem Steinhagel. Dann flogen die Steine in die Geschäfte, Chaoten plünderten die Läden. Die teilweise vermummten Chaoten lieferten sich mit rund 400 Polizisten eine blutige Straßenschlacht bis weit nach Mitternacht.«[59]

---

58 Verein SO 36 1990, S. 79.
59 B.Z. 04.05.1987; Bild 04.05.1987; Bild 02.05.1987.

Ganz im Tonfall der Sensationspresse liegt der Akzent dieser Artikel auf dem Außergewöhnlichen und Katastrophischen der Vorfälle in Kreuzberg. Anknüpfend an bereits bekannte Darstellungen des Bezirks wird deutlich gemacht: SO 36 ist immer noch gut für blutrünstige Headlines und Meldungen im Bereich der Superlative (»1000 Verletzte, 36 Plünderungen, 35 Brände ...«). In Kreuzberg herrschen immer noch Chaos und Terror; Struktur und Ordnung (auch legislative) sind anhaltend außer Gefecht. Und natürlich wird durch Nachrichten, die von »600 Chaoten« berichten, die sich »zusammenrotteten«, »Barrikaden errichteten« und sich mit der Polizei eine »blutige Straßenschlacht« lieferten wieder einmal das Bild von Kreuzberg verfestigt, das eine strikte Grenze zwischen Stadtteil und Stadt, Kreuzberg und dem Rest der Welt, ›ihnen‹ und ›uns‹ zieht.

Die Sensationspresse beschrieb, was sie sah, ohne nach etwaigen Beweggründen zu fragen, und sie gab wieder, was sie zu sehen glaubte: Unkontrollierbares, unmotiviertes Chaos als reine Freude an der Zerstörung und an der Gewalttätigkeit. Dagegen sahen ambitionierte Reportagen, deren Anliegen es war, nicht zur zu beschreiben, sondern zu verstehen, in den Kreuzberger Krawallen den Aufstand sozial Benachteiligter, die sich im Rahmen der 750-Jahr-Feier Berlins Gehör und Aufmerksamkeit zu verschaffen versuchten.

Charakteristisch für diese Deutung sind die Metaphern »Getto« und »Slum« sowie die außerordentlich häufigen Vergleiche mit »Belfast«, »Beirut«, »Brixton« und »Harlem«. »Belfast in Berlin«; »Nicht in Beirut oder Dublin war es, sondern in SO 36 – der Kiez brannte lichterloh.«; »SO 36 tritt, so fürchten viele, endgültig den Weg zum Getto an«; »Kreuzberg war Harlem.«[60]

Indem auf der syntagmatischen Ebene eine Parallele zwischen den unterdrückten (schwarzen) Minderheiten und der Kreuzberger Bevölkerung gezogen wird, werden Plünderungen und Zerstörungen, Krawall und Gewalt auch in SO 36 zum verständlichen Aufbegehren einer depravierten Minorität. Allerdings: Durch solche Vergleiche wird unterstellt, in Kreuzberg habe sich eine homogene, gleiche Interessen verfolgende Sozietät angesiedelt. Da diese sich in SO 36 schwerlich qua Religionszugehörigkeit oder Hautfarbe definieren läßt, bleibt nur die allen gemeinsame Lebensanschauung, welche Underdogs und Outsider miteinander verbindet. – Kreuzberg ist das räumliche Glaubensbekenntnis, nicht mehr zum bundesrepublikanischen Mainstream dazuzugehören.

---

60 Süddeutsche Zeitung 05.05.1987; Tip 11/87; Die Zeit 23.05.1987; Spiegel 20/1987.

Macht kaputt, was euch kaputt macht! *Quelle:* Wolfgang Krolow

Besonders deutlich wird dies in der Metapher vom »Gallischen Dorf«, welche zum ersten Mal in der »taz« verwendet wurde. In einer Glosse mit dem Titel »Die Helden vom Lausitzer Platz« hieß es: »Der ganze Lausitzer Platz ist Aufmarschgebiet der kriegsführenden Mächte. Der ganze Lausitzer Platz? Nein, ein von unbeugsamen Trinkern bevölkerter Freilufttresen ...« leistet dem Eindringling erfolgreich Widerstand. Und das Leben ist nicht leicht für die preußischen Politiker, die in den angrenzenden Stadtteilen Charlottenburg und Schöneberg regieren ...[61].

Eindeutiger könnte die Gegenüberstellung Kreuzberg – versus Deutschland nicht dargestellt werden: Kreuzberg als winzige Festung und letzte wehrhafte Enklave inmitten eines fremden Imperiums; die Bundesrepublik wird damit zu Feindesland erklärt, und zugleich erfährt der Stadtteil eine Aufwertung. Denn die Gallier sind ja rundum sympathische Protagonisten; sie sind nicht nur die cleveren und gewieften Widerstandskämpfer, die über Wunderwaffen wie »Zaubertrank« und »Hinkelsteine« verfügen, sie sind vor allem auch die ›Guten‹. Sie essen und trinken gern, und im Grunde wollen sie nur ihre Ruhe und Wildschweine jagen – okay und ab und zu ihren Spaß bei einer Rauferei mit den Römern haben. Der Kampf gegen die Römer geht allerdings nie von den Galliern aus, sondern ist lediglich Verteidigung gegenüber den hinterlistigen römischen Eindringlingen. Diese indes sind nicht nur korrupt und intrigant, in den Geschichten von Uderzo und Goszinny erscheinen sie immer auch etwas verblödet. Voilà: Kreuzberg, das ist das uns allen sympathische, widerständige Viertel; in ihm finden die sozial Unterdrückten ihren Platz, sie, die aus der Gesellschaft ausgeschlossen und ausgegrenzt werden, haben sich in Kreuzberg zu einer Gemeinschaft formiert – und nun, im Rahmen der 750-Jahr-Feier Berlins, einmal ihr eigenes Fest zelebriert.

Richtiggehend verwirklicht wurde diese ›Umlagerung‹ des Stadtteils anläßlich des Besuchs des amerikanischen Präsidenten Ronald Reagan am 12.06.1987. Um etwaigen Demonstrationen, Krawallen oder Handgreiflichkeiten innerhalb der City vorzubeugen und um das saubere Image von West-Berlin nicht unnötig zu gefährden, wurde Kreuzberg kurzerhand durch Polizei-

---

61 taz 02.05.1987. Das Original, das für diese Beschreibung Pate stand, ist die Einleitung in jedem »Asterix-Comic«: »Ganz Gallien ist von den Römern besetzt ... Ganz Gallien? Nein! Ein von unbeugsamen Galliern bevölkertes Dorf hört nicht auf, dem Eindringling erfolgreich Widerstand zu leisten. Und das Leben ist nicht leicht für die römischen Legionäre, die als Besatzung in den befestigten Lagern Babaorum, Aquarium, Laudanum und Kleinbonum liegen ...«

kontrollen eingekesselt. Potentiellen Störenfrieden, die man selbstredend in Kreuzberg SO 36 verortete, wurde der Riegel vorgeschoben, indem sämtliche Verkehrswege nach Kreuzberg durch die Polizei lahmgelegt worden waren. Nicht nur Straßen waren blockiert, auch der Verkehr auf den U-Bahn-Linien 1 und 8 war für drei Stunden stillgelegt worden. »Passanten werden kontrolliert, Inhalte von größeren Taschen und Rucksäcken genauestens inspiziert. (...) Vor den U-Bahnhöfen hellauf empörte, aber auch viele rat- und hilflose Menschen: Frauen und Männer, die zur Arbeit wollen, Schulkinder, die nach Hause fahren möchten.«[62]

Was durch die Berichterstattung mehrmals und beharrlich diskursiv vorbereitet wurde, die Abseits-Position Kreuzbergs, wurde im Rahmen des Reagan-Besuchs realisiert: Es wurde eine Grenze mit Straßenposten und Kontrollen aufgebaut. Dadurch war gleichzeitig für die Berichterstatter die Basis für eine noch drastischere Grenzmetaphorik geschaffen worden: »Ausnahmezustand« und »Belagerungszustand«, »Stacheldraht«, »Mauerbau« und »Vorbeugehaft« lauteten die Begriffe, mit denen die Abriegelung Kreuzbergs verglichen wurde.[63] Inzwischen reichten also nicht mehr ›Barrikaden‹ als Schutzwall, es bedurfte härterer Maßnahmen, um den Stadtteil unter Kontrolle zu halten: Mauern und Stacheldrähte. Kreuzberg wurde virtuelles Gefängnis, seine Bevölkerung unisono in Vorbeugehaft genommen.

Mythos Kreuzberg

Läßt man die im virtuellen Kreuzberg-Museum ausgestellten Tableaus der siebziger und frühen achtziger Jahre Revue passieren, wird die wiederholte und zunehmend stärkere Abgrenzung des Stadtteils gegenüber West-Berlin bzw. der Bundesrepulik deutlich. Zur anfänglich vor allem räumlichen Marginalisierung – am Rande West-Berlins gelegen, an drei Seiten von Grenzen zur DDR umgeben und obendrein durch eine marode, unzureichende Bausubstanz charakterisiert – gesellte sich peu à peu die soziale Stigmatisierung des Bezirks: Im Rahmen der Häuserbesetzungen wurde Kreuzberg zur »freien Rebulik« bzw. zum »freien Land im unfreien Staat« erklärt und damit soziokulturell gegenüber der Bundesrepublik abgegrenzt. Dieser Prozeß wurde Ende der achtzi-

---

62 taz 16.06.1987.
63 taz 16.06.1987; Zitty 12/87; Tagesspiegel 16.06.1987; Zitty 14/1987.

ger Jahre forciert und perfektioniert: In Begriffen wie »Ghetto« und »Gallisches Dorf« artikulierte sich eine deutliche Differenz zwischen Kreuzberg und dem Rest: Zwischen West-Berlin und Berlin-Kreuzberg, zwischen Drinnen und Draußen, Diesseits und Jenseits der Normalität – Kreuzberg wurde zur Inkarnation des Andersseins. Umgekehrt fanden sämtliche gegenkulturellen Strömungen in Kreuzberg ihren Ort und ihre Destination. Subkulturen wie die Bohème der sechziger oder die Punkbewegung der achtziger Jahre, unterschiedliche Formen der neuen sozialen Bewegungen – von Öko und Anti-AKW über Frauen bis Frieden – aber auch soziokulturelle Einrichtungen wie Stadtteilcafés, Straßenfeste, Off-Theater und Programmkinos: An Kreuzberg kam kein Alternativer vorbei und so wurde Kreuzberg *die* Alternative. Die handlungsaktiven Bevölkerungsgruppen bestärkten und stützten also durch ihr eigenes Tun und ihre alltäglichen Praxen das Bild vom alternativen Lebensraum, welches zugleich immer schärfere Konturen erhielt und plastische Formen annahm.

Diese Opposition gegenüber der bundesrepublikanischen Norm markiert zugleich den Kern des »Mythos Kreuzberg«. Formal, da sich die Struktur von Mythen durch Gegensätze charakterisiert: Der Myhtos stellt »die Welt als Ganze in einer Form dar, in der sie in zwei absolut voneinander geteilte unversöhnlich einander gegenüberstehende Kräfte zerfällt«[64]. Drinnen und draußen, normal und alternativ, wir und ihr ... – all diese Polarisierungen beschreiben im Kern einen grundsätzlichen Gegensatz zwischen der Bundesrepublik und der ›freien Republik Kreuzberg‹. Doch auch inhaltlich konstituiert diese Gegenüberstellung den Kern des Mythos Kreuzberg, da sie zugleich einen utopischen Gehalt transportiert: Die fortwährende Abgrenzung und Stigmatisierung des Bezirks im Sinne des »anderen« beinhaltete, jedenfalls für seine Träger, stets die Utopie, dieses andere sei auch das Bessere. Die andersartige Alternative zur Bundesrepublik, ja, wie es im Bild des »Gallischen Dorfes« umschrieben wird, gar die Unabhängigkeit und Freiheit von der bundesrepublikanischen Gesellschaft und ihren gültigen Normen – dies war und ist der utopische Gehalt des Mythos Kreuzberg.

Die ›message‹ – anders sein – blieb über die Jahre unverändert, wohl aber änderte sich ihre Erscheinungsform. Was in den sechziger Jahren als Lebens- und Entfaltungsraum der Bohème in Abgrenzung zur bürgerlichen Kultur begonnen hatte, setzte sich in den siebziger Jahren im Sinne eines Experimen-

---

64 Siegel 1994, S. 222. Vgl. auch Lévi-Strauss 1991.

tierfeldes der Alternativen und damit als Abgrenzung gegenüber der bundesrepublikanischen Politik und Gesellschaft fort. Kreuzberg wurde in diesen Jahren
zum Hoffnungsträger einer wirklich anderen Gesellschaftsform.

Raum 3: Die späten achtziger Jahre –
ein Erlebnisraum voll Spannung und Exotik

Trendwenden

›Alternativ‹ war der Passepartoutbegriff für die siebziger und frühen achtziger
Jahre, welcher die Befindlichkeit einer Generation, aber auch die Orientierungen einer Ära gebündelt zum Ausdruck brachte. Die Suche nach neuen Wegen
war für sie charakteristisch gewesen. Diese Alternativen waren jedoch keineswegs beliebig; sie negierten vorangegangene Werte – Konsum, Gewinnstre-
ben, Technik- und Fortschrittsgläubigkeit etwa – und orientierten sich zugleich
an Leitwerten, die einen Gegenentwurf signalisierten: ökologisch, kollektiv
und sozial.

Sucht man analog für die achtziger Jahre nach einem Etikett, das den Zeitgeist auf den Punkt zu bringen vermag, bieten sich ›plural‹ oder ›anything goes‹
als Label an. »Die Postmoderne ist diejenige geschichtliche Phase, in der radikale Pluralität als Grundverfassung der Gesellschaften real und anerkannt wird
und in der daher plurale Sinn- und Aktionsmuster vordringlich, ja dominant und
obligat werden.«[65] Pluralität so verstanden bedeutet daher nicht nur Vielfalt,
sondern vor allem die Absage an jedwede Hegemonie. Monopole, Ausschließ-
lichkeits-ansprüche oder Totalitarismen weichen einer Vielheit heterogener
Konzepte, Lebensweisen und Handlungsformen.

Diese radikale Pluralität bezeichnet den entscheidenden und grundlegenden
gesellschaftlichen Wandel, der sich Mitte der achtziger Jahre auf ganz unterschiedlichen Ebenen und in ganz unterschiedlichen Bereichen auszuwirken begann. An erster Stelle dieser neuartigen Gleich-Gültigkeit (und Gleichgültigkeit) steht die Absage an sämtliche Meta-Erzählungen, d.h. der aufgegebene
Glaube an eine universale Geschichte der Menschheit. Statt weiterhin *einer*
Perspektive zu folgen, welche Wirklichkeit zwar ganzheitlich, aber eben immer

---

65 Welsch 1988, S. 5.

nur aus einer einzigen Blickrichtung und Deutung wahrzunehmen imstande ist, wird heute die Existenz der vielen und unterschiedlichen Wirklichkeiten wahr- und ernstgenommen. Für diese heterogenen, teils konträren Realitäten gibt es keine Möglichkeit, sie allumfassend, in einer Geschichte, aus einer Perspektive darzustellen. Statt dessen liegt der Akzent auf Unterschiedlichkeit und Vielfalt, auf Vielsprachigkeit und Dissens. – Schlagworte wie »Multikultur« und »Einwanderungsgesellschaft« bringen diese Trendwende plakativ zum Ausdruck.

Für die westliche Welt war vor allem der aufgegebene Glaube an den universalen Fortschritt bzw. an die große Erzählung Aufklärung folgenschwer. Nachdem man allmählich feststellen mußte, daß trotz des vermeintlichen Fortschritts zwei Weltkriege, atomare Vernichtung, soziale Ungleichheit und ökologische Zerstörung teils real, teils möglich geworden waren, verloren immer größere Teile der Bevölkerung das Vertrauen in die Veränderbarkeit der Welt zum Guten. Damit aber wurden auch bisher gültige Normen und Handlungsmuster fragwürdig: zäher politischer Kampf (für was?), Altruismus (für wen?), Askese (wozu?), Strebsamkeit (wonach?). Disziplin und innerweltliche Askese, die bisherigen Werte der Gesellschaft, orientierten sich an einer fernen, besseren Zukunft; da der Glaube an solch eine Zukunft inzwischen weitgehend abhanden gekommen ist, werden die sich daran orientierenden Handlungsformen ebenfalls obsolet.

Wonach sich aber dann noch strebend bemühn, wenn fortwährende Welt- und Ichverbesserung keine glaubwürdigen Ziele mehr sind? – Folgt man Gerhard Schulze, dann lautet das neue Leitbild »Erlebnisrationalität«. D.h. das Ziel lautet nunmehr, im Hier und Jetzt möglichst viel Schönes, heißt: aus der Sicht des einzelnen Positives, zu erleben.[66] Wenn die Welt schon nicht besser zu werden verspricht, dann will man wenigstens für sich selbst das Beste daraus machen: Erleben möglichst vieler schöner Erlebnisse. Im Gegensatz zu früher sind damit Erlebnisse gegenwärtig nicht mehr bloße Begleiterscheinung des Handelns, sondern dessen hauptsächlicher Zweck.

Von dieser Trendwende ist auch die neu heranwachsende Generation geprägt, die in dieser veränderten Welt groß gworden ist. Im Gegensatz zu ihren Vorgängern, den Achtundsechzigern und der alternativen Generation, versteht sich diese neue Generation nicht mehr als monolithischer Gegenentwurf zur bisherigen Gesellschaft; vielmehr ist sie durch ihre vielfäligen Szenen charakterisiert, die sie innerhalb eines heterogenen ›Wir‹ integriert. Charakteristisch für

---

66 Schulze 1993.

diese Jugend ist zudem die Absage an jegliche Form der Überholung und Überwindung; der Glaube, durch das eigene Handeln zu einer künftig besseren Welt zu gelangen, steht ihr fern. Ihre Welt ist das Jetzt auf dem Dancefloor, die Trance in Chillout-Areas oder der Spaß beim Snowboarden. Damit formiert sich eine Generation, die das Paradigma der »Erlebnisrationalität« verinnerlicht hat und als selbstverständlich begreift.

Die Konsum- und Kulturindustrie reagiert hierauf mit adäquaten Angeboten, die der Erlebnisorientierung besser gerecht zu werden vermögen. Gefragt ist nicht mehr die standardisierte und also eintönige Massenware, sondern der scheinbar einzigartige, möglichst originelle Artikel. Um den Konsumenten diesen Eindruck glaubhaft vermitteln zu können, wird die Disktinktion von anderen Waren vermittels ihrer ästhetischen Gestaltung immer bedeutsamer: Nur so unterscheidet sich etwa die Designer-Zahnbürste vom Massenprodukt à la »Dr. Best«, und nur so macht die Neuanschaffung einer bunten »Swatch« – limited edition – an Stelle der durchaus noch brauchbaren alten Armbanduhr Sinn.

Insbesondere Dienstleistungen haben sich im Rahmen der Hinwendung zur Erlebnisgesellschaft verändert: Friseure geben sich als kreative »Stylisten«, schmücken ihre Räume mit Originalen (noch) unbekannter Künstler; Kaufhäuser plazieren in Atrien Pianos und Sektbars, Schaufensterpuppen werden zu einem möglichst effektvollen Objektensemble arrangiert; und die ordinären Spaghetti mit Tomatensoße bei »Gino« sind kunstvoll arrangierten Antipasti im »Gorgonzola Club« gewichen – Essen ist (schon lange) nicht mehr bloße Nahrungsaufnahme, sondern ein Ereignis, und wenn es trotz des hohen Preises und des mondänen Ambientes nicht schmeckt, erlebt man eine Enttäuschung; auch sie ist Teil der Erlebnisgesellschaft.

Neben Produkten und Dienstleistungen sind schließlich auch Räume und Orte von diesem gesellschaftlichen Wandel betroffen: »sites of cultural disorder such als fairs, the city, the slum, the seaside resort, become the source of fascination, longing and nostalgia.«[67] Gerade die weniger ›glatten‹ und durchrationalisierten Räume entfalten eine hohe Erlebnisqualität. Sie weichen ab von den üblichen durchkalkulierten Straßen und Wohngebieten des modernen Städtebaus, und in der Regel leben auch – statistisch nachweisbar – andere Bevölkerungsgruppen in diesen Räumen als ›Otto Normal‹. Dies macht historisch erhaltene Stadtteile bzw. multikulturell anmutende Bezirke interessant: Sie sind anders, irgendwie origineller und damit prädestiniert für ein Mehr an Span-

---

67 Featherstone 1991, S. 23.

nung. Sind sie zusätzlich in ausreichender Menge mit Stätten der Erlebnisgesellschaft – Cafés und Bars, Kinos und Veranstaltungsorten etc. – angereichert, ist ihnen die hohe Nachfrage auf dem Wohnungs- und Immobilienmarkt gewiß. Denn die Aufladung städtischer Räume mit Qualitäten wie Vielfalt und Abwechslung, ethnischer Differenz sowie Alterität ganz allgemein markiert einen bedeutsamen, obgleich in der bundesrepublikanischen Forschung bisher vernachlässigten Motor für Gentrifizierungsprozesse: Die ökonomische Aufwertung und Gentrifizierung eines Stadtteils hängt entscheidend von der Neudefinition seines Images und der Entwicklung einer veränderten Perspektive ab, die das, was bisher als abstoßend und heruntergekommen galt, nun zum ästhetisch interessanten Ambiente uminterpretiert.[68] So zeigt etwa die Kulturwissenschaftlerin Gisela Welz, wie »Alterität und ethnische Identitäten (...) im Zuge der Gentrification in lokalen Kontexten zunächst kulturpolitisch betont und herausgearbeitet (werden), um dann in einem zweiten Schritt in ein neues Stadtteil-Image eingebaut zu werden, das die ökonomische Aufwertung begleitet und fördert«.[69] Und ähnlich argumentiert Neil Smith für die Lower East Side in New York: »For its part, the culture industry (...) converted urban destruction into ultra chic (...). Building by building, block by block, the area was increasingly transformed from a dilapidated nineteenth-century tenement neighborhood into the new city where glamour and chic are spiced with just a hint of danger. The rawness of the neigborhood is part of the appeal.«[70] – Während Welz und Smith die Kulturindustrie im engeren Sinne (Museen, Galeristen, Künstler usw.) als Agenten dieser Uminterpretation ausmachen und hervorheben, übernehmen im Fall Kreuzberg, so meine These, Print- und andere Medien die zentrale Funktion innerhalb des kulturellen Umbauprozesses. Die Repräsentation des Stadtteils als gefährlich-chaotische »freie Republik« wirkt zusammen mit dem nun folgenden Image des exotisch-vielfältigen Lebensraumes als Vorbereitung und Begleitprozeß der räumlichen und sozialen Restrukturierung.

In mehrfacher Hinsicht wurde Kreuzberg also in den achtziger Jahren von Trendwenden geprägt: Der schwindende Glaube an die Veränderbarkeit der Welt machte sich innerhalb des Stadtteils breit, und an die Stelle der Suche nach Alternativen trat die Suche nach möglichst viel fun. Damit erhielt der Bezirk auf

---

68 Vgl. Welz 1996, insb. S. 313ff. Zur Gentrification im Sinne eines kulturellen Umbauprozesses vgl. außerdem: Smith 1992, ders. 1993, Zukin 1992.
69 Welz 1996 S. 319.
70 Smith 1992, S. 75.

der Ebene der Alltagskultur ein anderes Gepräge: Die Soziokultur und die Stätten der neuen sozialen Bewegungen wurden nach und nach durch Insignien der postmodernen Consumer Culture ersetzt. Zudem wurde der bislang eher desavouierte Stadtteil zum spannenden, weil einzigartigen und vielfältigen Erlebnisraum umdefiniert. Insofern vollzog sich, parallel zur alltagskulturellen Ebene, auch ein Wandel auf der Ebene der kulturellen Repräsentationen: Der Stadtteil als Ort und Symbol für das andere mutierte zum Topos für kulturelle Unordnung, Erlebnis und Vielfalt. Denn wo Andersartigkeit und Unkonventionalität geradezu die Norm bedeuten, sind außerordentliche Begegnungen und Überraschungen fast schon gewiß.

Kreuzberg: »Eine Welt voller Gegensätze«

Deutlich wird der Umschwung auf der Ebene der medialen Repräsentation in Stadtteilporträts, die nach dem 1. Mai 1987 erschienen. Diese traten nicht selten mit dem Impetus auf, Kreuzberg nun auch einmal von seiner positiven Seite zu zeigen – wobei sie sich insbesondere auf die bunte Vielfalt des Stadtteils kaprizierten. So etwa in folgendem Artikel, der im Rahmen einer fünfteiligen Serie der »Berliner Morgenpost« erschienen ist: »Kreuzberg. Ein Stadtteil Berlins, der immer wieder von sich reden macht. Weil er eben ganz anders ist als alle anderen. Kreuzberg heute – das ist ein schillerndes Gemeinwesen von imposanter Vielfalt: Herausforderung für die einen, Resignation für die anderen. Ein greller Flickenteppich von gegensätzlichen Lebensformen: Klein-Anatolien und ›Strategiengebiet‹ für Stadtsanierer, Experimentierfeld für Alternative und Schlachtfeld für Chaoten, Startrampe für junge Künstler und ständige Bleibe für diejenigen, die ihren Kiez trotz allem immer noch mögen. (...) Kreuzberg ist in kein Schema zu pressen; in keine Kategorie einzuordnen: Ein Mikrokosmos ohne Parallele«.[71]

An der Grenzziehung gegenüber anderen Räumen hat sich zunächst einmal nichts geändert, trotzdem ist eine deutliche Akzentverschiebung auszumachen: Die Einzigartigkeit, mit der Kreuzberg hier präsentiert wird, bezieht sich nicht mehr auf die chaotischen und brutalen Verhältnisse, sondern sie ist positiv konnotiert; im Gegensatz zur langweiligen, monotonen, gleichförmigen und grauen Bundesrepublik ist Kreuzberg nämlich »schillernd«, »bunt«, »gegensätz-

---

71 Morgenpost 21.06.1987.

lich« und »vielfältig« – und gerade deshalb: »imposant«. Betont wird also vor allem das Nebeneinander unterschiedlicher Milieus, selbst die »Chaoten« bilden nur noch *einen* Teil dieser Lebenswelt, nicht mehr die alles dominierende Mehrheit.

Ein ähnliches Bild skizziert die Illustrierte »Quick«, ebenfalls nach den Mai-Krawallen: »Kreuzberg. Das ist seit Wochen ein Stadtteil im Ausnahmezustand (...) ein brodelnder Hexenkessel. (...) Kreuzberg – kein anderer Stadtteil in Deutschland ist so bunt, bizarr, verrückt, so unfaßbar. Fast ein ferner Planet.« In SO 36 »dröhnt türkische Musik aus den Fenstern, gehen verschleierte Frauen einkaufen, hier haust der harte Kern der Chaoten in undurchschaubaren Wohngemeinschaften.« Im »Dickicht der Häuser« findet sich »wuchernde Subkultur«. Kreuzberg, so heißt es, sei das »alltägliche Abenteuer«.[72]

Im Unterschied zu den früheren Repräsentationen, welche eine Grenze gegenüber dem Ghetto oder den Chaoten zogen, verläuft die Demarkationslinie nunmehr zwischen dem eintönigen, normalen und daher leider auch etwas langweiligen Deutschland auf der einen und dem aufregenden, unterhaltsamen Kreuzberg auf der anderen Seite. Kreuzberg ist »Ausnahme«, »verrückt«, »bunt« und »Abenteuer«. Der Bezirk wird also vor allem als einzigartig im Sinne von spannend und abwechslungsreich, ohne Langeweile, ohne Monotonie und fern vom Alltagstrott präsentiert. Auch in anderen Stadtteilporträts wird wiederholt das »besonders bunte Volk« sowie die »Welt voller Gegensätze« in Kreuzberg und insbesondere in der Oranienstraße beschrieben, welche »voller Gegensätze und Vielfalt« und »selbst in der mit Superlativen nicht geizenden Spreestadt einzigartig ist«.[73]

Charakteristisch für diese Reportagen sind Topoi wie »bunt«, »schillernd«, »vielfältig« und »einzigartig« – allesamt Eigenschaften, die Abwechslung und reichhaltige Unterhaltung signalisieren. Damit hat sich der einstmalige Gegensatz Kreuzbergs zur bundesrepublikanischen Norm auf eine interessante Art und Weise verändert: Zwar bildet der Stadtteil immer noch ein Gegenstück zum westdeutschen Alltag, jedoch nicht mehr im Sinne eines monolithisch chaotischen anderen, sondern, im Gegenteil, auf Grund seiner Heterogenität und Vielfältigkeit. Das Gegensätzliche, das Kreuzberg bislang von der übrigen Bundesrepublik unterschied, hat sich gewissermaßen ins Innere des Stadtteils verlagert; Kreuzberg ist nicht mehr dichotomisch anders, sondern vielfältig und abwechslungsreich andersartig.

---

72 Quick Mai 1987.
73 Volksblatt 22.05.1988; Morgenpost 21.06.1987; Morgenpost 05.07.1987.

Wo bisher ängstlich und besorgt eine schützende Grenze zwischen jener un-
kontrollierbaren Welt und dem eigenen Alltag gezogen wurde, entpuppt sich
Kreuzberg nun als reizvolle Abwechslung – gerade zum eigenen Alltag. Immer
noch wird dem Stadtteil also eine Sonderposition zugeschrieben, aber diese
wird jetzt anders zum eigenen Leben in Beziehung gesetzt. Das andere stößt
nicht mehr länger auf Abwehr, sondern wird als Ergänzung und Vervollständi-
gung des eigenen Lebens anerkannt, weil es verspricht, was Mitte der achtziger
Jahre immer wichtiger und immer erstrebenswerter wurde: Erlebnisse.

Multikulti

In diesem Zusammenhang durfte auch der Topos »Klein Istanbul« und also das
multikulturelle Flair des Stadtteils nicht fehlen. Die türkischen Migranten waren
Anfang und Mitte der siebziger Jahre als, wie man damals sagte ›Gastarbeiter‹,
nach Berlin gekommen – und geblieben. Der Grund für den außerordentlich
hohen türkischen Bevölkerungsanteil in Kreuzberg (knapp 19 % im Jahr 1997)
liegt in der einstigen Sanierungspolitik: Die für den Abriß bereit- und daher
leerstehenden Altbauwohnungen boten den zahlreich zuziehenden Migranten
billigen Wohnraum.

Allerdings: gemessen an ihren quantitativen Anteilen sind die Türken in
Kreuzberg nur selten Thema. Die »bunten«, bisweilen gar »grellbunten Kleider« der türkischen Frauen und die »schwarzen Schnurrbärte« der Männer bildeten zwar einen festen, aber eben doch nur einen Bestand-*Teil* der Kreuzberger Porträts. Sie sind I-Punkt, Vollendung und Abrundung der multikultu-
rell-schrillen Repräsentation des Stadtteils; als eigenes und ernst zu nehmendes
Thema bleiben sie in der westdeutschen Medienlandschaft unterrepräsentiert.

Ein frühes Beispiel für die Darstellung der Türken in Kreuzberg ist folgender Artikel aus dem Tagesspiegel: »Geht man mit offenen Augen durch die
Straßen Kreuzbergs, so fühlt man sich manchmal in eine fremde Welt versetzt.
Dunkelhaarige Männer mit schwarzen Schnurrbärten stehen an den Straßenek-
ken in Gruppen zusammen und unterhalten sich. Kopftuchbewehrte Frauen mit
langen Hosen unter den grellbunten Kleidern schleppen schwere Einkaufsta-
schen durch den Strom der Passanten. Jungs mit kahlgeschorenen Köpfen und
schwarzäugige kleine Mädchen spielen zwischen Bauschutt und Hundekot auf
den engen Bürgersteigen. Fremde Namen auf den Firmenschildern. In den
Auslagen der Geschäfte Knoblauch und Hammelfleisch – ›von garantiert nach

islamischem Ritus geschächteten Tieren‹. Fremdartige Musik dringt aus den weitgeöffneten Fenstern, und unten auf der Straße mischen sich ebenso fremde Laute mit dem vertrauten Berliner Idiom.«[74]

»Fremde Namen«, »fremdartige Musik« und »fremde Laute« geben der »fremden Welt« SO 36 ihr charakteristisches Gepräge. In der alltäglichen Wahrnehmung dominieren aus Sicht der bundesrepublikanischen Bevölkerung außergewöhnliche kulturelle Muster: Haartracht und Kopftuch, Nahrung und Musik – all diese Phänomene vermitteln die Erfahrung, in einer »fremden Welt« zu leben, sie präsentieren den Bezirk damit nicht nur als fern und exotisch, sondern auch als ›weit weg‹, nicht mehr so recht zu Deutschland dazugehörig und tragen dadurch ihren Teil zur symbolischen Exterritorialisierung Kreuzbergs bei.

Mehr als diese plakativen Klischees – Frauen mit Kopftuch, Gemüsehändler und vor allem türkische Kinder beim Spiel – findet sich jedoch (auch in späteren Reportagen) nicht. Meist dient die Darstellung türkischer Alltagskultur ohnehin nur der Untermalung des »schillernden Gemeinwesens von imposanter Vielfalt« in Kreuzberg 36 überhaupt. Und in der Regel werden Türken zusammen mit anderen, auf den Durchschnittsdeutschen ebenfalls fremdartig wirkenden Bevölkerungsgruppen, thematisiert: »Rechts die weißen Kopftücher, bunte Kleider und rundliche Mütterlichkeit, links die nietenbeschlagene Lederkleidung, rote, grüne und gelbe Hahnenkämme und ein großer Kasten Bier.« »Am Kottbusser Tor treffen sich Punks und Skinheads, Alternative und Ausländer«.[75]

Die Betonung dieser Darstellungen liegt auf dem heterogenen Durch- und Nebeneinander, auf der bunten Mischung der Ethnien und Kulturen. Dabei vermitteln sie keineswegs den Eindruck, in Kreuzberg würden Türken und Deutsche, Alternative und Alteingesessene besonders viel miteinander *teilen* oder *gemeinsam* machen. Im Gegenteil: daß es sich um »getrennte Welten« handelt, in denen man nebeneinander lebt, »ohne viel Notiz voneinander zu nehmen«, wurde immer wieder betont. Aber gerade dies wurde zum positiven Faszinosum schlechthin: »Leben und leben lassen – ist hier längst das Motto geworden. Man hat sich aneinander gewöhnt – die Deutschen an die Ausländer, die Ausländer an die Punks.«[76]

---

74 Tagesspiegel 30.09.1979.
75 Tagesspiegel 26.06.1983; Morgenpost 21.06.1987.
76 Tagesspiegel 26.06.1983; FAZ 28.06.1986; Morgenpost 05.07.1987.

Statt Auseinandersetzungen und gegenseitiger Anfeindungen, stehen nun Akzeptanz und friedliche Koexistenz der Unterschiede im Zentrum der Berichterstattung. Kreuzberg wird nicht mehr als Kampfplatz repräsentiert, wo sich eine bestimmte Lebenseinstellung die Hegemonie vor Ort erstreitet, im Gegenteil, Pluralität und Toleranz werden nun als typisch für den Stadtteil definiert.

»Ich dachte manchmal: ›Ich bin gar nicht mehr in Deutschland hier‹«

Tatsächlich empfanden auch nahezu sämtliche meiner Interviewpartner exakt dieses »Leben und leben lassen« als besonders charakteristisch für Kreuzberg. Da ist Tanja, die mir auf meine Frage, warum sie nach Kreuzberg gekommen sei, antwortet:

»Daß es unheimlich viele unterschiedliche Menschen gibt, die hier unheimlich gut miteinander klarkommen, das hat mich schon ziemlich beeindruckt. Ich denke, das war der Grund, daß ich gedacht habe, das hier könnte ein Ort sein, wo ich auch leben könnte. Wo ich halt akzeptiert werde, wie ich bin und nicht irgendwie schräg angeguckt werde, weil ich so bin, wie ich bin« (Tanja).

Und ein anderer Gesprächspartner:

»Also ich habe den Eindruck, Kreuzberg ist weniger deutsch als andere Stadtteile. Das sagt nicht viel aus. Das hat auch nichts damit zu tun, daß dort so viele Türken leben. Im Wedding leben auch viele Türken. Aber Kreuzberg hat so einen Laissez-Faire-Charakter, der mir gut gefällt. Also der Ordnungssinn scheint sich dort nicht so ausgeprägt die Bahn zu brechen wie sonst« (Ulrich)[77].

Ähnlich erklärte mir Lady X, die offenbar nicht nur ›Freiheit‹ in SO 36 spürt, sondern mehr noch, das Gefühl hat, auf einer exotischen Insel zu leben:

»Ich fand hier immer so Sommer, Wiese, Urlaub. Man ging auf die Straße und da waren lauter Türken und so. Und ich dachte manchmal: ›Ich bin gar nicht mehr in Deutschland hier‹«[78].

Und schließlich die bereits an anderer Stelle zitierte Casoline:

---

77 Ulrich ist 32 Jahre alt, lebt seit 1985 in Berlin-Kreuzberg und studiert Kunstgeschichte und Geschichte.
78 Lady X wollte mir ihren Namen nicht nennen – deshalb das Pseudonym. Sie ist 24 Jahre alt, lebt seit 1988 in Kreuzberg, wo sie sich von ihren Einnahmen als Artistin über Wasser hält.

»Was Kreuzberg ausmacht, ist erst mal vom Stadtbild her, daß es völlig bunt ist. Ich meine, das sind jetzt diese Klischees, aber es stimmt einfach. Es gibt unheimlich viel zu sehen, und man kann selber auch herumlaufen wie man will. Man kann machen, was man will«.

Zusammen mit den ›Wahl-Exoten‹ standen die Migranten Modell für das Image, das Kreuzberg Ende der achtziger Jahre als spannenden und abwechslungsreichen Erlebnisraum repräsentierte. Zugleich aber bildeten sie gemeinsam mit den deutschen Randseitern eine Population, die tatsächlich toleranter und gleichgültiger auf Abweichung reagierte. Da insbesondere jene in Kreuzberg lebten, die ihre eigene Eigenart sorg- und problemlos zur Entfaltung bringen wollten und konnten, nahmen sie umgekehrt weniger Anstoß an anderen Sonderlingen. Mokiert hat man sich in Kreuzberg allenfalls über die ›Normalos‹ und langweiligen ›Spießbürger‹; solange sie aber Kreuzberger waren und keine Touristen aus Westdeutschland, ließ man auch sie in Ruhe. Wirklich geächtet und zum Teil heftig bekämpft (siehe »Raum 4«) waren jedoch die ›Schickimickis‹. – Ausgerechnet sie, namentlich die Angehörigen der neuen städtischen Mittelschicht, wurden nun aber mehr und mehr von Kreuzberg angezogen: Das neue Kreuzbergbild entfaltete zusammen mit dem kulturellen Wandel auf der Alltagsebene seine Wirkung.

»Neues Kreuzberg heißt ›everything goes‹«

Der bisher als Außenseiterbezirk fungierende und vorgeführte Stadtteil wurde gegen Ende der achtziger Jahre nicht mehr als dichotomischer Gegenpol zur Bundesrepublik präsentiert, sondern – nun auch für die ›normalen‹ Bürger – als heterogener Lebens- und Freiraum interessant. Auf besonderes Interesse stieß Kreuzberg jedoch bei der städtischen Mittelschicht, und zwar insbesondere bei jenem sozialen Milieu, das Gerhard Schulze als »Selbstverwirklichungsmilieu« bezeichnet und wie folgt beschreibt: »Typisch für das Selbstverwirklichungsmilieu ist der Grenzverkehr zwischen verschiedenen alltagsästhetischen Zeichen- und Bedeutungskosmen, zwischen Mozart und Rockmusik, Kunstausstellung und Kino, Kontemplation und Action (...). Es schließt Alternative ein und Yuppies, Weiblichkeit alten und neuen Stils, Aufsteiger und Aussteiger, Konsumsüchtige und Abstinente.«[79]

---

79 Schulze 1993, S. 312.

Dies ist zugleich eine treffende Beschreibung jener beiden sozialen Milieus, die in der Forschung über Gentrifizierung als »Pioniere« (= Alternative) und »Gentrifier« (= Yuppies) bezeichnet werden. D.h. jener Bevölkerungsgruppen, die seit rund 20 Jahren bevorzugt in innenstadtnahen Altbauvierteln wohnen und als wesentliche Träger der Gentrifizierungsprozesse gelten. The »men and women who quest for the new and the latest in relationship and experiences, who have a sense of adventure and take risks to explore life's options to the full, who are conscious they have only one life and must work hard to enjoy, experience and express it.«[80]

Zeitgleich zur und, dies ist meine These, *durch* die Stilisierung Kreuzbergs zu einem heterogenen Erlebnisraum entwickelte sich der Bezirk damit zur »area of gentrification« (Marcuse). Die Bilder vom bunten, vielfältigen Stadtbezirk Kreuzberg wirkten anziehend auf die junge städtische Mittelschicht, die sich in ebensolchen Erlebnisräumen zu Hause fühlt. Die gewandelte Repräsentation Kreuzbergs ist Ausdruck eines kulturellen und gesellschaftlichen Wandels; sie ist jedoch ebenso eine wichtige Antriebskraft für die sich in diesem Zusammenhang vollziehenden Gentrifizierungsprozesse: Indem die veränderten Bilder in Umlauf gebracht werden, machen sie zugleich bei einer neuen Zielgruppe Stimmung für Kreuzberg. Allerdings: Die neue Zielgruppe überschneidet sich durchaus mit jener, die schon vor 10 Jahren durch das damalige Image angezogen wurde – gesetzt den Fall, die Rezipienten haben im Rahmen des kulturellen Wandels selbst eine entsprechende Metamorphose vollzogen.

Selbstverständlich ist die Repräsentation des Stadtteils nicht der einzige Grund für dessen allmähliche Aufwertung – es wirkten auch noch andere Faktoren an der beginnenden Gentrifizierung mit. An erster Stelle sind hier die Maßnahmen der behutsamen Stadterneuerung zu nennen, die im Rahmen der Internationalen Bauausstellung zur Anwendung kamen und allmählich ihre Wirkung zeigten. D.h. der Stadtteil veränderte Mitte der achtziger Jahre auch baulich-materiell sein Gesicht: Altbauten waren renoviert und modernisiert, Straßenzüge verkehrsberuhigt bzw. begrünt worden. Damit aber waren erste Anzeichen sichtbar, daß sich aus dem morbiden Randbezirk ein durchaus attraktives Gründerzeitviertel entwickeln ließ.

Tatsächlich finden sich gegen Ende der achtziger Jahre vereinzelte Artikel, die diese Thesen stützen: »Von Aussteigern und Aufsteigern. Ein Stadtteil mit zweifelhaftem Ruf wandelt sein Gesicht« hieß eine Reportage der »Zeit«, die

---

80 Featherstone 1991, S. 86.

165

neben den alten Themen (hohe Arbeitslosigkeit, Punks am Kottbusser Tor und Ausschreitungen am 1. Mai) auch die »urbane, anregende Atmosphäre« thematisiert, »die vor allem Berlins Mode-Avantgarde und junge Innovationsbetriebe zu schätzen wissen.«[81].

Die »urbane, anregende Atmosphäre«, mit welcher der Stadtteil charakterisiert wird, weist in die skizzierte Richtung. Als typisches Kennzeichen von Urbanität und von »urbanen« Lebensräumen gilt vor allem die vielfältige Nutzungsmischung, die Gemengelage aus alter und neuer Bausubstanz, aus Wohnen und Gewerbe, aber auch das Nebeneinander von unterschiedlichen Lebensstilen und Lebensformen. Exakt diese »Atmosphäre« wird als anregend für »Innovationsbetriebe« und für die »Avantgarde« kategorisiert. D.h. der zuvor beschriebene Image-Wandel und eine entsprechend veränderte Zielgruppe werden auch in der »Zeit« wahrgenommen und zueinander in Beziehung gesetzt. Neben »Aussteigern« werden eben auch »Aufsteiger« in Kreuzberg geortet, und damit wird deutlich: Kreuzberg ist längst nicht mehr nur Auffangbecken für Außenseiter, sondern auch passende Kulisse für eine aufstrebende, neue städtische Mittelschicht, die hier in Kreuzberg den von ihr gewünschten Entfaltungsraum findet.

Noch klarer wird die Trendwende in einem Artikel der »taz«: »Das Design bestimmt das Bewußtsein. In Berlin wie anderswo hat der postmoderne Lifestyle Einzug gehalten.« Thema und Fokus des Zeitungsartikels ist der Wandel eines Kreuzberger Restaurants namens »Hasenburg« in Kreuzberg 61. »1977 eröffnete der gelernte Fotograf die ›Hasenburg‹ und machte aus der ehemaligen Eckkneipe einen der ersten, natürlich kollektiv organisierten Kreuzberger Alternativbetriebe. (...) die Wände klebten voller Plakate und politischer Resolutionen, Tische und Stühle waren so richtig schön sperrmüllig«. Inzwischen, 1987, sind die Wände »hell und kahl, die Tische mit weißem Damast und langstieligen Burgundergläsern gedeckt, das Licht ist matt, und die Bugholzstühle sind selbstverständlich schwarz«. »Die ›Hasenburg‹ symbolisiert wie kein anderer Ort einen Wandel in Berlins Problembezirk Kreuzberg: den Wandel vom Alternativen zum Postmodernen. (...) Neues Kreuzberg heißt ›everything goes‹, heißt Individualität, Ästhetik, Kreativität; heißt Stöckelschuhe statt Gesundheitslatschen; heißt kühle Weltläufigkeit statt Häkelgardinen und Trödelgemütlichkeit.«[82]

---

81 Die Zeit 27.11.1987.
82 taz 22.06.1989.

Als »postmodern« und gleichsam als symptomatisch für den Wandel Kreuzbergs wird hier eine bestimmte Form der Alltagskultur, namentlich das Essen im Restaurant, identifiziert: Essen ist nicht mehr nur Nahrungsaufnahme bzw. Nebensache politischer Gespräche, sondern Selbstzweck geworden. Genuß und Ästhetik stehen an erster Stelle einer kulturellen Praxis, die jene Trendwende symbolisiert, die von mir als kultureller Wandel, weg von der alternativen Soziokultur der siebziger Jahre hin zur Consumer Culture der achtziger Jahre, bezeichnet wurde. Die »politischen Resolutionen« sind verschwunden, und auch die Bedeutung der politisch engagierten neuen sozialen Bewegungen ist verblaßt: Männergruppen, Umweltschutzgruppen, Anti-Kriegs-Organisationen etc. traten mit ihren eher altruistischen Zielen in den Hintergrund, parallel machte sich eine immer stärkere Hinwendung zu Genuß und Hedonismus breit.

Auch meine Gesprächspartner und Insider der aktiven Szene in Kreuzberg nahmen diese Veränderungen zur Kenntnis: »Der Glaube an die Veränderbarkeit der Welt zum Guten«, so erklärte mir Joachim, sei gebrochen, heute »guckt (jeder) erst mal für sich«. Dies gilt sowohl für die früheren Aktivisten als auch für die nachwachsende Generation: Die heute 20jährigen »haben die Lehre gezogen, daß Ältere es nicht geschafft haben (die Welt zu verändern, B.L.) und fangen deshalb erst gar nicht an« (Joachim). Und Paul meinte, das frühere Bewußtsein, »so'n Massenbewußtsein, 'ne Kontrahaltung, 'ne kreative Kontrahaltung, die nimmt sowieso permanent ab«.

Doch dieser Veränderungen – sowohl auf der Alltagsebene als auch auf der Ebene der Repräsentation – ungeachtet konnte sich der Mythos Kreuzberg, das Konnotationsbündel aus subversiv, alternativ und jenseits der Normalität, noch lange in der weit verbreiteten Vorstellung von ›Kreuzberg‹ halten: Man hatte sich ein Bild gemacht und dieses blieb, jeglichen Umbrüchen und Veränderungen zum Trotz, hartnäckig am Bezirk kleben. Das Raumbild der siebziger Jahre – die alternative und »freie Republik« – war so dominant geworden, hatte sich so fest in den Köpfen verankert, daß es noch wirkmächtig war, als sich bereits ein anderes Raumbild zu konstituieren begann.

Erst mit dem 9. November 1989 hatte sich die Situation des Bezirks so grundlegend verändert, daß sich ein neues Image durchzusetzen vermochte. Durch den Fall der Mauer verlor Berlin seinen Insel-Status; damit wurde auch die räumliche Isolation Kreuzbergs Geschichte: Aus dem Randbezirk war wieder ein Innenstadtviertel inmitten der Metropole geworden. Vor diesem Hintergrund aber ließ sich auch das Vorstellungsbild vom alternativen Lebensraum abseits der bundesrepublikanischen Normalität nicht mehr halten: Das Jenseits gesellschaftlicher Normen und Regeln kann nicht inmitten des künftigen politischen und ökonomischen Zentrums liegen. Als zentral gelegener Innenstadtbezirk kann der Stadtteil nicht mehr Projektionsfläche für utopische Vorstellungs- und Lebenswelten jenseits der Normalität sein. Die Motivierung für den »Mythos Kreuzberg« war verlorengegangen, und an dessen Stelle trat ein neues, zeitgemäßes, der veränderten Topographie entsprechendes Raumbild. Damit betritt man den vorläufig letzten Raum im imaginären Kreuzberg-Museum.

Raum 4: Die neunziger Jahre –
Schickimickis im wiedervereinigten Zentrum

Frischer Wind

Die Schlüsselmetapher für das neue Kreuzberg-Bild ist ein »frischer Wind«, der durch den Stadtteil weht: »Der Sturm der Veränderung weht durch die Idylle.« »Der Schmuddelkiez der Stadt darf (?) also künftig auch mal Frischluft (???) atmen«; »Der ›frische Ostwind‹« ist »eine Wohltat für das ›gallische Dorf Kreuzberg‹«.[83]

Die Gegensätze und Konnotationen, mit denen diese Metapher spielt, kontrastieren frisch mit alt, Luftzug und Wind mit Mief sowie Veränderung mit Stagnation. Kreuzberg bisher, das war also eine muffig-stickige, zudem verriegelte, im eigenen Saft schmorende und daher stagnierende Binnenwelt; eine geschlossene, abgegrenzte Gesellschaft. Dagegen Kreuzberg heute, das ist eine – endlich – aufgeschlossene, frisch-erfrischende Lebenswelt, offen für allerhand Neues und insofern an der stetigen Evolution (vorwärts) teilhabend. Der Stadtteil ist aus seiner Isolation getreten, das jahrelange Abseits hat wieder Anschluß an die aktuellsten gesellschaftlichen Entwicklungen gefunden – die Rede von der Enklave am Rande der Gesellschaft gehört ein für allemal der Vergangenheit an.

Deutlich wird damit an die Anfang der neunziger Jahre allenthalben spürbare Erwartung angeknüpft, Berlin werde sich rasch zur prosperierenden Dienstleistungsmetropole entwickeln. Und Kreuzberg, das nun wieder mittendrin

83 FR 03.05.1990; taz 25.04.1990; Morgenpost 28.08.1990.

liegt und also nicht länger aus den gesamtberliner Verhältnissen ausgegrenzt werden kann, wird teilhaben an dieser Entwicklung.

Parallel zur räumlichen Metamorphose des Stadtteils wurde in den Printmedien zudem post-wendend ein sozialer Wandel beschrieben: »Die Eckkneipe mit Mollenausschank ist jetzt ein Yuppie-Treff«; »Das Mekka der Alternativen im Wandel zum exklusiven Yuppie-Viertel«; »Kreuzberg zur ›Yuppie-Town‹«.[84]

So, wie der Bezirk territorial nicht mehr als ›Rand‹, ›Exil‹ oder ›Insel‹ kommunizierbar war, so ließen sich auch dessen Bewohner nicht mehr länger als ›Außenseiter‹ oder ›Aussteiger‹ denken: Kreuzbergs neue Bewohnerschaft, da war man sich in den Medien einig, sind jung-dynamische Aufsteiger, die im Zentrum des ökonomischen und kulturellen Geschehens stehen. Yuppies eben. Da diese neuen Kreuzberger veränderte Bedürfnisse und Ansprüche in Sachen Komfort, Konsum und Wohnraum mit sich bringen, ließ die Beschreibung der sozialräumlichen Metamorphose ebenfalls nicht lange auf sich warten. »Längst ist die Schickeria lecker geworden auf diese Gegend. (...) Keine Fassade, die nicht erneuert würde. Kein Hinterhof, der nicht völlig umgestaltet würde. Statt der gemeinsamen Außenklos nun die individuelle Naßzelle (...). Richtig schick wird es hier und richtig teuer. (...) Adrett hergerichtet locken die neuen Geschäfte ihre Kundschaft.«[85]

Das Jahr 1989 markierte also nicht nur eine territoriale Wende für den Bezirk, 1989 bewirkte auch einen grundlegenden Umschwung in der medialen Repräsentation. Die bisherigen Bilder und Diskurse wichen schlagartig dem neuen Image vom Schickimickibezirk inmitten von Boomtown Berlin.

Doch was so beschrieben und dargestellt wurde, konnte ich bei meinen eigenen Beobachtungen nicht wiederfinden. Im Sommer 1993 notierte ich in mein Feldtagebuch: »Heute beim Gang durch die Straßen von SO 36 der Gedanke: Die Rede von der Veränderung ist nichts als eine Pharce. Überall Penner in einem Meer von Bier, Punks, die den Autos an der Ampel die Scheiben wischen und geradezu bilderbuchartig: türkische Kinder beim Spiel. (...) Nach vier Wochen Abwesenheit überrascht mich Kreuzberg, sehe ich wieder, an was ich mich schon bald gewöhnt haben und für was ich deshalb blind sein werde: Der Dreck, der Gestank, der Müll.«[86]

84 FR 09.09.1991; Neue Zeit 14.03.1992; taz 07.11.1992; Stuttgarter Zeitung 10.07.1993.
85 taz 07.11.1992.
86 Feldtagebuch 18.08.1993, 07.10.1993.

Nicht nur meine eigenen Beobachtungen verweisen auf eine relative Beständigkeit des Kreuzberger Milieus. Auch die aktuellsten Zahlen der Statistik strafen die behauptete Aufwertung Lügen: Mit einer Arbeitslosenquote von 26,4 % (1996) und einem Ausländeranteil von rund 34 % (1997) weist Kreuzberg noch keine Spuren der Yuppiesierung auf. Außerdem zeigen Untersuchungen zur Gewerbestruktur und Mietpreissteigerung in SO 36, daß sich bisher noch kaum Veränderungen ausmachen lassen. Zwischen 1988 und 1992 sind die Mieten in Kreuzberg 36 durchschnittlich um nur 1,84 DM pro Quadratmeter gestiegen, teure Dachgeschoßwohnungen bleiben unvermietet und auch im gewerblichen Bereich läßt sich keine drastische Umstrukturierung beobachten. Zunahmen bei neuen Nutzern gibt es vor allem in der Gastronomie, welche »schon immer im Stadtteil stark vertreten« war, außerdem bei »gebietstypischen Dienstleistern wie Reisebüros, Praxen etc.«.[87]

Der angebliche »Sturm der Veränderung« erwies sich bei genauerer Inspektion als laues Lüftchen, die schlagartige und heftige Transformation als Fatamorgana. Weder war Kreuzberg nach 1989 wie ausgewechselt – die Anteile der Arbeitslosen und Ausländer blieben überdurchschnittlich hoch, viele Häuser sind bis heute noch nicht der Luxusmodernisierung zum Opfer gefallen, und auch die Infrastruktur ist nach wie vor gemischt und zum Großteil auf eine weniger vermögende Klientel ausgerichtet – noch – und dies macht die Sache kompliziert – war der Bezirk vor Mauerfall gegenüber Veränderungen resistent gewesen, wie im letzten Kapitel gezeigt. Teile der Bausubstanz waren im Rahmen der IBA bzw. infolge von Bürgerinitiativen saniert und umgestaltet worden; zudem und vor allem hatte sich der Stadtteil auf der alltagskulturellen Ebene gewandelt: An die Stelle von Öko und Sozio trat die Consumer Culture.

Diese Ambivalenz wird in den Kartierungen widergespiegelt, die ich im Oktober 1994 für jenen Teil Kreuzbergs erhoben hatte, der zwischen Görlitzer Park, Landwehrkanal, Spree und Skalitzer Straße liegt. Die Anteile der frisch renovierten, der renovierungsbedürftigen und der Häuser, die ich für »in Ordnung« befunden habe, hielten sich in etwa die Waage.[88] D.h. einerseits waren

---

87 Vgl. Statistisches Landesamt Berlin 1997, Verein SO 36 1991, S. 10, Topos 1993.
88 In der Lübbener, Sorauer, Oppelner und Schlesischen Straße waren ca. 1/3 der Häuser frisch renoviert bzw. in Renovierung. Ein Drittel der Häuser befand sich in ordentlichem Zustand und ein weiteres Drittel kategorisierte ich als »renovierungsbedürftig«. Dagegen war der Anteil der frisch renovierten Häuser in der Falckenstein-, Tabor-, Wrangel-, Cuvry- und Görlitzer Straße deutlich geringer; er lag hier lediglich bei 15% bis 25 %. In renovierungsbedürftigem Zustand indes war fast die Hälfte der Gebäude.

bereits vor Mauerfall – vor allem im Rahmen der Intenationalen Bauausstellung – große Teile der Gebäudesubstanz saniert worden, andererseits gab es immer noch erhebliche Anteile, die sich in äußerst schlechtem, renovierungsbedürftigem Zustand befanden, und schließlich gab es auch deutliche Anzeichen für einen Sanierungs- und Modernisierungsboom, der erst mit dem Fall der Mauer begonnen hatte. Insgesamt also eine wenig akzentuierte Situation, die sich in alle Richtungen interpretieren ließe.

Ähnliches gilt auch für die gewerbliche Nutzung der Ladenräume. In der Schlesischen Straße ließ sich ein deutlicher Zuwachs an Dienstleistungsunternehmen beobachten: ein neues Graphikbüro, Filialen eines Drogeriemarkts, eines Pizza-Service und einer Schreibwarenkette; in der Görlitzer Straße dominierten eindeutig neue Cafés und Restaurants: drei Restaurants haben neu eröffnet (»Adelante«, »Fou Fou« und »Il Patio«), in drei weiteren Gastronomiebetrieben haben die Besitzer gewechselt (»Altenberg«, »Bargelb«, »Blue Gout«). Mit Ausnahme des »Marabu« und des einzigen noch von früher verbliebenen Café »MIR« richten sich alle Restaurants an ein junges, wohlhabendes Publikum und bieten Gastronomie gehobeneren Anspruchs. – Dagegen findet sich in den Seitenstraßen (Lübbener, Sorauer, Oppelner Straße, sowie Falckenstein- und Cuvrystraße) nach wie vor eine sehr gemischte gewerbliche Nutzung: Schultheiss-Eckkneipen und türkische Imbißläden, türkische Gemüsehändler und Bäckereien, Kindertagesstätten, Schuster, Frisöre und Zeitungskioske.

Sowohl hinsichtlich des Gebäudezustands als auch in bezug auf die gewerbliche Nutzung ließen sich also beide Tendenzen – Veränderung und Beständigkeit – beobachten. Wie ist es trotzdem möglich, daß sämtliche Medien Kreuzberg als grundlegend verändert, und zwar eindeutig infolge des 09.11.1989, präsentierten?

Mindestens drei Faktoren spielen dabei eine entscheidende Rolle. Zum einen die Gesetze der Medien. Entsprechend der Praxis in der Medienberichterstattung, fortwährende Transformationsprozesse erst dann zum Thema zu machen, wenn sich ein paßgerechter, aktueller und sensationeller Aufhänger dafür bietet, wurde der alltagskulturelle Wandel in Kreuzberg erst jetzt, 1989, zum Medienereignis. Das historische Ereignis, Mauerfall, Wiedervereinigung und Hauptstadtentscheidung, schuf die notwendigen Voraussetzungen, um den Wandel in Kreuzberg zum Medienspektakel zu erheben.

Zum anderen wirkt der »Mythos Kreuzberg« auch in der aktuellen Repräsentation des Stadtteils noch nach. Das wirkmächtige Bild, das Kreuzberg jahrelang als Rand- und Randseiterbezirk präsentierte, lieferte die Vorlage, an der sich auch noch das neue Kreuzbergbild orientierte. So ist die Berichterstattung nach Mauerfall streng um die Achse Vorher/Nachher organisiert. Und zwar nicht nur im Sinne einer Chronologie, sondern ebenso im Sinne eines soziokulturellen Prä und Post: »Der ›Schmuddelbezirk‹ wird zu einer ersten Adresse (...) Der Anziehungspunkt für ›Aussteiger‹ ist zur guten Adresse für ›Einsteiger‹ geworden.« »Das Mekka der Alternativen im Wandel zum exklusiven Yuppie-Viertel«; »Vom ›gallischen Dorf‹ zur Finanzmetropole?«[89]

Aus Rand wurde Mitte, aus Schmuddel Schick, aus Alternativen wurden Yuppies, aus Aussteigern Einsteiger und aus dem verbarrikadierten Mief ein offener Stadtteil, in dem ein frischer Wind bläst. Kreuzberg nach 1989 präsentiert sich damit als exakte Kehrseite des Kreuzbergs vor 1989. Der wirkmächtige »Mythos Kreuzberg« nimmt also auch auf die aktuelle Medienrepräsentation noch Einfluß – insofern als sich das neue Bild als exaktes alter ego seines Vorgängers darstellt.

Zum dritten schließlich macht sich hier die einseitige Konzeptualisierung von Gentrifizierungsprozessen bemerkbar: Die Transformation innenstadtnaher Wohngebiete wurde und wird in der Wissenschaft nahezu ausschießlich als Folge sozioökonomischer Veränderungen interpretiert. D.h. Renovierung, neue Cafés und Restaurants, ebenso wie eine veränderte Infrastruktur gelten als Zeichen für Investitionsdruck, Immobilienspekulation und für den Einzug neuer, besser verdienender Mieter. Die Deutung eben dieser Veränderungen im Sinne eines kulturellen Wandels wurde dagegen bisher übersehen. Erst aus dieser Perspektive allerdings wird die Ambivalenz in Kreuzberg – Transformation neben Beständigkeit – erklärbar: Verändert hatte sich Kreuzberg auf der Ebene der Alltagskultur. Geblieben ist dagegen dessen sozio-ökonomische Struktur. Anders formuliert: Die beobachtbaren Transformationsprozesse in Kreuzberg sind allesamt Spuren des kulturellen Wandels, von einem wirtschaftlichen Strukturwandel und Aufwertungsdruck kann indes noch nicht die Rede sein.

Alle drei genannten Faktoren – Medienlogik, Mythos Kreuzberg, Gentrifizierungstheorien – produzierten zusammen ein wirkmächtiges Zerrbild. Dieses ortete flächendeckend »neue Bewohner«, die »Schickeria« und »kiez-untypische Dienstleistungen« in Kreuzberg und datierte deren Einzug auf »nach 1989«. Dieses Bild jedoch, dies ist meine These, wird nicht folgenlos bleiben: Über kurz oder lang wird es ähnliche Sogwirkungen auf jetzige und künftige Bewohner haben, wie zuvor das chaotisch-alternative Kreuzbergbild. Während

---

89 Berliner Zeitung 17.08.1991; Neue Zeit 14.03.1992; Tagesspiegel 02.01.1993.

das alte Image Punks und Aussteiger, Lebenskünstler und Weltverbesserer in seinen Bann zog, verkörpert das Image der »Yuppie-Town« mit »frischem Wind« für sie eine Horrorvision. »Abschied von Kreuzberg« (Kits Hilaire) ist daher angesagt – und tatsächlich haben mir mehrere meiner Interviewpartner erzählt, daß sie in Erwägung ziehen, Kreuzberg zu verlassen.

»Also ich spiel mit dem Gedanken, dann auch irgendwann, daß meine Tage hier in Berlin gezählt sind. Weil in dieser neu umstrukturierten Stadt ist für mich auch einfach kein Platz mehr. Da zieht's mich eher nach San Francisco oder in irgend'ne Landkommune.« (Heike). »Ich habe zum Beispiel die Idee, daß ich in Berlin nicht mehr bleiben will. Es hält mich hier eigentlich nichts mehr.« (Paul) – Und die neuen Wallfahrtsorte liegen entweder »ganz weit weg« (Lady X) oder aber auf dem »Land« (Tanja).

Die bisherigen Wahlkreuzberger spielen mit dem Gedanken, das Feld zu räumen und überlassen es anderen als Experimentierraum: jenen Angehörigen der städtischen Mittelschicht, die im Zuge der neuen Aufgaben und Tätigkeitsfelder, die Berlin als Haupt- und Weltstadt zu übernehmen sich anschickt, nach und nach in der Hauptstadt Einzug halten werden.

Die symbolische Gentrifizierung Berlin-Kreuzbergs

Dies sind die Überlegungen, aus denen mein Konzept der »symbolischen Gentrifizierung« entstand: Die mediale Darstellung des Stadtteils vor und nach 1989 bildet einen für die Gentrifizierung des Stadtteils wesentlichen Faktor. Zum einen war die Repräsentation Kreuzbergs vor 1989 Voraussetzung für den Diskurs nach 1989, denn erst durch das allseits bekannt gewordene Kreuzbergbild im Sinne eines ›Ort des anderen‹ war die inflationäre Rede über die Transformation des Stadtteils nach Mauerfall möglich und sinnvoll geworden; das prominente Vorher trug im Keim den Diskurs über ein ebenso drastisches Nachher bereits in sich. Beide Raumbilder – das Bild des andersartigen Abseits und das des ›yuppiesken‹ Zentrums – bilden zusammen die zwei Seiten ein und derselben Medaille: Sie beziehen sich aufeinander und stehen in Bezug zueinander.

Zum zweiten wirken die Diskurse über die ›bunte Vielfalt‹ noch nach und kreuzen sich mit denen nach 1989, die den Bezirk bereits als »exklusives Yuppie-Viertel« beschreiben. Die komfortablen Altbauwohnungen, gediegenen Cafés und Restaurants überlagern sich mit den noch verbliebenen Punks, Schnorrern und schrulligen Eckkneipen. Das liminale Kreuzberg, in dem die

Gegensätze sich berühren, wo die Gleichzeitigkeit des Ungleichzeitigen erfahrbar wird, entspricht der Erwartungshaltung jenes Bevölkerungssegments, das auf der Suche nach einem lebendigen, spannungsvollen Erlebnisraum ist.

Zum dritten aber muß der Fiktionalität der Diskurse Rechnung getragen werden: Bevor die neuen Mieter und Nutzer in Kreuzberg ›einsteigen‹, wurde und wird ihnen der Bezirk diskursiv schmackhaft gemacht. Die Texte über und Bilder von Kreuzberg geben damit in ihrer Darstellung nicht einfach Wirklichkeit wieder, sondern sie bilden selbst einen Faktor, der auf die Entwicklung des Bezirks erheblichen Einfluß nahm und nimmt. Die architektonische und soziale Umstrukturierung wird durch diskursiv gefertigte Images, Bilder und Repräsentationen vorbereitet und begleitet. Pressedarstellungen, die sich dokumentarisch gerieren, wirken oftmals eher wie wirkungsvolle Werbespots, die bei der städtischen Mittelschicht für »Boomtown Berlin« genauso wie für »Yuppie-Town« Kreuzberg Stimmung machen

Noch wirken diese Verheißungen und Prophezeiungen angesichts drastischer Arbeitslosenquoten irreal. Doch wenn die Regierung ihren Sitz aus Bonn dereinst nach Berlin verlagern wird, wenn die Dienstleistungszentren am Potsdamer Platz und am Alexanderplatz fertiggestellt sein werden, dann dürften die jetzt produzierten und geschalteten Images ihre Wirkung zur Entfaltung bringen. Die Bilder sind nicht nur schmückendes und kommentierendes Beiwerk, sie sind ein ernst zu nehmender Faktor, der auf den Werdegang und die Gestaltwerdung Kreuzbergs erheblichen Einfluß hat.

Zugespitzt wird diese Argumentation, wenn man sich vergegenwärtigt, welche Printmedien an der Beschreibung des neuen Kreuzbergbildes beteiligt waren: Neben den Berliner Tageszeitungen machen auch Kundenzeitschriften – z.B. Magazine der Deutschen Bahn oder internationaler Fluggesellschaften – das neue Berlin und das neue Kreuzberg gleichermaßen zum Thema. So liest man etwa im Magazin der belgischen Fluggesellschaft »Sabena«: »Kreuzberg »is no longer what it was. When the Wall came down in 1989, this neglected neighourhood suddenly found itself most attractively, midway between the business centres of East and West Berlin.«[90] Nahezu identisch heißt es in der FAZ: »Die Lage ist ideal; nahebei das Zeitungsviertel, Reichstag und Potsdamer Plaz nur einen guten Steinwurf entfernt. Wer die neue Hauptstadt erobern will und das nötige Kleingeld mitbringt, kann nicht günstiger wohnen als hier.«[91]

---

90 Passport, Oktober 1994.
91 FAZ 07.11.1992.

Mit diesen Botschaften – »einen Steinwurf von Reichstag, Potsdamer Platz und Zeitungsviertel entfernt« bzw. »most attractively, midway between the business centres of East and West Berlin« – wird Publicity bei der entsprechenden Leserschaft gemacht: Jet-Setter, die sich zwischen Briefing und Meeting mit den Kundenzeitschriften ihrer Fortbewegungsmittel zerstreuen und gleichsam informieren, Geschäftsmänner, die in der zukünftigen Dienstleistungsmetropole noch Standorte und Spekultationsräume suchen.

Neben diesen Kundenzeitschriften warteten freilich auch die Berlin-Führer nach 1989 mit aktualisierten Neuauflagen, inklusive aktualisierten Kreuzbergbildern auf: Hatte »Anders reisen« den Staddtteil 1984 noch als »1 Berlin-Freakland«, d.h. als erste Adresse für Aussteiger und Freaks präsentiert, lautet die Überschrift in der Ausgabe von 1992: »Kreuzberg. Berlins Berlin«. »Berlins Berlin«, d.h. Kreuzberg ist Höhe- und Mittelpunkt der Stadt. Alles, was Berlin insgesamt charakterisiert, findet sich gebündelt und zugespitzt in Kreuzberg wieder, und all jenen, die sich im Mittelpunkt des Geschehens und gleichsam am Puls der Zeit wohlfühlen, bietet der Bezirk daher den passenden Lebensraum.

Der Mythos lebt!

Selbstverständlich vollzieht sich die Transformation Kreuzbergs nicht ohne Gegenwehr. In besonders drastischer Weise trat Anfang der neunziger Jahre die autonome Splittergruppe »Klasse gegen Klasse« den Kampf gegen die Veränderungen an. »Klasse gegen Klasse« hatte sich zum Ziel gesetzt, den Besitzanspruch ihrer eigenen »Klasse« auf Kreuzberg gegenüber den mutmaßlichen neuen Interessenten zu verteidigen und durchzusetzen. Ihre Argumentation legt die Gruppe in einem Interview dar[92]: »unsere ablehnung gegenüber der mehrheit der mittel- und oberschicht beruht auf deren gegenwärtiger funktion als hauptnutznießer, organisatorische wie ideologische stütze und träger dieses scheißsystems. (...) unser ziel ist vor allem das miteinander all der menschen, die gegenwärtig dem klassenkampf von oben ausgesetzt sind. das rohe klas-

---

92 Das Interview wurde nicht von mir geführt; die Zitate stammen aus der transkribierten, vervielfältigten Version eines Gesprächs zwischen Autonomen und Aktivisten von »Klasse gegen Klasse«. In einschlägigen Zentren der linken Szene war das Interview zu beziehen.

senzusammensetzungsmodell ist orientierung weg von isolation, resignation, hierarchien und gegeneinander, hin zu einem neuen selbstbewußtsein, einer identität: wir, die klasse.«

In Kreuzberg, wo man seit den siebziger Jahren bemüht war, Hierarchien zu sprengen und ein Miteinander zu leben, sahe »Klasse gegen Klasse« den geeigneten Fokus für ihren Klassenkampf. Damit reproduzierten sie das statische Bild des »Mythos Kreuzberg«. Nicht nur, indem sie an die Vorstellung vom Außenseiter- und Randseiterbezirk aller Depravierten anknüpften, sondern auch, indem sie in ihren Erklärungen keinerlei Spielraum für Entwicklung, Veränderung und Transformation ließen: »gucken wir uns als beispiel mal die südliche dresdner straße an. hier gibt es auf einer länge von 100 m eine vielzahl von neueröffneten läden: töpfer-, designraumausstattungs-, biomatratzen-, schmuck-, naturkosmetik-, hippieschnickschnack-, computerläden, eine kunstgalerie und drei mittelschichtsrestaurants.« Und dies »in einer proletarischen gegend mit einem ausländer/innenanteil von über 60%, mit einer arbeitslos/innenquote von 25% und 20% sozialhilfeempfänger/innen !!«

Mal davon abgesehen, daß ich diese Beschreibung der Dresdner Straße verzerrt finde – ich selbst hätte etwa den Mieterladen, die Kindertagesstätte, das Kino »Babylon« und ein türkisches Restaurant nicht unerwähnt gelassen – ist vor allem der Duktus dieser Darstellung fragwürdig: Jegliches Anzeichen für Veränderung wird hier bereits als bedrohliche ›Aufwertung‹ empfunden; selbst wenn es sich dabei um eine Töpferei oder einen Laden mit »hippieschnickschnack« handelt. Insofern bildet das wirkmächtige Raumbild der »freien Republik Kreuzberg« einen dicken Faden im Argumentationsnetz von »Klasse gegen Klasse«. Biographische Veränderungen (wie etwa die Mutation vom alternativen Studenten zum Angestellten) genauso wie kulturelle Veränderungen in Kreuzberg (die nachlassende Bedeutung alternativer Lebensstile oder Aussteiger-Utopien) werden ignoriert, statt dessen wird jeder einzelne, aber auch die Kultur und der Stadtteil insgesamt auf ein und nur ein Wesen festgelegt. Veränderungen, Entwicklungen, Metamorphosen sind im statischen Konzept von »Klasse gegen Klasse« nicht vorgesehen. Sie halten fest an ihrem fixen Vorstellungsbild ›Kreuzberg‹ – sie sind die Gläubigen des veralteten Mythos und sie führen wie so oft in Glaubensangelegenheiten einen unerbittlichen Kampf im Namen der ›Gerechtigkeit‹: »militante attacken auf den ekelhaften, extrem egoistischen lebensstil der gehobeneren mittel- und oberschicht« etwa gehören zum Programm von »Klasse gegen Klasse«. »farbbeutel und -eier« sollen sichtbar machen: »gefahrenzone für profitgeier!«; verklebte Türschlösser, Kratzspuren in »dicken« Autos, zerstochene Autoreifen, aber auch »bomben- oder sonstige drohungen per postkommunikation« gehören zu den empfohlenen Maßnahmen. – Wie diese »drohungen per postkommunikation« aussehen, zeigen die nachfolgenden Passagen aus einem Flugblatt, das an (potentielle) Eigentümer von Eigentumswohnungen, namentlich an alle jene, die einen »Antrag auf Abgeschlossenheitsbescheinigung« gestellt hatten[93] sowie an »Dachgeschoßschmarotzer«, verteilt wurde: »Wir haben euch im Fadenkreuz. Verschwindet – ihr seid hier unerwünscht! Wir hängen euch an den Gedärmen auf.«

Nicht nur die Anhänger von »Klasse gegen Klasse« halten am Mythos Kreuzberg fest. Parallel zur Beschreibung der Aufwertung des Bezirks fand nach 1989 eine eigenartige Umkehrung und Glorifizierung Kreuzbergs statt. Der Bezirk – bis 1989 vor allem als Randalebezirk und Aussteigerenklave prominent geworden – galt mit einem Mal als »Idyll«, gar als »Paradies« oder als »Insel der Glückseligen«.[94] Für dieses Paradies aber »wurde der Mauer- zum Sündenfall«.[95] Und logisch konsequent wird die Veränderung des bisherigen »Idylls« vornehmlich bösen, von außen kommenden Dienstleistern und Investoren zugeschrieben. »Schon sind die Spekulanten da, schon steigen die Mietzinse, schon kommt die Mittelschicht. Weist uns die Tür.«[96]

Galt noch vor 1989 die Einschätzung, daß sich in Kreuzberg eine chaotische, mithin gefährliche Spezies zusammengerottet habe, wird der Spieß nun mit einem Mal umgedreht. Es wird die Botschaft verbreitet, Kreuzberg sei durch seine räumliche Abschottung noch ›heil‹ geblieben und erst die Einflüsse der feindlichen ›Außenwelt‹ hätten die kleine Welt zerstört: »Das ehemals so beschauliche Viertel ist nun zum Objekt obskurer Immobilienhändler-Begierden geworden.«[97]

---

93 Mit dem bewilligten »Antrag auf Abgeschlossenheitsbescheinigung« ist der Weg frei, bisherige Miet- in Eigentumswohnungen zu transformieren. »Anträge auf Abgeschlossenheitsbescheinigung« signalisieren damit das Interesse, Eigentümer einer Wohnung zu werden und darin profitträchtige Modernisierungen vorzunehmen. Die Angst vor Kündigung (wegen Eigenbedarf) oder Mietsteigerungen (infolge von Renovierungen) geht mit den »Anträgen« daher Hand in Hand.
94 taz 14. und 15.12 1989; Berliner Zeitung 17.08.1991; Berliner Zeitung 22.11.1991.
95 Freyermut 1993, S. 101.
96 Hilaire 1991, S. 141.
97 FAZ 07.11.1992.

Was bleibt ist allerdings das Festhalten am Gegensatzpaar zwischen drinnen und draußen bzw. gut und böse. Das Gegensatzpaar, bestehend aus der Enklave Kreuzberg auf der einen Seite und dem Zentrum der Bundesrepublik auf der anderen Seite, stellt nicht nur eine Opposition zwischen Zentrum und Peripherie, Norm und Andersartigkeit her; das Gegensatzpaar konfrontiert gleichsam Gut mit Böse, Ohnmacht mit Macht und ordnet die Zerstörung des bisherigen Kreuzberg den bösen Kräften des Zentrums zu. Jene schleichenden Wandelprozesse, die den Bezirk – wie im Raum drei des Museums zu sehen war – bereits seit Mitte der achtziger Jahre verändert haben (der Einzug einer hedonistisch orientierten Consumer Culture und das Ableben der stadtteilorientierten Soziokultur im Zuge der allgemeinen Hinwendung zur »Erlebnisgesellschaft«, die baulich-architektonische Veränderung in Folge der IBA-Maßnahmen, vor allem aber das schwindende Interesse an der »Veränderbarkeit der Welt zum Guten« [Joachim] und der damit einhergehende Politik- und Protestverdruß) wurden mehr oder weniger negiert. Statt dessen wurden diese Veränderungen als Folge des Mauerfalls auf »1989« datiert und so zu Machenschaften des Zentrums definiert: Die Yuppies vertreiben die Alternativen und die unternehmensbezogenen Dienstleistungen die Bürgerinitiativen. – Damit aber konnte zugleich am Wunschbild der heilen Welt und an der Utopie des ›anderen Lebens am anderen Ort‹ festgehalten werden. Nicht Kreuzberg hat sich verändert, nicht wegen des fehlenden Protestpotentials im Bezirk, nicht wegen veränderter Bedürfnisse und Lebensstile im Stadtteil lebender Bewohner hat sich der Stadtteil gewandelt; die Mächtigen, die Kräfte des Zentrums haben den Wandel verursacht. Die Repräsentation Kreuzbergs innerhalb der Koordinaten von Prä und Post bzw. Abseits und Mitte funktioniert also im Sinne eines Erklärungsmusters, das die Veränderungen als fast schon schicksalhaften, unausweichlichen Prozeß deklariert. »Es ist die logische Folge. Die Logik der Geschichte.«[98]

---

98 Hilaire 1991, S. 162.

Lichthof

Sammlerstücke

Im Lichthof des virutellen Kreuzberg-Museums sind prominente Signets aus der Geschichte des Stadtteils zusammengetragen worden: In der ersten Vitrine der Hut von Kurt Mühlenhaupt, der in den sechziger Jahren zur Symbolfigur der »Bohème am Berliner Montmartre« geworden war. Außerdem eine vergilbte Ausgabe der »Geisterbahn«, jener »Ballade aus Kreuzberg«, geschrieben von Robert Wolfgang Schnell, die sich als Zeitdokument der Ära und ihrer Atmosphäre liest. Über Kopfhörer kann man »Kreuzberger Nächte sind lang« hören. – In einer anderen Vitrine befindet sich ein Ensemble, bestehend aus einem verwaschenen Palästinensertuch und einem braunen, selbstgestrickten Pullover aus Schafswolle; dazu unterschiedliche Buttons, die die dazugehörigen politischen Utopien der siebziger Jahre sinnfällig zum Ausdruck bringen: »Frieden schaffen ohne Waffen«, »Atomkraft – Nein Danke«, »Ohne Rüstung leben«, ein Frauenzeichen auf lilafarbenem Hintergrund. Im nächsten Schaukasten erinnern ein Pflasterstein, ein Polizeischutzschild und ein Schlagstock, Flugblätter und Transparente daran, daß für diese Utopien in Kreuzberg erbittert gekämpft wurde. Als Krönung und Höhepunkt all dessen liegt in der Mitte eine umgestürzte, »Wanne«, wie die großen Polizeiwagen im Volksmund der Kreuzberger Szene genannt werden, und wer die Kopfhörer aufsetzt, hört »Ton Steine Scherben« »Der Kampf geht weiter« singen. In der Vitrine gegenüber ist eine schwarze, zerschlissene Lederjacke in Szene gesetzt, außerdem eine kaputte Jeans, mit Sicherheitsnadeln zusammengeflickt. Wieder ein paar Schritte weiter ein Ensemble aus einem Kopftuch und einer bunten, für Deutsche unverständlichen türkischen Tageszeitung.

All dies sind nicht nur Symbole der bewegten Stadtteilgeschichte Kreuzbergs, die gesammelten Artefakte sind auch als Zeichen und Repräsentanten einer Gegenkultur zu interpretieren, die hier ihren Ort und ihre Destination gefunden hat. Denn Kreuzberg, dieser Ort am Rande der Insel-Stadt Berlin, weit abseits von Westdeutschland, bot sowohl eine Projektionsfläche für Gegenentwürfe als auch ein Experiementierfeld für deren Verwirklichung. Das territoriale Abseits bildete die Basis für Imaginationen lebensweltlicher Andersartigkeit, und aufgrund der kaum vorhandenen ökonomischen Interessen an diesem Dead End nahmen sie nach und nach Kreuzberg und dessen Vorstellungsbild in Besitz: Die Bohème im Sinne eines Gegenentwurfs zur bürgerlichen Kultur,

Mythos Kreuzberg ... *Quelle*: Wolfgang Krolow

die Hausbesetzerszene als Protest gegen die gängige Sanierungspraxis, die Aussteiger mit ihren neuen Lebens- und Arbeitsformen als Alternative zur kleinbürgerlichen Lebenswelt, die Demonstrationen und neuen sozialen Bewegungen als Gegenoffensive zur herrschenden Politik, die Punks als Abwendung von der Gesellschaft und ihren Idealen überhaupt, das Zusammen- bzw. Nebeneinanderleben unterschiedlicher Ethnien und Kulturen als ›Nein‹ gegenüber Deutschland pur. Sämtliche dieser oppositionellen Haltungen fanden in Kreuzberg ihren Platz – und exakt dies ist die Botschaft des »Mythos Kreuzberg«: die Utopie des anderen Lebens am anderen Ort, jenseits der bundesrepublikanischen Normalität. Dieses Anders-Sein als Möglichkeitssinn wurde in Kreuzberg ein Stück weit Wirklichkeitssinn.

Doch trotz seiner, von Westdeutschland aus betrachtet, peripheren Lage, machten kulturelle und gesellschaftliche Trendwenden auch vor Kreuzberg nicht halt. Der fünfte Schaukasten trägt daher der Hinwendung zur Erlebnisgesellschaft Rechnung: Man sieht ein Sektglas, daneben liegt eine handgeschriebene Speisekarte, eine Sonnenbrille von »Ray Ban« und aus den Kopfhörern trällert es nun»don't worry, be happy« (Bobby McFerrin).

Im letzten Schaukasten befindet sich die Inszenierung des vorerst letzten Kapitels Kreuzberger Stadtteilgeschichte. Ein Stück Berliner Mauer, außerdem ein alter und ein aktueller Berlin-Stadtplan, wo Kreuzbergs neue Verortung mit rotem Marker hervorgehoben ist und so pointiert zum Ausdruck bringt: Kreuzberg hat sich verändert. Der Randbezirk ist ins Zentrum Deutschlands gerückt, er hat dadurch sowohl als Projektionsfläche des Andersseins als auch im Sinne dessen lebensweltlicher Realisierung abgedankt. Damit aber ist der Stadtteil als Möglichkeitsraum für Andersartigkeit nun wirklich Mythos geworden.

4

Rezeptionsweisen

Fünf Porträts

Persönliche Ansichten

Berlin-Kreuzberg: Räumliche Materialisation des Chaos und Aussteiger-Utopie, Alternative zur bundesrepublikanischen Norm und bunte Exotik, spannender Erlebnisraum und schließlich Zentrum der neuen Metropole Berlin. Aus diesen Bildern von und Diskursen über den Bezirk konstituiert sich das Bedeutungssystem ›Kreuzberg‹. Die Bilder des fiktiven Kreuzberg-Museums funktionieren wie eine Art ›Museum im Kopf‹ und nehmen von dort aus Einfluß auf die subjektive Wahrnehmung. Bei den offiziell angebotenen Images werden Anleihen gemacht – und in den persönlichen Perspektiven und Ansichten kehren diese Bilder wieder.

Das virtuelle Kreuzberg-Museum liefert jedoch lediglich Angebote für individuelle Wahrnehmungsweisen. Ob und wie sich die einzelnen an den Bildern orientieren, bleibt ihnen überlassen. Jeder Betrachter der imaginären Kreuzberg-Ausstellung entwickelt unterschiedliche Lektürepraktiken und unterschiedliche Umgangsweisen mit den angebotenen Bildern. Erst die Mischung aus den eigenen Erfahrungen und den vorgegebenen Bildern ergibt ein je spezifisches Vorstellungsbild von Kreuzberg. Dieses kann klar umrissen und deutlich akzentuiert, aber auch vage und unbestimmt sein.

Anhand von fünf Fallbeispielen sollen diese Überlegungen und damit eine weitere Spielart der Dialektik aus Bilderwelt und Lebenswelt dargestellt werden. Welches Bedeutungs- und Vorstellungssystem verbinden meine Gesprächspartner mit ›Kreuzberg‹, und inwiefern lassen sich darin Parallelen zum diskursiv produzierten Image des Stadtteils finden? Gehen die Bewohner mit der Zeit, wie in der imaginierten Ausstellung, von einem Bild zum nächsten,

182

oder verharren sie in stiller Andacht vor einem bestimmten Bild? Vollziehen die Zeitzeugen am Ende gar selbst eine Metamorphose?

Doch nicht nur die subjektiven Bedeutungen ›Kreuzbergs‹ waren Thema meiner Gespräche mit den Zeitzeugen; auch die Frage, wie die einzelnen mit den Metamorphosen des Stadtteils und insbesondere mit der neuen Situation nach dem Mauerfall zurechtkommen, bildete für die Gespräche und deren anschließende Deutung einen zentralen Schwerpunkt. Auf die vordergründige Frage, ›Wie reagieren meine Gesprächspartner auf Veränderungen und Wandelprozesse?‹, folgte allerdings die analytische Überlegung, *warum* die einzelnen so oder so auf die Veränderungen reagieren. Ausgehend von der Überlegung, daß ein bestimmtes Regelgerüst, die »Lebenskonstruktionen« (Bude) meiner Gesprächspartner, sämtliche ihrer Aussagen und Dispositionen strukturiert, wurden die Interviews im Hinblick auf dieses Regelgerüst interpretiert: Was für eine Lebenskonstruktion steht hinter den Aussagen und läßt meine Gewährspersonen auf ihre Art mit Wandel fertig werden?

Auf der Grundlage meiner 20 Gespräche spiegeln die fünf folgenden Porträts drei typische Dispositions- und Reaktionsmuster wider, d.h. die nachfolgenden Personen können als charakteristisch für andere, ähnlich reagierende Personen verstanden werden. Über Repräsentativität ist damit freilich nichts ausgesagt.

1. Porträt: *Paul*

»Die gute alte Zeit«

Paul hat zweieinhalb Jahre in einem besetzten Haus gewohnt und die Besetzerzeit 1980 bis 1983 aktiv miterlebt. Er war zur Zeit unseres Gesprächs Mitte Dreißig, er hat verschiedene Studienfächer ausprobiert und machte gerade seinen Abschluß in Architektur.

Paul ist 1979 nach Berlin gekommen (aufgewachsen ist er in einer süddeutschen Kleinstadt), weil ihn die Provinzstadt, in der er damals studierte, angeödet hat. Nach Kreuzberg indessen ist er nicht gezielt gezogen, vielmehr hat es ihn eher zufällig dorthin verschlagen:

»Ich hatte überhaupt keine Ahnung, war noch nie hier gewesen, wußte von nichts.« »Also ich hatte da schon dumpf davon gehört, daß es besetzte Häuser gibt, aber das hat mich nicht weiter interessiert eigentlich.«

Diese Aussagen wirken zunächst irritierend, stehen sie doch im Widerspruch zu anderen Gesprächspartnern, die Kreuzberg bereits Mitte der siebziger Jahre als »den Ort überhaupt in Deutschland« (Joachim) empfunden haben. Auch Matthias (s.u.), der 1976 nach Berlin gezogen ist, erinnert sich, daß Kreuzberg damals schon »angesagt« war. Warum also betont Paul mehrfach, daß er »von nichts wußte«, »nicht weiter interessiert« war und nur »dumpf« von Kreuzberg gehört hatte? Vielleicht hatte Paul tatsächlich noch nicht viel über den Stadtteil gehört. Möglich ist aber auch, daß sich hinter seiner Abwehr gegen meine Frage, ob er gezielt nach Kreuzberg kam, etwas anderes verbirgt. Wollte Paul dadurch vielleicht gleich zu Beginn unseres Gesprächs etwas klarstellen; etwas was sehr wichtig für ihn ist? Nämlich, daß er nicht einer der vielen ist, die nach Kreuzberg kamen, weil es zu einer bestimmten Zeit als »cool« oder »chic« galt, hier zu leben. Dann könnte man diese Aussagen auch dahingehend interpretieren, daß er mir deutlich zu verstehen geben wollte: ›Ich bin nicht erst nach Kreuzberg gekommen, als es bereits überall berühmt-berüchtigt war, und ich bin auch nicht aufgrund der Medienrepräsentation hierhergekommen. Vielmehr bin ich durch politische Zusammenhänge nach Kreuzberg gekommen, gewissermaßen zum entscheidenden Zeitpunkt, als nämlich die Ära der Häuserbesetzungen begann‹. Diese Deutung wird im weiteren Verlauf des Interviews zunehmend plausibel.

So klärt Paul bereits in den ersten Minuten unseres dreistündigen Gesprächs, daß er die legendäre Straßenschlacht, »am 12. Dezember 1980, das unvergeßliche Datum« live miterlebt hat. Damit präsentiert er sich einerseits als kompetenten Informanten. Er hat die erste heftige Auseinandersetzung zwischen Polizisten und Demonstranten nicht nur aus der Medienberichterstattung, sondern live erfahren; Paul weiß, wovon er redet, er war dabei. Zugleich aber definiert er mit dieser Themenwahl, um was es für ihn in erster Linie geht, wenn man sich über Kreuzberg – kompetent – unterhält: Um die Hausbesetzerzeit im allgemeinen und um die Kämpfe zwischen Berliner Senat und Besetzern im besonderen. Wobei die Besetzerbewegung stellvertretend für eine umfassende politisch-revolutionäre Überzeugung stand, die weit über den beanstandeten Wohnungsleerstand hinaus reichte. Paul ging es – wie auch Joachim und vielen anderen – um die ›Veränderung der Welt‹. Es ging ihm um »Mietboykott und Wohnraumvergesellschaftung, Antikapitalismus, Antimilitarismus, Antifaschismus, Unterstützung politischer Gefangener« und vieles andere mehr. Ich möchte daher zunächst etwas genauer darstellen, wie Paul diese Zeit, die er als prägend für Kreuzberg charakterisiert, erlebt hat.

Paul war völlig integriert in die damalige Besetzerbewegung. Dies wird nicht nur durch die vielen, lebendig erzählten Geschichten aus der Besetzerszene deutlich, sondern ebenso sprachlich, in der Art und Weise, wie er darüber redet: Es ist »logisch«, daß er in Straßenschlachten aktiv war, es ist »logisch«, »daß es 'ne Schweinerei ist, wenn ein Haus geräumt wird« und es ist »klar«, daß er bei Hausbesetzungen mitgemacht hat. Darüber hinaus wird seine Integration in der Besetzerbewegung auch durch inhaltliche Aussagen deutlich:

»Damals kannte ich vom Sehen bestimmt 500 Leute, die ich auf der Straße oder bei Demos erkannt habe oder in Kneipen. Und näher kannte ich bestimmt 100 Leute, mit denen ich geredet hab.«

Paul erinnert sich noch sehr lebhaft daran, wie er zum ersten Mal von Hausbesetzungen gehört, seine erste Straßenschlacht erlebt hat und wie er schließlich selbst Mitglied einer Gruppe wurde, die in Kreuzberg ein Haus besetzt hat:

»Eines Nachts haben wir uns alle getroffen, so 40 Leute oder so was und dann haben wir gegen zwei, drei Uhr beschlossen, daß wir jetzt im Gänsemarsch in Abständen alle dahin gehen. Jeder nimmt ein Bündel Zeug mit und wir treffen uns da im Haus. (...) Und dann ist uns ein Mißgeschick passiert: Da wohnte nämlich noch ein Hausmeister, von dem wußten wir nichts. Und wir haben die Tür aufgebrochen und auf einmal ist uns eine schreiende Frau entgegengekommen. Und der Hausmeister ist natürlich sofort rausgelaufen, hat die Bullen angerufen und in Nullkommanichts standen die Bullen vor der Tür.« Nach einigem Hin und Her wurde der Hausmeister wieder ins Haus gelassen – und die Tür wieder verbarrikadiert. »Wir haben bestimmt 40 Hausdurchsuchungen gehabt. (...) Deshalb haben wir auch die ganze Zeit über Nachtwachen gehabt. Weil es konnte gut sein, daß morgens um sechs ein paar Bullen mit der Kettensäge an der Tür standen und die Barrikaden durchsägten. (...) In der Regel läuft so eine Hausdurchsuchung so ab, daß die die Tür aufsägen und dann stürmen da so 100 Bullen rein.«

Damals begannen die ersten Reiseunternehmen, Stadtrundfahrten durch das allmählich bekannt werdende Kreuzberg zu organisieren.

»Dann wurden da irgendwelchen fränkischen Rentnern besetzte Häuser gezeigt. Die haben vor unserem Haus angehalten, haben sich natürlich nicht getraut auszusteigen und dann haben alle am Fenster geklebt und Fotos gemacht. Also das ist einem schon auf die Nerven gegangen. (...) Machst die Tür auf, steht vor dir ein Bus und 30 Leute fotografieren dich. So nach dem Motto ›Der Herr Besetzer kommt aus dem Haus‹. Dann haben wir irgendwann angefangen, diese Busse anzuhalten. Da sind wir zu fünft oder zehnt aus dem Haus rausgegangen und haben uns vor die Busse gestellt und die gezwungen, die Tür aufzumachen. Zwei sind reingegangen und haben kassiert für die Fotos.«

Gegen Ende der Besetzerzeit, ca. 1982, wurde den Bewohnern des Hauses ein Angebot unterbreitet, welches ihnen das Bleiberecht – allerdings nur im Hinterhaus gewährt hätte. Dies war für die Besetzer kein akzeptables Angebot; sie lehnten ab, weil sie als Nicht-Verhandler konsequent geblieben sind: entweder alles oder nichts. Danach wurden ihnen diverse Ultimaten gestellt, bis wann das Haus geräumt sein sollte. Als das dritte Ultimatum verstrichen war, hatten sie »die Schnauze voll«, worauf sie das Haus unauffällig ausgeräumt und verlassen haben. Parallel sorgten sie durch eine gezielte Aktion für nächtliche Ruhestörung und warteten in sicherer Entfernung auf die Polizei. Und tatsächlich:
»Eine Viertelstunde hat es gedauert, natürlich kam nicht 'ne Streife wegen Ruhestörung, sondern da kamen 20 Wannen an. Die Bullen wollten natürlich die Gelegenheit (für die Räumung, B.L.) benutzen und haben die Barrikaden aufgesägt.« – Immerhin: Die Tatsache, daß die Polizei mit Gewalt in ein Haus eingedrungen war, das sich als vollkommen leer und nicht mehr besetzt entpuppte, bedeutete einen kleinen Triumph für die Besetzer. »Und so waren wir dann unser Haus los.«

Busse wurden zum Anhalten genötigt, die Insassen zur Kasse gebeten und der brave Bürger schockiert. Die Polizei wurde übertölpelt, in Straßenschlachten bekämpft, außerdem wurde im Rahmen dieser Kämpfe möglichst großer Sachschaden produziert. Was sich ein wenig liest wie Räuber- und-Gendarm-Geschichten, verdeutlicht anschaulich, wie Paul das Kreuzberg der Hausbesetzerzeit erfahren hat: Als wiederkehrende Auseinandersetzung mit staatlichen Ordnungskräften bzw. mit dem Staat und mit dem bestehenden System überhaupt. Im Unterschied zu anderen Besetzern, denen es vorwiegend um alternative Wohn- und Lebensformen in den dazu instandgesetzten Häusern ging – so etwa Käthe, die im dritten Fallbeispiel porträtiert wird – verstand Paul die Besetzerbewegung maßgeblich als politischen Aktivismus: Es ging, wie bereits zitiert, um »Mietboykott und Wohnraumvergesellschaftung«, aber auch »um Antikapitalismus, Antifaschismus, Antiimperialismus, Unterstützung politischer Gefangener usw.« Dieser Aktivismus habe immerhin das »Gewohnheitsrecht auf Widerstand befördert«, und für diese Gesinnung war ›Kreuzberg‹ Symbol geworden:

Ein »Synonym für besetzte Räume, wozu auch Häuser in Schöneberg, Wedding usw. gehörten (...) – eine Art von Imperium oder auch Dorf aus versprengten Inseln, besetzten Häusern,

Kreuzberg grüßt den Rest der Welt. *Quelle*: Wolfgang Krolow

Kneipen usw., die in Kreuzberg am dichtesten beieinander lagen. Den restlichen Stadtraum durchquerte man wie eine Wüste.«

Wie prägend die Erlebnisse der Hausbesetzerzeit für Paul waren, verdeutlicht auch folgende Geschichte, die er fast beiläufig erzählt, die aber viel über sein Vorstellungsbild von und seine Beziehung zu Kreuzberg zum Ausdruck bringt.

»Kennst du das ›Bronx‹? Das ist ja im Prinzip noch so'n bißchen urtümlich geblieben. (...) zumindest jahrelang ist es urtümlich geblieben, die gute alte Zeit sozusagen.[1] Und da war ich mal, ich weiß nicht, vor vier Jahren. (...) Und da kam so'n Typ an, der vielleicht 18 war oder so was. Und meinte: ›Ei ihr scheiß Touristen, was wollt ihr denn hier?‹ (...) ›Ihr scheiß Touristen, ihr zerstört meinen Kiez‹ und so. Und dann hat sich rausgestellt, daß der vor zwei, drei Jahren aus Oberschwaben oder sonst woher gekommen war (...) und dann hab ich

---

1 Das »Bronx« ist eine Disco, im Erdgeschoß eines Gebäudes in der Wiener Straße. Die Fassade ist mit Graffiti überzogen, der Putz bröckelt und drinnen werden eher Rock-Klassiker als Rave-Tracks gespielt; das Publikum trägt eher Lederjacken als Kapuzen-Shirts. Der Raum hat die Patina von vielen Jahren Rauch, Musik und Tanz.

187

ihm gesagt, ob er denn damals bei den besetzten Häusern schon dabei gewesen wäre. Und dann ist er auf der Stelle umgeschwenkt und meinte: ›Was? Komm ich geb einen aus Alter‹. (...) Aber das ist eben die Sorte Leute, die eben schon die neue Generation ist.« Und etwas später im Interview fragt mich Paul: »Zum Beispiel kennst du den ›Franken‹? (Eine Kneipe, B.L.) Da waren zum Beispiel früher von der nachfolgenden Generation die kernigen Leute. (...) Da traf man dann so Leute, die zwar von nichts 'ne Ahnung hatten, aber trotzdem noch die gleiche Meinung hatten sozusagen.«

Die Beschimpfung, »Tourist« ist in zweifacher Hinsicht interessant. Zum einen konnte gerade Paul, der sich zu Hausbesetzerzeiten selbst durch die Reisebusse belästigt, weil zur Schau gestellt fühlte, nichts Schlimmeres passieren, als nun seinerseits »Tourist« gescholten zu werden. Zum anderen – darin scheinen sich der »Typ« aus dem »Bronx« und Paul einig zu sein – artikuliert sich in der negativ besetzten Zuschreibung des Touristenstatus die Vorstellung, daß Fremde in das authentische Kreuzberg eindringen, dieses verändern bzw. fälschen und selbstredend nur Unheil in die heile Welt bringen. Besonders gefährlich scheinen in diesem Zusammenhang die Schwaben zu sein. – Aufschlußreich ist weiter, wie Paul seinen Insiderstatus und damit seine Kenntnis des ›echten‹ Kreuzberg unter Beweis stellt: Er macht klar, daß er »bei den besetzten Häusern« dabei gewesen ist. Authentizität wird also über die Teilnahme und Zeugenschaft der Hausbesetzer-Ära verhandelt. Auch darin scheint sich der »Typ« aus dem Bronx mit Paul einig zu sein, wie die anschließende Verbrüderung zeigt.

Ansonsten aber zieht Paul eine klare Trennlinie zwischen seiner Generation, nämlich der Besetzergeneration und der »neuen Generation« bzw. der »nachfolgenden Generation«. Und diesen beiden Generationen ordnet er auch den Anspruch zu, über Kreuzberg mitreden zu können – oder eben nicht. Nur wer »damals bei den besetzten Häusern schon dabei gewesen« ist, hat »eine Ahnung« von Kreuzberg. Um so wichtiger ist es für ihn, sich selbst als Besetzer der ersten Generation darzustellen. Damit klärt sich auch die anfangs zitierte Äußerung, in der sich Paul so sehr dagegen sperrt, erst nach Kreuzberg gekommen zu sein, als der Bezirk bereits von sich reden gemacht hatte: Implizit positioniert er sich damit als Kreuzberger der ersten Stunde und grenzt sich so zugleich von den nachfolgenden Generationen ab, die »keine Ahnung« von Kreuzberg haben.

Indem Paul aber unterscheidet zwischen Leuten, die »eine Ahnung« von Kreuzberg haben und Leuten, die keine Ahnung haben, wird außerdem deutlich, daß er eine präzise Vorstellung davon hat, was ›Kreuzberg‹ ist: nämlich einzig und allein das Kreuzberg der Hausbesetzerzeit. Dieses Kreuzberg der Hausbesetzer-Ära bezeichnet Paul dann auch als das »urwüchsige«, »urtümliche« Kreuzberg.[2] Indem er begrifflich auf die urige und ursprüngliche Natur des Stadtteils anspielt, wird dem Bezirk seine quasi-natürliche, seit Urzeiten so gewachsene Gestalt zugeordnet und eine Art authentischer Zustand des Bezirks konstruiert.

Auch an anderen Stellen im Interview benutzt Paul immer wieder Redewendungen, die die Existenz solch eines ›Ur-Kreuzbergs‹ indizieren: Er spricht von den »richtigen alten« Leuten und kontrastiert sie mit der »nächsten Generation« bzw. der »Nachfolgegeneration«, »die man nicht ganz ernst nehmen (kann)«. Der »Elefant«, eine Kneipe in SO 36, sei noch »urtümlich« geblieben.[3] Im Gegensatz zum »Elefant« gibt es aber auch zahlreiche neueröffnete Kneipen, »aufgemotzte Läden (...) mit dem superneusten Design«, die Paul mit Vehemenz ablehnt.

In derlei Typisierungen wird nicht nur ersichtlich, daß aus dem richtigen, authentischen Kreuzberg eine Mutation hervorgegangen ist, die nicht mehr viel mit dem ursprünglichen und eigentlichen Kreuzberg der Hausbesetzergeneration gemeinsam hat. Wiederholt zieht Paul auch eine Grenze; nicht nur zwischen früher und heute, sondern auch zwischen ›uns‹ und ›denen‹. Zwischen Wir, den Hausbesetzern der ersten Stunde – und ihr: »der nächsten Generation« bzw. der »Nachfolgegeneration«.

Was unterscheidet die Jüngeren so sehr von Pauls Altersgruppe, daß er sich fortwährend gegenüber ihnen distanzieren muß? Paul differenziert zwischen alter und neuer Generation aufgrund deren politischen Engagements und gesellschaftlicher Zielsetzung. Er kritisiert an den Jüngeren deren Mangel an poli-

---

2 Paul bezeichnet zwar nicht direkt das damalige Kreuzberg als »urtümlich«, wohl aber diejenigen Etablissements, die noch aus der Hausbesetzerzeit übrig geblieben sind und sich den damaligen Stil bewahrt haben. Das »Bronx« zum Beispiel ist »noch so'n bißchen urtümlich geblieben (...) die gute alte Zeit sozusagen«. Auf der paradigmatischen Ebene wird damit ein Zusammenhang zwischen Hausbesetzerzeit, Bronx, Urtümlichkeit und Kreuzberg hergestellt.

3 Der »Elefant« ist eine Eckkneipe in der Oranienstraße, die – abgesehen von einer beachtlichen Elefantensammlung – auf überflüssige Dekoration weitgehend verzichtet und tatsächlich seit Jahren nicht mehr renoviert, gestrichen oder sonst irgendwie verändert wurde. Das Mobiliar besteht aus schweren Holztischen und -stühlen und einigen großen Weinfässern, die als Tische umgenutzt wurden. Im »Elefant« gibt es Bier, Rotwein und Weißwein (in genau dieser Differenzierung).

tischem Bewußtsein, die fehlende Kontrahaltung und den verlorengegangenen Versuch, »den Staat umzukrempeln«.

»Damals sind wir zu nichts anderem gekommen. Wir haben nichts gemacht, außer unser Haus instandzusetzen, Besetzerrat, Plenum, Demonstrationen, Straßenschlachten, Aktionen.« »Wir haben damals über nichts anderes geredet als über Sanierungspolitik und Entmietungsschweinerei und Leerstand und Spekulanten. Wir haben auch Aktionen gemacht. Und das gibt's heute nicht mehr.«

Bei den Jüngeren ist »nicht mehr viel los in die Richtung«. Nicht nur die Erfahrung der Hausbesetzerzeit, sondern auch die Begeisterung und das Interesse für ähnliche Ziele sind der Nachfolgegeneration abhanden gekommen.

»Ich habe diverse Generationen an Studenten an mir vorbeiziehen lassen. Da sieht man auch einiges. Und da sieht man auch, daß die Struktur der Militanten zerschlagen worden ist. (...) Und insgesamt entwickelt sich so was aber auch deshalb nicht mehr neu, weil die Mentalität von den jüngeren Leuten, ich weiß nicht, wie alt du bist, ich will dich ja nicht beleidigen, aber es ist nicht mehr viel los in der Richtung.« Und an anderer Stelle sagt er: Die Häuserbesetzungen waren »der letzte Ausläufer von so 'nem politischen Massenbewußtsein. (...) Dieses Bewußtsein, so 'n Massenbewußtsein, 'ne Kontrahaltung, 'ne kreative Kontrahaltung, die nimmt sowieso permanent ab (...) das politische Massenbewußtsein ist für mich jetzt auf einem Tiefstand.«

Während sich also seine Generation dadurch kennzeichnete, daß ihr Leben auf die politische Aktion in Kreuzberg und auf die damit verbundene Utopie einer Veränderung der Welt konzentriert war, ist bei den Jüngeren nicht mehr viel los in Richtung Protest und Kritik. Damit aber haben sie Pauls Ideale verraten. Sie, die Kreuzberg nur noch als spannungsvollen, geradezu modisch gewordenen Erlebnisraum goutierten, haben das ursprüngliche Kreuzberg deformiert. Denn Kreuzberg war in Pauls Wahrnehmung nicht nur ein zufälliger Fokus, wo sich politisches Bewußtsein und Kontrahaltung artikulierten, vielmehr war die Aneignung und Gestaltung des Bezirks gemäß dieser Kontrahaltung sein ureigenstes Ziel.

Absolut treffsicher identifiziert Paul damit einen wesentlichen Grund für die Wandelprozesse in Kreuzberg: Eine neue Generation mit veränderten Erwartungen, Interessen und Zielen macht sich breit. Ohne die klassische Rebellion gegenüber Eltern und Staat konstituiert sich in den späten achtziger und frühen neunziger Jahren eine Jugend, die sich dennoch klar von ihren Vorgängern unterscheidet: Und zwar vor allem darin, daß sie keine theoretischen Konzepte zu ihrem Dogma macht. Zudem ist sich die Jugend der neunziger Jahre ihrer Heterogenität bewußt, und sie unternimmt daher auch nicht den Versuch, diese Vielfalt unter einen Hut bringen zu wollen. – Insofern liegt Paul vollkommen richtig, wenn er ein schwindendes »politisches Massenbewußtsein« diagnostiziert. Tatsächlich: solch ein die Masse verbindendes Bewußtsein kennt die neu heranwachsende Generation nicht mehr; und schon gar nicht ein Bewußtsein, das sich als Protest- und Kontrahaltung gegenüber der älteren Generation formiert.

Vor dem Hintergrund seiner eigenen Grundeinstellung ist es nur logisch, daß Paul diesen Gesinnungswandel der Generationen als zutiefst düstere und unheilvolle Entwicklung wahrnimmt: Die praktizierten Lebensformen der Jugend verurteilt er als »thatcheristisch, reaganonistisch und kohlköpfig: systembejahend, weltkapitalismusfördernd, konsumistisch, unkreativ und gesellschaftszerstörend«. Beim Anblick des veränderten Kreuzbergs wird ihm »schlecht«, und der Wandel Kreuzbergs wird gar als »Untergang Kreuzbergs« kategorisiert.[4]

Ganz offensichtlich hat sich Paul ein festes Bild von Kreuzberg gemacht. Das Bild vom »urtümlichen« Kreuzberg mit »kernigen Leuten« und »verrotteter Atmosphäre«, das Kreuzberg, von dem aus es einmal den Anschein hatte, man könne »den Staat umkrempeln«. Kreuzberg, das ist für Paul die Raum gewordene Utopie der politischen Protestbewegung, die sich Ende der siebziger, Anfang der achtziger Jahre formiert hat; die Erfahrung massenhaften Protests gegen das System. Diese Utopie duldet keine Kompromisse oder Modifikationen.

Deshalb ist es auch logisch konsequent, daß Paul auf die gegenwärtigen Veränderungen in Kreuzberg, wie überhaupt in Berlin, mit Argwohn und Kulturpessimismus reagiert: Seine Ideale und Hoffnungen haben sich mehr und mehr in Luft aufgelöst, und dafür sind die Wandelprozesse in Kreuzberg paradigmatisch. Im Vergleich zur »guten alten Zeit« empfindet er die Veränderung des Stadtteils als »Untergang Kreuzbergs«, mehr noch, als »Niedergang der Kultur überhaupt«. Gegenüber dem heutigen Kreuzberg geht er deutlich auf Distanz:

Es sei ihm »wurscht« bzw. »scheißegal«, wo er abends sein Bier trinkt, denn die frühere Atmosphäre sei sowieso »flöten gegangen«. »Mir fehlt schon diese verrottete Atmosphäre, die da früher noch war. Also ich finde es ekelerregend, wenn (...) schon wieder so'n aufgemotzter Laden aufgemacht hat. Mit dem superneusten Design und teuren Schrott drin. (...)

---

4 »Untergang Kreuzberg« lautete eines der 27 Schlagworte, die ich meinen Gesprächspartnern zur Auswahl vorlegte.

Da wird's mir schlecht, wenn ich das sehe. (...) Und irgendwann werde ich wahrscheinlich überhaupt nicht mehr in die Oranienstraße gehen.«

Diese hartnäckige Verweigerung gegenüber jedweder Veränderung des Stadtteils erklärt sich nun aber nicht nur durch den hohen Anspruch, den Paul und seinesgleichen in den siebziger und frühen achtziger Jahren an Kreuzberg geknüpft hatten. Das konsequente Nein gegenüber jeglichem Wandel ist auch einer grundsätzlichen Disposition geschuldet, die weit über Pauls Einstellung zu Kreuzberg hinaus reicht: Pauls Lebenskonstruktion. Charakteristisch für das Gespräch mit Paul ist dessen starre Haltung, mit der er strikt zwischen ›echt‹ und ›falsch‹, zwischen ›urtümlich‹ und ›deformiert‹, ›wir‹ und ›ihnen‹ unterscheidet. Und genau das meint der Begriff »Lebenskonstruktion«; ein Regelgerüst, nach dem nicht nur Pauls Aussagen in puncto Kreuzberg, sondern auch sein eigenes Leben strukturiert und konzipiert ist. Die Gefügeordnung, mit der Paul nicht nur den Gesprächsgegenstand Kreuzberg, sondern sein gesamtes personales Leben ordnet. D.h. die Art, in der er über Kreuzberg spricht, verrät auch etwas darüber, wie er sein eigenes Leben grundsätzlich organisiert.

So klar umrissen wie das Bild, das er sich von Kreuzberg gemacht hat, so eindeutig wie seine politischen Positionen und Kontrahaltungen, so klar und kompromißlos ist auch sein eigener Lebensentwurf. Die oft harten Trennstriche und Positionierungen kehren in seiner eigenen Lebensführung wieder, einen kompromißbereiten Weg lehnt Paul ab. Zu Hausbesetzerzeiten schlug er sich auf die Seite der Nicht-Verhandler, die Verträge jeglicher Art ablehnten, weil – so steht es in einem Flugblatt aus dem Jahr 1982 – »Verträge immer bedeuten, daß man zu etwas gezwungen werden kann, was man nicht will (...) Viele Besetzer, die weder Verträge noch Geld wollen, wollen damit auch zeigen, daß sie sich nicht nur gegen eine ›verfehlte‹ Wohnungspolitik wehren, sondern daß Hausbesetzen nur ein Teil eines viel weiterreichenden Widerstands ist und bleiben soll: sie werden sich gegen alle Unmenschlichkeit zusammen mit möglichst vielen wehren.« Paul war also Nicht-Verhandler, und er distanziert sich von den »Verhandlerschweinen«, die sich im Gegensatz zu ihm gerade durch ihre Kompromißbereitschaft charakterisierten. Zum einen ging es der Verhandlerfraktion nicht unbedingt darum, »sich gegen alle Unmenschlichkeit« dieser Welt zu wehren, sondern um das vergleichsweise niedrig gesteckte Ziel, Kritik an der Wohnungspolitik zu äußern und sich dabei gleichzeitig Wohnraum für die eigenen Lebensvorstellungen zu beschaffen. D.h. bereits was ihre Zielsetzung anbelangt, vertraten sie eine eher gemäßigte Position. Zudem waren die Verhandler zu Konzessionen und Zugeständnissen bereit, sie ließen sich auf die Angebote des Berliner Senats ein, wägten ab und fanden pragmatische Lösungen. Ganz anders Paul; er wollte alles – oder nichts: Auf Verhandlungen und Kompromißangebote ließ er sich nicht ein, er war »auf der militanten Seite« und wollte mit den »Reformisten« nichts zu tun haben.

Analog zu dieser Entweder-Oder-Haltung im politischen Bereich, läßt sich auch sein Leben im besetzten Haus beschreiben: Auch dort praktizierte er die extremstmögliche Form des Zusammenlebens:

»Ich habe in so einer Wohngemeinschaft gewohnt, wo wir aus ›revolutionären Gründen‹ so verschiedene Funktionsräume gehabt haben. Das heißt wir haben zusammen geschlafen im Schlafsaal und so weiter.«

Und schließlich kann auch seine eigene Biographie als konsequente Verweigerung gegenüber bürgerlichen Werten und Normen gedeutet werden: Mitte Dreißig ist er noch ohne Hochschulabschluß, fast scheint es, als zögere er den Studienabschluß und die damit einhergehende Etablierung im ›System‹ hinaus, denn gerade dies stünde quer zu seiner kompromißlosen Boykotthaltung gegenüber eben diesem System.

Pauls Lebenskonstruktion folgt einem geschlossenen Lebensentwurf, der keinerlei Abweichungen, Modifikationen oder Variationen toleriert. Anders formuliert: Er bleibt seinen Idealen kompromißlos treu. Er hält fest an einer emphatischen Einseitigkeit, er akzeptiert nur ›entweder – oder‹, ein ›sowohl als auch‹ bzw. ›zwar aber‹ lehnt er ab. Egal, für was er sich einmal entschieden hat: es bleibt dabei. Und dies gilt auch und gerade für seine Konzeption und sein Verständnis von Kreuzberg. Hartnäckig sucht er die alten Räumlichkeiten auf, wo Kreuzberg »urtümlich« geblieben ist: Das Wirtshaus zum »Franken« in der Oranienstraße zum Beispiel, das zwar renoviert wurde »aber doch noch so im Prinzip wie früher hergerichtet (ist), die ganzen alten Dinger wieder an die Wand gepinnt«. Oder er geht ins »Pinox«, das sich in einem ehemals besetzten Haus, ebenfalls in der Oranienstraße befindet.[5] Paul geht also an Orte, die ihn an früher erinnern, neue Etablissements dagegen, Cafés und Bars ebenso wie die aktuellen kulturellen Trends lehnt er strikt ab. Und zwar nicht nur für sich selbst, sondern auch für die Jugend der Neunziger, deren mangelndes politi-

---

5 Das Pinox ist eine Kneipe mit Holztischen und -stühlen, großer Fensterfront und breit gefächertem Getränkeangebot. Eine Wand ist mit den ausgerissenen Seiten aus Karl Marx' »Kapital« tapeziert.

sches Engagement er diskreditiert und deren Verhalten er ebenfalls an vergangenen Zeiten mißt.

Paul macht das Früher, das heißt in seinem Fall die früheren Ideale der politischen Revolution, zum Maß aller Dinge, und er ist nicht bereit, sich auf neuere Entwicklungen einzulassen, weil sie nicht mit seiner Überzeugung zu vereinbaren sind. Vielmehr nimmt er alles, was die »gute alte Zeit« in Frage stellt als Untergangsszenarien wahr. Hierfür sind die Prozesse in Kreuzberg paradigmatisch. Wie kein anderer Ort symbolisiert Kreuzberg das Scheitern seiner eigenen Ideale und Utopien. In Pauls Vorstellung war Kreuzberg eine Art Chiffre für Widerstand und Protest und als solche duldet sie keine Modifikation. Diese symbolische Bedeutung des Stadtteils macht es ihm auch so schwer, mit den faktisch stattfindenden Metamorphosen zurechtzukommen. Denn in Anbetracht des gegenwärtigen Kreuzberg ist Paul mit seiner persönlichen Vorstellung von Kreuzberg gescheitert. Als Konsequenz bleiben ihm nur zwei Möglichkeiten: Anpassung und Akzeptanz oder aber Abwehr und Verweigerung. Paul entscheidet sich, auch hier bleibt er seiner Lebenskonstruktion treu, für letzteres – und das heißt: Wegzug.

»Ich habe die Idee, daß ich in Berlin nicht mehr bleiben will. Es hält mich hier eigentlich nichts mehr.«

2. Porträt: *Tanja*

»Es ist einfach nicht mehr das, was es einmal war«

Tanja ist 29 Jahre alt und alleinerziehende Mutter von drei Kindern: Der älteste Sohn ist 14, die erste Tochter acht und die jüngste Tochter ein halbes Jahr alt. Tanja brach das Gymnasium ab, wechselte an die Realschule, die sie nach dem neunten Schuljahr verließ. Danach hat sie eine Ausbildung als Floristin gemacht, allerdings nie als solche gearbeitet. Tanja lebt von Sozialhilfe. Aufgewachsen ist sie in einer mittelgroßen Stadt in Nordrhein-Westfalen. Tanja hat eine Schwester, über die sie sagt, diese sei »das genaue Gegenteil« von ihr. »Sprich: Sie hat es natürlich zu etwas gebracht. Sie ist das Vorzeigekind schlechthin.« (Die Schwester arbeitet als Krankenschwester.)

Tanja ist mit 17 (1982) aus ihrer Heimatstadt zu ihrem damaligen Freund, dem Vater ihres ersten Kindes, nach Berlin gezogen. Zunächst hat sie mit ihm und drei Freunden in einer Ein-Zimmer-Wohnung in Wedding gewohnt, doch schon bald haben sich die fünf eine größere Bleibe in SO 36, in der Cuvrystraße gesucht.

»Wir sind am Schlesischen Tor ausgestiegen, sind hier durch die Wrangelstraße gelaufen, kamen in die Cuvry, haben gesehen, daß die ganzen Fenster hier unten und die Türen offen standen. Da sind wir halt reingegangen und es sah ziemlich unbewohnt aus. Nur völlig schrottige Sachen überall. Dann haben wir im Haus gefragt, was mit der Wohnung ist und es wurde uns gesagt: ›Da lebt keiner drin, die wird nur ab und zu mal von Leuten besucht, die da schlafen.‹ Und dann haben wir uns 'n Handfeger und 'n Besen geholt und fingen an, hier sauber zu machen und seitdem haben wir hier, in den beiden Parterrewohnungen, gelebt.« Auf meine Frage, ob sie gezielt nach Kreuzberg gezogen sei, ob sie also nach Kreuzberg wollte, antwortete Tanja: »Ja irgendwie hat's mich schon angezogen. Alles hat's nach Kreuzberg gezogen. Das war automatisch irgendwie.«

Ich möchte versuchen, dieses ›irgendwie‹ zu füllen und etwas genauer zu beschreiben, warum sich Tanja zu Kreuzberg hingezogen fühlte. Politische Gründe, wie etwa bei Paul, spielten für sie keine Rolle. Tanja war nie – »nicht die Bohne«, wie sie sagt – politisch aktiv. Und auch für die Legalisierung ihres besetzten Hauses hat sie

»eigentlich überhaupt nichts dazu getan. Es kam irgendwann dieser Verein SO 36 auf uns zu. (...) und der trat dann an uns 'ran und meinte, ›so, das Haus soll saniert werden‹ und wir wurden dann zu unseren Vorstellungen befragt. Was wir denn gerne hätten. Ob wir lieber unsere Ofenheizungen behalten wollen oder lieber 'ne Gasetagenheizung haben wollen. Ansonsten mußten wir da nicht viel dazu tun.«

Revolutionäre Utopien oder idealistische Projekte, welche die Weltveränderung von Kreuzberg aus im Visier hatten, waren unbedeutend für Tanjas Beziehung zu Kreuzberg. Sie wollte keine stundenlangen Debatten, keinen Aufruhr, sondern ihre Ruhe und »in Ruhe gelassen« werden.

Es war exakt dieses Ungestörtsein, was Tanja an Kreuzberg schätzte. Und zwar ein Ungestörtsein, das auch und gerade für unorthodoxe Verhaltens- und Lebensformen galt. Dies wird in einer Gesprächspassage deutlich, welche auf den ersten Blick eher marginal wirken mag, tatsächlich aber wesentliche Elemente ihrer Affektion zu Kreuzberg wiedergibt. Tanja beschreibt darin die Veränderung des Görlitzer Bahnhofsgeländes, welches »früher nur so eine Sandpiste« war.

»*Wild* bewachsen war es ja irgendwie (...) Ich hab ihn so geliebt. Schon allein, was du da im Sommer jeden Tag an Blumensträußen pflücken konntest. *Wildpflanzen*. Das ist jetzt alles nicht mehr. Das ist jetzt alles schön angelegt.«, »der ist jetzt schön saniert«[6] (Hervorhebungen, B.L.).

Der Wildwuchs auf dem Görlitzer Bahnhof, die wild-anarchisch, ungebändigt und ungezähmt gedeihenden Pflanzen – das ist Tanjas Kreuzberg. So, wie die Blumen ohne Einflußnahme von außen, ohne Landschaftspfleger, ohne Gärtner im Biotop auf dem Görlitzer Bahnhof erblühten, so wollte auch Tanja in Ruhe, ohne Einflußnahme von außen, im nicht domestizierten Soziotop Kreuzberg leben. Ungestört und in Frieden leben zu können, und dies zumal ihr Leben sich nicht an der gängigen Ordnung, an üblichen Wegstrecken und vorgegebenen Routen orientierte, dies war die wesentliche Komponente für Tanjas Erfahrungsraum ›Kreuzberg‹.

Wie wichtig für Tanja gerade die Möglichkeit war, sich frei und unorthodox entfalten zu können, wird in folgender Textpassage deutlich, in der sie die ersten Monate in der Cuvrystraße beschreibt:

»Es war nicht so, daß die Türen abgeschlossen waren, teilweise gab's auch gar keine Schlösser in den Türen. Die Türen standen offen, und es herrschte eine ganz gute Stimmung so unter den Leuten. (...) In der einen Wohnung gab es kein Wasser. Da mußte man es von dem holen, der hatte. In der einen Wohnung gab es keinen Strom, da mußte man dann Kabel zu einer anderen Wohnung legen. Oder die Telefone, die gingen alle von einem Anschluß aus. (...) Ja genau, es gab nur ein Badezimmer im Haus, wo man baden konnte.«

Kreuzberg war offen – im Wortsinn wie auch im übertragenen Sinn. Einerseits waren die Türen offen, es herrschte reger Austausch und Fluktuation zwischen drinnen und draußen, andererseits gab es auch keine Richtlinien, keine Vorschriften und keine Regeln, wie man sich zu verhalten hatte. Im Gegenteil, Gesetze wurden mit Nichtachtung gestraft: Stromkabel verlegt, Telefonanschlüsse

---

6   Das Görlitzer Bahnhofsgelände ist ein, wie der Name schon sagt, brachliegendes Bahnhofsgelände; im Laufe der Jahre entstand darauf eine Ödnis mitten in Kreuzberg. Tatsächlich gab es kaum Grün und Pflanzen, bis 1980 war auf dem Gelände eine Schrottpresse in Betrieb. Schon früh machte sich allerdings eine Bürgerinitiative für den Bau eines richtigen Parks auf diesem Gebiet stark. 1983 wurde der Wettbewerb dafür ausgeschrieben, aber erst 1988, nachdem die Reichsbahn das Gelände an den Senat übergeben hatte, konnte das Projekt endlich verwirklicht werden. Heute ist der Görlitzer Park eine auch für meinen Geschmack etwas zu manierliche Grünanlage geworden: Es gibt klare Wegführungen, künstlich angelegte Wassertümpel mit Zierbrücken, Spielwiesen und Sportplätze, die alle Aktivitäten in dafür vorgesehene Räume fügen.

Gelände des ehemaligen Görlitzer Bahnhofs: »Ich hab ihn so geliebt (...) Das ist jetzt alles nicht mehr. (...) Der ist jetzt schön saniert.« (Tanja). *Quelle*: Kreuzberg-Museum, Archiv

angezapft und die Vorstellungen von Intimität und Privatheit über Bord geworfen – ein einziges Badezimmer für die Bewohner eines ganzen Häuserblocks! Auch Tanjas eigener Lebenswandel war offen für spontane Eingebungen, unstrukturiert und fern jeglicher Systematik:

»Also es gab keinen Tagesablauf in dem Sinne. Wir lebten hier halt *irgendwie*. Die Grundmenschen, die hier drin lebten, waren vier, fünf. Ansonsten stand die Tür offen und es konnte auch mal passieren, daß hier morgens plötzlich acht oder zehn Leute in der Wohnung drin waren. Die hatten sich einfach *irgendwo* hingehauen, um hier zu schlafen. Oder wenn es ganz dreist war, dann hatte ich nachts jemanden zur Seite gerollt: ›Ei mach Platz, ich will auch hier schlafen!‹ (...). Ja, man stand *irgendwann* auf, was meistens nie vor nachmittags war. Und *irgend jemand* ist dann halt mal los und hat *irgendwie* versucht, was zum Frühstück zu organisieren. (...) Und *irgendwann* haben wir dann gefrühstückt und dann sind wir *irgendwann* mit unseren Hunden raus. Und dann konnte es passieren, daß du *irgendwo* jemanden trafst und der sagte: ›Ich geh jetzt zum Mariannenplatz, da ist ganz toll was los.‹ Und dann ging's zum Mariannenplatz, weil da so toll was los war. Oder man traf *irgendwo* jemanden vor 'ner Kneipe sitzen und blieb den ganzen Tag mit da sitzen. Man hatte ja überhaupt keine Verpflichtungen. (...). Das war so von heute auf morgen leben. Man hat kein Stück weiter geguckt irgendwie.« (Hervorhebungen, B.L.)

»Irgendwann«, »irgendwie«, »irgendwo«. Wörter, die durch ihre Vagheit zum Ausdruck bringen, daß man nicht festgelegt war, keinem Plan folgte und kein Ziel ansteuerte; man mußte sich in keine vorgegebenen Strukturen einordnen, sondern lebte nach eigenem Gusto, war spontan und ungezwungen und genoß seine Freiheit. Damit kehrt in der Beschreibung ihres eigenen Tagesverlaufs der Topos der ›Wildpflanze‹ wieder: Genauso wie Tanja die vorgegebenen Wege auf dem kultivierten Görlitzer Park verabscheut, lehnt sie es generell ab, vorgegebene, geglättete Wege zu gehen. Sie sucht die wilden Trampelpfade jenseits der gepflegten Rasenfläche. Das Strukturierte, Geordnete, Domestizierte ist ihr zuwider – auf dem Parkgelände genauso wie im eigenen Leben.

Charakteristisch für Tanjas Lebenskonstruktion ist offenbar das Wilde, Unstrukturierte; ihr Leben verläuft, so scheint es zunächst, »irgendwie«. Doch auf den zweiten Blick erweist sich dieses Irgendwie als genau definiert. Es ist charakterisiert durch die konsequente Verneinung gängiger Normen und Praxen. Genauso wie sie sich selbst als »das genaue Gegenteil« ihrer ›Vorzeigeschwester‹ beschreibt, verläuft ihr gesamtes Leben als das ›genaue Gegenteil‹ jedweder Vorzeigeform und allgemein üblicher Standards. Während andere sukzessive an ihrer Karriere basteln, arbeitet Tanja Schritt für Schritt an ihrem Ausstieg aus solchen Karrieremustern: Zwei Schulabbrüche, eine Ausbildung, die nie ins Berufsleben geführt hat, drei Kinder von zwei verschiedenen Männern, die erste Schwangerschaft mit 15. Dazu paßt auch ihr Erscheinungsbild – die klebrigen Dreadlocks, die zottigen Jogginghosen und der Nasenring, der sich an ihrem rechten Nasenflügel entlangschlängelte (vermutlich lange bevor Piercing-Studios Mode wurden).

Zu dieser Andersartigkeit paßt aus Tanjas Sicht auch der Ort ihrer Lebensführung, den sie als territoriale Negation üblicher Muster erfährt: Kreuzberg. Wiederholt grenzt Tanja den Bezirk gegenüber der Reststadt und gegenüber Westdeutschland ab:»Es war 'ne Insel« sagt sie an einer Stelle und an anderen Stellen differenziert sie zwischen Kreuzberg und ›dem Rest‹, indem sie mit Drinnen/Draußen-Oppositionen operiert.

»Alles, was aus Kreuzberg *raus* war, das war für mich tiefstes Fremdland«; Sie hat es »verabscheut«, wenn sie »mal aus Kreuzberg *raus*mußte in dieses Stadtgetümmel. Ich habe jahrelang hier gelebt, bevor ich überhaupt mal auf'm Ku'damm war. Ich hab's gehaßt« (Hervorhebungen, B.L.).

Zunächst also zieht Tanja eine territoriale Grenze zwischen Kreuzberg und dem Rest der Welt. Sie lebt »drinnen« bzw. auf der »Insel«, fern vom bundesrepublikanischen Festland. Doch sie beläßt es nicht bei der rein geographischen Grenzziehung. Indem sie dem Stadtteil eine spezifische Population zuordnet, verzeichnet sie zusätzlich eine soziale Demarkationslinie:

»Dadurch, daß die Mauer bis auf eine Seite völlig rumgezogen war, kamen von der Seite keine Leute rein. (...) Menschen, die aus Westdeutschland kamen, meine Eltern oder so, die kamen die ersten Jahre nicht, weil es halt Kreuzberg ist. Und damit hat man sich eigentlich alle unangenehmen Leute von vorn herein schon mal vom Hals gehalten. Oder alle Leute, die irgendwie nicht so paßten. (...) Man ist mit seinesgleichen zum größten Teil zusammen und ansonsten wird man in Ruhe gelassen.«

In Kreuzberg lebte man mit »seinesgleichen«, d.h. mit Menschen, die genauso wie sie selbst das Ungeordnete, Anarchische, Wilde bevorzugen und daher mit Westdeutschland und der Elterngeneration nichts mehr zu tun haben wollten.

Die Ähnlichkeit von Tanjas persönlichem Vorstellungsbild mit dem diskursiv produzierten Image Kreuzbergs ist zu deutlich, um übersehen zu werden. Analog zum öffentlichen Diskurs in den Printmedien, der den Stadtteil Anfang der achtziger Jahre immer stärker marginalisiert und ins exotische Abseits gestellt hat, greift auch Tanja auf die Metapher der ausgelagerten Insel zurück. Genauso wie die Presse von Aussteigern und Außenseitern berichtete, die in SO 36 »draußen«, in der eigenen Republik leben, erzählt Tanja, wie ihresgleichen fernab von Westdeutschland sein Dasein fristen konnte. Auch zwischen dem Topos »Chaos« und Tanjas Synonym »Wildwuchs« bestehen deutliche Parallelen. Was allerdings die einen als bedrohliche Anti-Struktur denunzierten, wird von Tanja als Befreiung und uneingeschränkte Entfaltungsmöglichkeit geschätzt.

»Ich habe gedacht, das hier könnte ein Ort sein, wo ich auch leben könnte. Wo ich halt auch so akzeptiert werde, wie ich bin und nicht schräg angeguckt werde, weil ich so bin, wie ich bin.«

Doch dieses »Gefühl ist mir abhanden gekommen.« Warum? »Weil es einfach nicht mehr das ist, was es einmal war.« Weil versucht wird, »Kreuzberg an die Stadt anzugleichen«. »Es war 'ne Insel. Mittlerweile wird's ja Stadt.« Durch diese Angleichung der Insel an die Normalität der Stadt fühlt sich Tanja gestört. Das Wilde soll gezähmt, das Chaotische in Ordnung gebracht werden. Der Fall der Mauer bedeutet die Eingliederung und das Zusammenwachsen der bisherigen Insel an das Festland und damit die Wiedererlangung der Normalität. Nichts Schlimmeres hätte Tanja, der radikal anderen, passieren können.

Den Zeitpunkt der Normalisierung datiert Tanja auf den Beginn der Sanierung, wobei die so gearteten Veränderungen durch den Fall der Mauer »noch krasser« geworden sind. Verursacher des Wandels sind von außen kommende »Planer« und »Yuppies« mit ihrem »Geld«. Diese verdrängen nicht nur die alteingesessenen Etablissements der Kreuzberger Freaks – das »Café Kukkucksei«, das »Debut« oder das »Eck 46«, »wo die ganzen Görlitzer Punks waren« – und eröffnen an ihrer Stelle Restaurants mit »supertollen Menüs« zu »supertollen Preisen« – etwa im »Adelante« oder im »Blue Gout«. Die Planer und Yuppies zerstören vor allem die alte Atmosphäre Kreuzbergs: »Das sind die Leute, von denen kannst du keine Toleranz erwarten. (...) Das sind die Leute, die auf die Art und Weise, wie ich lebe und wie ich aussehe irgendwie reagieren. Und alleine die Reaktion reicht schon.« Sie disziplinieren also in erster Linie den Wildwuchs in Kreuzberg.

Interessant ist nun aber, daß der Anfang der Sanierung und der dadurch eingeleitete Anpassungsprozeß Kreuzbergs biographisch mit Tanjas zweiter Schwangerschaft zusammenfiel.

»Ich war schwanger, und dann fingen die an, hier das Haus zu sanieren. (...) und es war klar, irgendwann in den nächsten Tagen werde ich mein Kind kriegen. Und in meinem Zimmer waren keine Fenster mehr. Und sie fingen gerade an, die Mauern einzuschlagen. (...) Und ich bin dann in die Waldemarstraße in 'ne Neubauwohnung gezogen (...), was ich dann gar nicht so toll fand. Und wie ich dann 'ne Chance hatte, hierher zurückzukommen, weil hier unten 'ne Wohnung frei wurde (...) da bin ich eben wieder hierher zurück. (...) Und ja sicher war das ein totaler Schnitt. Weil ich war schon ein Jahr draußen und als ich zurückkam, war das alles neu. Und für mich sowieso jede Menge Neues. Ich hatte das kleine Kind und Florian, der jahrelang nicht bei mir war.[7] Da hat sich schon 'ne Menge geändert.« »Mein Alltag verläuft planmäßig. Sonst würde ich das gar nicht schaffen mit den drei Kindern.«

Tanja beschreibt hier zwei Metamorphosen, die parallel und dennoch unabhängig voneinander stattgefunden haben. Zum einen wurde ihr Haus in der Cuvrystraße saniert, zum andern wurde sie schwanger, zog vorübergehend weg – und als sie zurückkam, begann ein neuer Lebensabschnitt. Oder, um es mit van Genneps Worten zu formulieren: Tanja durchlebte eine Art rites de passage. Auf die Phase ohne »Tagesablauf in dem Sinne«, in der sie »halt irgendwie« gelebt hat, folgte ein Schwellenzustand – der vorübergehende Wegzug in die Waldemarstraße – und schließlich der neue Lebensabschnitt: Zurück in ihrer Wohnung in der Cuvrystraße wohnt sie nun als alleinerziehende Mutter mit ihren Kindern zusammen. Die frühere Lebens- und Wohngemeinschaft hatte sich aufgelöst (der Vater ihres ersten Sohnes ist bei den Krischnas, ein anderer ehemaliger Freund ist nach Krefeld gezogen, wiederum eine andere Frau ist inzwischen ebenfalls Sozialhilfeempfängerin und alleinerziehende Mutter). Die Türen, die noch vor einem Jahr jedermann offen standen, blieben ab sofort zu, und Tanja erlebt statt Wildwuchs auf einmal »Alltag«, noch dazu »planmäßig«. Das Leben von heute auf morgen, ohne Plan und Struktur, hatte ein Ende. Parallel beobachtete Tanja,

»daß halt jeder aus dieser ›Laß-Laufen-Zeit‹ irgendwie angefangen hat, etwas zu machen. Der eine wird Taxifahrer, der andere macht 'ne Lehre, der andere sucht 'n Job und damit war das dann auch vorbei. So diese dauernden Gemeinsamkeiten. Gemeinsam dies und das tun.«

Einige haben sich geregelte Arbeit gesucht, andere sind in sanierte Wohnungen gezogen, wieder andere haben Kinder, die nun regelmäßig versorgt werden wollen – das Leben aller jedoch verläuft im Gegensatz zu früher nach Plan. D.h. der Wandel in Kreuzberg ist auch Alterungs- und Verbürgerlichungsprozessen bei ›ihresgleichen‹ entsprungen. Insofern entpuppt sich die Erklärung, Planer, Yuppies und ihr Geld würden Kreuzberg verändern, als geschickte und zunächst plausibel klingende Begründung, warum sich auch ihre Welt, Kreuzberg, verändert: Die Bösen, die »Yuppies«, das »Geld«, all jene, »die vor fünf

---

7 Florian hatte bis zur Geburt der ersten Tochter bei Tanjas Eltern gelebt.

Jahren noch nicht mal 'n Fuß nach Kreuzberg gesetzt hätten«, machen Kreuzberg kaputt. Mit dieser Argumentation gelingt es Tanja, trotz aller Brüche und Veränderungen, an ihrer Utopie von Kreuzberg als Insel der Aussteiger und Norm-Verweigerer festhalten zu können. Hätten sich nämlich keine Yuppies aus Westdeutschland Zutritt zu Kreuzberg verschafft, dann wäre der Status Quo des Bezirks bis heute unverändert, dann wäre Kreuzberg auch heute noch Hort und Ort aller Nein-Sager und Nonkonformisten. So aber sind mitsamt den Westdeutschen auch deren Werte nach Kreuzberg eingedrungen und es stellt sich die Frage, wie Tanja auf diesen Umbruch reagiert. Auch hier bleibt sie, wie Paul, ihrem Lebensentwurf treu. Anpassung oder Umschwung kommt für sie nicht in Frage – vielmehr spielt sie mit dem Gedanken, wegzugehen: aufs »Land«, am liebsten in eine »Dorfgemeinschaft«, »wo mehrere Menschen leben, die so die gleichen Träume haben wie ich oder die ähnlich sind wie ich.« Tanja bleibt weiterhin unter ihresgleichen – und bleibt sich weiterhin treu.

Paul und Tanja: zwei »Utopisten«

Paul, der Aktivist und Besetzer der ersten Stunde, wollte in Kreuzberg seinen Traum vom rechtsfreien Raum verwirklichen – und diesem Wunsch entspricht auch sein Vorstellungsbild von Kreuzberg: Es ist die Vision, wenn schon nicht den ganzen Staat, dann wenigstens Kreuzberg umzukrempeln. Für Paul ist ›Kreuzberg‹ daher unmittelbar mit Protest und Demonstration, Aktivismus und politischem Bewußtsein verbunden.

Tanja, die orthodoxe Nonkonformistin, wollte in Kreuzberg fernab von normal gültigen Regeln in Ruhe ihr Dasein fristen – und dies ist auch ihr Bild von Kreuzberg: Eine ausgelagerte »Insel«, wo exotische Pflanzen frei und ungebändigt wachsen und wo sich die Outdrops frei und unbehelligt entfalten können.

So unterschiedlich die Bilder und Vorstellungen sind, die Paul bzw. Tanja auf Kreuzberg projizierten – in einem sind sie sich ähnlich: Für beide verkörperte Kreuzberg eine Utopie. ›Kreuzberg‹, das war beiden nicht nur Lebensraum, sondern Wunschtraum, Idealbild der eigenen Sehnsüchte und Illusionen. Daher nenne ich sie die »Utopisten«.

Doch das Wort von der Utopie trägt das Scheitern bereits in sich; denn wenn Utopie realisiert und Traum Wirklichkeit würde, dann wären sie nicht mehr länger Traum oder Utopie. Insofern trugen auch die Vorstellungswelten von Paul und Tanja das Scheitern in sich. – Egal, ob ihre Illusionen durch Sanierer oder Yuppies, durch die Nachfolgegeneration oder den Fall der Mauer zerstört wurde, klar ist: sie haben sich in Nichts aufgelöst. Damit aber gehen die Utopisten Paul und Tanja unweigerlich als Verlierer aus der Metamorphose Kreuzbergs hervor.

Dies um so mehr, da sie sich ein festes Bild von Kreuzberg gemacht haben und daher doppelt gehandikapt sind, wenn es darum geht, mit Veränderung und neuen Situationen in Kreuzberg umzugehen. Was Paul und Tanja mit ›Kreuzberg‹ verbinden, ist unveränderlich, duldet keinen Wandel, keine Transformation. »Das ist nicht mehr Kreuzberg« sagt Tanja – und beide wählen aus den von mir angebotenen Begriffen den Topos »Untergang Kreuzberg« aus. Untergehen kann Kreuzberg allerdings nur dann, wenn es sich dabei um ein klar umrissenes Etwas handelt, das aufgrund unglücklicher Umstände verschwindet. Die Rede vom »Untergang Kreuzbergs« macht nur Sinn, wenn der Stadtteil undurchlässig für Neues und wenig empfänglich für historische und kulturelle Entwicklung ist.

Hinter dieser fest umrissenen Vorstellung von ›Kreuzberg‹ genauso wie der Unlust, Metamorphosen zuzulassen, gar zu akzeptieren, verbirgt sich ein Regelgerüst, nach dem beider Leben strukturiert und konzipiert ist und das bei aller Unterschiedlichkeit durchaus Parallelen aufweist: Zentral in beiden Lebensverläufen ist das strikte ›Nein‹ – bei Paul v.a. gegenüber Staat und bürgerlicher Gesellschaft, bei Tanja vorwiegend gegenüber bürgerlichen Werten und Normen. Das Leben beider ist nach entweder/oder geordnet, ein sowohl als auch lehnen sie ab. Auch und gerade, was ihre subjektive Vorstellung von Kreuzberg anbelangt: Der Stadtteil war für sie eine Gegen-Welt, eine »Insel« des Andersseins.

Gemeinsam ist den beiden schließlich viertens, daß sie sich auch in ihrer personalen Lebensführung von ihren ursprünglichen Utopien entfernt haben. Der Revolutionär und Umstürzler Paul, der nun mit Frau und Kind fast schon bürgerlich in einer Wohnung lebt – und Tanja, die den Wildwuchs so schätzt und deren Alltag inzwischen geregelt, ja planmäßig verläuft. Unweigerlich mag sich damit bei beiden das Gefühl einschleichen, auch den eigenen Selbstbildern nicht gerecht geworden zu sein. Tanja und Paul – Scheiternde auch an der eigenen Realität. Dieses ›Versagen‹ wird allerdings nicht sich selbst, sondern anderen und äußeren Umständen angelastet: der Nachfolgegeneration bei Paul – und den Yuppies, dem Geld, den Sanierern bei Tanja.

3. Porträt: *Käthe*

»Ja, das war für mich immer interessant,
die unterschiedlichsten Sachen zu machen«

Käthe ist 35 Jahre alt und Künstlerin. 1980 gründete sie zusammen mit Wolfgang Müller und Nikolaus Untermöhlen die Musikgruppe »Die Tödliche Doris«. »Die Tödliche Doris« hatte ihre ersten Auftritte im damaligen Kunst- und Kultur Centrum Kreuzberg (KUKUCK), wurde allerdings rasch international berühmt: 1982 traten die drei auf der Biennale in Venedig auf, 1987 auf der 8. Documenta sowie im »Museum of Art« in New York. Im selben Jahr löste sich die Gruppe auf.

Seit kurzem studiert Käthe an der Hochschule der Künste (HDK) Malerei. Sie hat eine vierjährige und eine sechs Monate alte Tochter, mit denen sie eine Zwei-Zimmer-Wohnung in einem ehemals besetzten Haus in der Manteuffelstraße (SO 36) bewohnt. Dieses Haus, in dem Käthe seit 14 Jahren lebt, hat sie 1981 mitbesetzt und renoviert – 1983 wurde es legalisiert.

Im Hochparterre des Hauses befindet sich heute eine riesige Gemeinschaftsküche für den gesamten Komplex, d.h. für Vorderhaus, Quergebäude und Hinterhaus. Hier findet abends das gemeinsame Essen statt, das allerdings nicht verpflichtend ist. So wie man einmal täglich zusammen ißt, so hat auch jeder der Hausbewohner reihum einen Gemeinschaftsdienst zu erledigen: Kochen, Einkaufen, Putzen – dies wird kollektiv organisiert. Aber auch für Individualität gibt es genügend Entfaltungs- und Freiraum. Denn zusätzlich zur Gemeinschaftsküche existiert auf jedem Stockwerk eine kleinere sogenannte »Teeküche«. In diesen kleineren Küchen werden Kaffee, Tee etc. für den persönlichen Bedarf gekocht, hier finden auch die mehr privaten Essen mit besonderem Anlaß statt. Außerdem gibt es im Haus zwei Ateliers, eine Dachterasse und Ausstellungsräume.

Nachdem sie ein Jahr in Indien gelebt hatte, konnte sich Käthe in ihrem Heimatort, einem Dorf bei Bielefeld, nicht mehr eingewöhnen und so ist sie nach Berlin-Kreuzberg gezogen.

»Ich war hier (im besetzten Haus, B.L.) zu Besuch und war ganz begeistert, und eine Woche später kam meine Freundin und fragte: ›Willst du nicht zu uns ziehen? Die fanden dich alle so nett.‹ Und da hab ich sofort zugesagt.«

Für die Instandbesetzung unseres Hauses »haben wir fünf, sechs Jahre unseres Lebens alles brachgelegt« (Käthe). *Quelle*: Wolfgang Krolow

Ähnlich wie schon Paul betonte, daß man zu nichts anderem gekommen sei, bedeutete die Entscheidung, sich aktiv an der Instandbesetzung zu beteiligen, auch für Käthe einen Fulltimejob:

»Beruf und Studium, alles wurde so nach hinten angestellt. (...) wir haben 5, 6 Jahre unseres Lebens alles brachgelegt und hier an diesen Projekten gearbeitet.«

Dennoch unterscheidet sich Käthes Einstellung gegenüber Häuserbesetzungen wie überhaupt ihre Beziehung zu Kreuzberg grundsätzlich von derjenigen Pauls. Paul witterte in Kreuzberg Anfang der achtziger Jahre die Chance, qua Häuserbesetzungen und anderen Aktivitäten »den Staat umkrempeln« zu können; neben der Instandbesetzung widmete er sich daher allerhand anderen Aktionen: Er hat zum Mietboykott aufgerufen, sich an »Demonstrantenschlachten, Aktionen, Flugblättern, Zeitungen und so weiter« beteiligt und hoffte, so Gesellschaft und Politik grundlegend verändern zu können. Dagegen verstand Käthe ihr damaliges Engagement als konkrete Kritik an der Wohnungspolitik. »Es ging einfach um die Wohnungspolitik, daß so viel leer stand, daß auf der anderen Seite Wohnungsnot herrscht.« Während Paul eine Utopie im Visier hatte, ging es Käthe um ein fest umrissenes Anliegen und Projekt: Um Mietraumbeschaffung und um das Haus in der Manteuffelstraße.

Aufschlußreich ist in diesem Zusammenhang, wie die beiden ihre Besetzerzeit jeweils erinnern und erzählen. Während Paul in seinen Schilderungen vor allem die wiederkehrenden Konflikte mit der Polizei zum Thema gemacht hat, beschreibt Käthe, wie sie ihr Haus sukzessive renoviert haben:

»Als ich kam, im Sommer, gab es kaum Glasscheiben. Also man muß sich das vorstellen, da gab es einfach nur so ein paar Fensterflügel, die so rumsprangen. Die Böden waren überall aufgerissen, zumindest an den Fenstern. Treppengeländer gab's nicht. (...) Am Anfang haben wir hinten im Fabrikgebäude zwei Etagen verglast, in der oberen ein Bad eingebaut, eine Küche und in der unteren war Schlafraum. (...) Man mußte von Null anfangen. Und dann war es natürlich wichtig, daß alle Leute mitangefaßt haben. Und wir haben dann beschlossen, daß immer zwei Leute für alle kochen und der Rest der Leute, die arbeiten eben hier.«

Für Käthe stand ganz offensichtlich die Sanierung und Renovierung ihres Hauses in der Manteuffelstraße im Vordergrund, während Paul die Auseinandersetzungen mit Polizei und Senat als am bedeutendsten erinnert. Käthes Ziel waren insofern auch keine Abstrakta, sondern konkret, das Bleiberecht im besetzten Haus zu erkämpfen. Um dies zu erreichen, folgte sie einem weniger radikalen Ansatz als Paul (der sich selbst als »militanten« »Nicht-Verhandler« bezeichnet), sondern sie hat sich bewußt gegen die »ganz harte politische Linie« entschieden, gab sich »kompromißbereit« »und Ende 1983 wurden wir legalisiert.«

Genauso, wie sich Käthe bereits Anfang der achtziger Jahre vor allem an ihrem eigenen Haus orientierte, definiert sich auch ihre frühere und heutige Beziehung zu Kreuzberg in aller erster Linie über das Leben in diesem Haus:

»Also ich messe das alles an diesem Haus hier. Eben diese Möglichkeit, mit so vielen Leuten zusammenzuleben. Diese Großküche, die wir haben. Also nicht jeden Tag für einen Liter Milch an der Kasse stehen zu müssen, nicht jeden Tag überlegen zu müssen, was muß ich jetzt kochen. Wir haben den großen Hof, wir haben einen Sandkasten gebaut, wir haben Dachterassen, wo man im Sommer rumliegen kann, wir haben ein kleines Planschbecken für die Kinder und so weiter. (...). Ich bewohne hier ziemlich große Räume, dadurch daß man hier eben die ganzen Wände illegal rausgebrochen hat. (...) Hinzu kommt, daß ich hier die Möglichkeit habe, ein Familienleben zu führen mit meinem Mann und meinen Kindern. Mein Mann hat die Wohnung im Seitenflügel, der ist an eine andere Teeküche angeschlossen. Das Kind und ich, wir wohnen hier. Also wir haben auch eine reelle Chance, eben nicht so aufeinanderzusitzen in einer Kleinfamilie, in einer kleinen Familie, die dadurch, daß man sich zu sehr belastet auseinandergehen kann. Sondern wir leben hier zusammen und trotzdem hat jeder seinen eigenen Bereich. Ja das. Außerdem diese Anregungen, also mit 40 Leuten, die schon alle sehr unterschiedlich sind, die sind ja nicht alle so drauf wie ich. Sondern es gibt sehr unterschiedliche Lebensformen, Lebensmeinungen. So daß man einfach eine sehr hohe Toleranz haben muß, und das finde ich auch sehr förderlich. Und so hat man Kontakt und Einblicke, auch in verschiedene Gedankenwelten. Und das finde ich bereichernd.«

Käthe hat es geschafft. Das Haus wurde legalisiert, die Arbeit hat sich gelohnt. Sie hat ihre Ideen und Vorstellungen von einem andersartigen Zusammenleben realisiert: In einer Hausgemeinschaft mit 40 Leuten zusammenleben – statt in der Familie zu viert. Raum zu haben für Performance und Tanz – und eben nicht nur für Abwasch und Fernseher. Zwar Mann und Kinder zu haben – aber nicht zusammen in einer 08/15-Kleinfamilie wohnen. Ihr diese Lebensform ermöglicht zu haben, ist das ›Verdienst‹ Kreuzbergs. »Berlin-Kreuzberg hat auf jeden Fall diese Möglichkeit gegeben, so zu leben wie ich jetzt lebe.«

Und trotzdem: »Aus Kreuzberg speziell würde ich nichts vermissen« – weil Kreuzberg für Käthe nichts Spezielles ist, wie an verschiedenen Stellen in unserem Gespräch deutlich wird. Käthe betont, »für mich war Kreuzberg nicht identisch mit Berlin«; »für mich muß nicht alles in Kreuzberg sein, so daß man diesen Bezirk nicht verlassen muß«; »vom Viertel an sich würde ich vielleicht sogar lieber in Schöneberg wohnen«. – Wie sehr unterscheidet sich diese

Gleich-Gültigkeit von Tanjas Disposition! Für sie war Berlin jenseits der Bezirksgrenzen »tiefstes Fremdland«, fest stand: »nie aus Kreuzberg raus«, dagegen hat Käthe von Anfang an die Bezirksgrenzen überschritten, mehr noch, sie hat sie als Eingrenzung kultureller oder sozialer Spezifika stets negiert. Deutlich wurde dieser Unterschied gegenüber den Utopisten, als ich Käthe wie alle anderen bat, fünf Begriffe zu wählen, die sie mit Kreuzberg assoziiert. Während sie meine Begriffe betrachtete, kommentierte sie diese wie folgt:

»Also für mich war es natürlich auch Alltag, aber Alltag ist überall. Und zu Hause ist auch überall, wo ich mich gut fühle. Und Freunde sind auch überall. Ja, Widerstand. Gibt's auch überall, Kneipen gibt's woanders bessere. Bürgerinitiative, Aggression, Gewalt. Na ja Subkultur war schon sehr viel früher. Vielfalt. Nächte gibt's woanders besser. Szene ist auch überall. Kiez gibt's auch überall. Ja alternativ. Schnorrer gibt's auch überall. (...) Wandel find ich auch ist überall ...« und so weiter und so weiter.

Kreuzberg ist aus Käthes Wahrnehmung ganz offensichtlich nicht anders als »überall« – und manchmal ist es anderswo sogar besser. Insofern ist der Bezirk auch nichts Besonderes, nichts wirklich Einzigartiges und vor allem auch nichts fest Umrissenes oder klar Fixiertes. – Käthes Vorstellungsbild von ›Kreuzberg‹ ist offen, wenig akzentuiert, fast könnte man sagen, sie hat sich kein Bild von Kreuzberg gemacht und so reagiert sie auf die gegenwärtigen Wandelprozesse eher gleichgültig. Kreuzberg entwickelt sich halt, denn Wandel ist überall – die Rede vom Untergang macht also keinen Sinn. »Untergang natürlich nicht (lacht). Also Kreuzberg wird nicht untergehn, egal wie sich das entwickeln wird.«

Gelassen äußert sie sich auch über jene, die gemeinhin als ›Sündenböcke‹ und Träger der Veränderung genannt werden. Während für Paul und Tanja Yuppies die Feinde schlechthin sind, sagt Käthe über die »wohlsituierten Akademiker«, daß diese sie »überhaupt nicht stören«. Genauso verhält es sich mit ihrer Beurteilung der neuen Generation. Auch Käthe stellt nämlich fest, daß »politisch« alles ziemlich inaktiv geworden ist und vermutet, daß die jetzt 20jährigen »andere Bedürfnisse« haben. Doch während Paul diese Inaktivität verurteilt, beläßt es Käthe bei der reinen Feststellung. Und wo Paul und Tanja gegenüber neuen Geschäften und Kneipen geradezu allergisch reagieren und finden, daß das »nicht mehr Kreuzberg ist«, bleibt Käthe gelassen: »Ich mein, warum soll so ein Typ, der italienische Eßsachen verkauft, das nicht in Kreuzberg tun. Der ißt halt gern, der hat dann dafür vielleicht kein Auto.« Die rigiden Praktiken, mit welchen einige gegen derlei Stilwandel in SO 36 vorgehen (indem sie Anschläge mit Molotowcocktails und Buttersäure auf die entsprechenden Etablissements ausüben), lehnt Käthe entschieden ab. Ihr ist das zu engstirnig.

»Das ist pauschal, das ist intolerant, das ist faschistoid. Oder so ein kleiner Käseladen, nur weil er ein bißchen guten Käse verkauft, kann man den doch nicht in die Luft sprengen.«

Deutlich wird hier den Bekämpfern und Kritikern von vermeintlich exklusivem Lebensstil die Stirn geboten und statt dessen für mehr Toleranz gegenüber unterschiedlichen Bedürfnissen plädiert.

Wie ein roter Faden artikuliert sich in all diesen Äußerungen Offenheit, ja Vorurteilslosigkeit. Das Regelwerk, nach welchem nicht nur Käthes Aussagen zu Kreuzberg, sondern genauso ihre Disposition insgesamt geordnet sind, ist weniger starr, sondern flexibel. In all ihren Verhaltens- und Einstellungsmustern äußert sich die Bereitschaft zu Kompromissen. Kreuzberg war nie der Nabel der Welt – Käthe war stets aufgeschlossen für Räume und Veranstaltungsorte jenseits der Bezirksgrenzen, sie »war nun mal in Kreuzberg, aber deshalb gab's den Rest der Stadt auch«. Offen ist auch ihre Haltung gegenüber anderen Lebensstilen und Weltbildern, wie in der zuletzt zitierten Passage deutlich wird, offen in bezug auf Kompromisse und Verhandlungen war ihre einstige Vorgehensweise, um das besetzte Haus zu legalisieren – und offen ist schließlich ihre eigene Lebensführung:

»Im Moment lebe ich vom BAFöG. Und ansonsten schon von der Malerei und von der Performance. Und wenn es dann nicht hinhaut, dann muß ich eben im »Kumpelnest«[8] mir noch etwas dazuverdienen. (...) Und ich hab auch 9 Jahre bei einer Rechtsanwältin gearbeitet, obwohl ich genug Geld mit Kunst und Performance verdient hatte. Einfach nur, weil ich mich auch nie so einschränken wollte, nur auf eine Sache, sondern weil es mir immer wichtig schien, mehrere Sachen gleichzeitig zu machen und mehrere Lebensbereiche zu kennen. Die Anwältin hat hauptsächlich Asylrecht gemacht, was ich sehr wichtig finde. In der Kneipe hat man so etwas wie Nachtleben und Leute aus der Szene, die einen interessieren. Ja, das war für mich immer interessant, die unterschiedlichsten Sachen zu machen.«

Bürgerliche Welt (der Job bei der Rechtsanwältin bzw. das heutige Leben mit Mann und Kindern), Underground (die Auftritte der »Tödlichen Doris« bzw. Performances) und subkulturelle Szene (die Arbeit im »Kumpelnest«) – für

---

8 Das »Kumpelnest« ist eine Kneipe in Schöneberg. Früher gingen hier Nutten und Zuhälter aus und ein, was in der plüschigen Raumgestaltung noch erfahrbar ist: Roter Samt und viel Gold an den Wänden. Heute trifft sich hier eine recht bunte Mischung aus Berliner Szene, homosexueller Subkultur, Künstlern und Studenten.

Käthe sind diese Bereiche nicht voneinander getrennte Welten, sondern unterschiedliche Milieus, zu denen sie Zugang hat und dazugehört. Verschiedene Lebensbereiche nicht nur zu kennen, sondern in ihrem eigenen Leben zu integrieren, ist für Käthe und gleichsam für ihre Lebenskonstruktion charakteristisch. Diese hat sie von Anfang an weniger emphatisch auf nur eine Richtung festgelegt: Käthe war stets »kompromißbereit«, und gegenüber pauschalen und dogmatischen Passepartout-Urteilen geht sie auf kritische Distanz.

Insofern hat sie sich auch nicht auf ein und nur ein mögliches Kreuzberg festgelegt: Käthe hat nur eine äußerst vage Vorstellung davon, was ›Kreuzberg‹ ist. Da ihr Bild von und ihre Beziehung zu Kreuzberg offen und flexibel bleibt, ist es ihr auch nicht möglich, in rigiden Gegenüberstellungen wie richtig/falsch, wir/sie, authentisch/mutiert zu argumentieren. Die Rede vom »Untergang Kreuzberg« ist für Käthe daher absurd.

Doch nicht nur hinsichtlich des Bildes, das sie sich von Kreuzberg gemacht bzw. gerade *nicht* gemacht hat, unterscheidet sich Käthe von Paul und Tanja. Grundsätzlich anders ist auch die Rolle, die Kreuzberg in ihrem Leben spielt. Paul und Tanja verstehen Kreuzberg als Symbol für Widerstand bzw. Wildwuchs. Der Begriff ›Kreuzberg‹ ist zum statischen Zeichen mit eindeutigem Signifikat geworden. Dieses klebt nicht nur hartnäckig an ihrer Vorstellung von Kreuzberg; auch in ihrem eigenen Leben, nämlich im Sinne ihrer Identifikation mit dem Ort, übernimmt die Symbolik Kreuzbergs eine zentrale Funktion: Die Konstruktion eines klaren Bedeutungssystems ›Kreuzberg‹ ist wesentlicher Bestandteil ihrer personalen Identitätsbildung. Paul und Tanja verstehen sich als ›Kreuzberger‹ mit den ihrer eigenen Vorstellung entsprechenden Konnotationen und Sinngehalten.

Wenn nun aber ›Kreuzberg‹ zum statischen Zeichen wird, verursacht jegliche Veränderung dieses Labels Brüche im eigenen Code – und mithin in der eigenen Identität. Auch deshalb reagieren die beiden mit Irritation auf die Metamorphosen des Stadtteils.

Dagegen versteht Käthe Kreuzberg als Ort, wo sie bestimmte Dinge gemacht, erlebt und erreicht hat, aber ›Kreuzberg‹ ist nicht zur Chiffre für all diese Erfahrungen geworden. Anders formuliert: die Erfahrungen, nicht ›Kreuzberg‹, sind zentral für Käthes Identitätsbildung gewesen, Kreuzberg war für Käthe »nie der Nabel der Welt«, nie Kern ihrer Identitätsbildung. Auch deshalb fällt es ihr leichter, mit den Veränderungen im Stadtteil zurechtzukommen, und sie sieht daher auch keinerlei Ursache, weshalb sie von Kreuzberg oder Berlin wegziehen sollte.

4. Porträt: *Matthias*

»Damit hatte ich zwar relativ wenig zu tun,
aber ich hab ja davon genossen«

Matthias ist 40 Jahre alt, wohnt seit 19 Jahren in Berlin und seit 18 Jahren in Kreuzberg. Ursprünglich kommt er aus einem kleinen Dorf bei Paderborn. Matthias hat zunächst eine Ausbildung als Zimmermann und anschließend das Diplom in Architektur gemacht. Seit 14 Jahren arbeitet er in einem Firmenkollektiv, das neben einem Architekturbüro unterschiedliche handwerkliche Bereiche abdeckt: Tischler- und Zimmermannsarbeiten genauso wie Maurer- und Klempnerarbeiten. Organisatorisch ist der Betrieb so aufgebaut, daß jeder der Beschäftigten gleiche Rechte besitzt, auch was den Verdienst anbelangt.

Matthias ist 1976 bewußt und gezielt wegen der besonderen Situation – West-Berlin als Insel – nach Berlin gezogen. Und in Berlin selbst war eben Kreuzberg »angesagt«. »In Kreuzberg hat sich das meiste bewegt.« Damals hatten Matthias und seine Freundin die Wahl zwischen zwei Wohnungen:

»Wir (hatten) hier in SO 36 am Görlitzer Bahnhof ein Haus angeguckt. Es wurde schon dunkel und wir sind dann da hin. Treppenlicht ging natürlich nicht (...). Ich bin den ersten Stock hoch, irgendwo war 'ne Stufe lose und dann bin ich gleich wieder das Stockwerk runtergeflogen. Und dann habe ich gesagt: ›Gut, dann suchen wir mal weiter‹.« Die zweite Wohnung lag direkt am Rathaus Schöneberg »und die hatten wir nachher auch gekriegt.«

Obgleich die räumliche Entfernung anfangs rein zufällig entstand, ist sie, wie im weiteren Verlauf des Interviews deutlich wird, doch symptomatisch für Matthias' Verhältnis sowohl zu Kreuzberg als auch zur damaligen Alternativszene. Eine Distanz, die Matthias selbst an verschiedenen Stellen im Interview artikuliert:

»Als ich dann nachher in der Tischlerei[9] gewesen bin, war ich der erste, der nicht zu dieser alten Combo gehörte, die quasi miteinander verheiratet waren. Und dies ist auch die ganze Zeit so gewesen. Irgendwie war ich immer ein Dazugekommener, also ich habe nicht so recht dazugehört.«

Warum? Was unterscheidet ihn von jenen, »die quasi miteinander verheiratet waren«? Zunächst einmal würde man meinen, Matthias fügt sich aufs trefflichste in die Kreuzberger Alternativszene. Er arbeitet seit Jahren in einem nicht hierarchisch organisierten Betrieb mit Sitz in einem alten Gewerbehof, er hat bereits zu Hausbesetzerzeiten Entwürfe für besetzte Häuser gemacht bzw. Instandsetzungsarbeiten erledigt, und im Gegensatz zu vielen anderen Handwerksbetrieben funktioniert »Propolis«, der Betrieb, in dem Matthias arbeitet, auch heute noch als Kollektiv. Eine typische Figur aus dem Kollektiv- und Handwerksmilieu also, die wesentlich zu Kreuzbergs Ruf als Laboratorium für Alternativen beigetragen hat.

Aber: Im Gegensatz zur überwiegenden Mehrheit der in den sozialen Bewegungen Engagierten schlägt Matthias einen weniger idealistischen Tonfall an; vielmehr klingt wiederholt durch, daß für sein eigenes Handeln auch pragmatisch-funktionale Beweggründe ausschlaggebend waren:

»Ob es um Wohnungen, Jobs oder sonst was ging: alles, was irgendwie brauchbar war oder gut war, war bereits vergeben. Da saß schon wer mit seinem alten, fetten Arsch drauf und hat nichts davon hergegeben.«

Was bleibt, ist die Suche nach Auswegen. Selbst ist der Mann – und schafft sich seine eigenen Positionen. Diese Aussage macht deutlich, daß der Aufbau von Alternativen nicht zuletzt aus dem Mangel an freien Plätzen und Positionen auf dem konventionellen Arbeits- und Stellenmarkt herrührte. Neben der idealistischen Färbung, mit der die Alternativszene ihr eigenes Tun präsentiert, muß die – angesichts des wenig rosigen Stellenmarkts – notgedrungene Suche nach anderen Wegen stets mitgedacht werden, wenn vom alternativen Arbeitsmarkt die Rede ist. Wer weiß, hätte er eine passende Stellung im gewohnten Arbeitsmarkt gefunden, vielleicht wäre Matthias nie bei »Propolis« in der Oranienstraße gelandet. So aber mußte er sich wohl oder übel ein eigenes Arbeitsfeld schaffen und hat zugleich aus der Not eine Tugend gemacht: Unter dem Label »alternativ« firmierte ab sofort nicht einfach ein anderes, zusätzliches Betätigungsfeld, sondern der bewußte Gegenentwurf zu gängigen Arbeits- und Lebensformen. Diese Akzentuierung der Gegen-Welt und die damit einhergehende Negation der herkömmlichen Wertewelt war wichtig, um dadurch das eigene Tun aufzuwerten und gesellschaftlich bedeutsam zu machen.[10]

---

9 Er meint die Tischlerei, welche zum »Kerngehäuse«, einem der ersten besetzten Häuserkomplexe in Kreuzberg, dazugehörte. Die Besetzer des »Kerngehäuses« verstanden ihr Tun nicht nur als Wohn- und Arbeitsraumbeschaffung; Arbeitnehmer und Mieter waren eins, unter einem Dach fanden sich unterschiedliche Experimentierfelder, in denen alternative Lebens- und Arbeitsformen erprobt und realisiert werden sollten.

10 Besonders deutlich spiegelt sich hier der Generationszusammenhang der gesamten alternativen Generation wider: Nachdem die entscheidenden, einflußreichen Stellen durch die Vorgängergenerationen bereits besetzt waren, mußte sich die alternative Generation ihren eigenen Bereich und gleichsam ihre eigenen Positionen schaffen. Alter-

Auch Matthias bringt diese doppelte Bedeutung des Attributs »alternativ« zum Ausdruck, denn selbstverständlich ist er nicht aus bloßem Pragmatismus in der Kreuzberger Alternativszene gelandet. Gesellschaftspolitische Beweggründe lieferten ihm wie allen anderen die Hauptmotivation, weshalb sie sich in Kreuzberg engagierten:

»Ohne Widerstand gegen irgendwas wäre man gar nicht hier gelandet. Über Widerstand gegen irgendwas ist das entstanden, was wir gemacht haben. Wir haben uns immer gegenüber dem Normalen abgegrenzt. Bei mir lief das halt hauptsächlich über die Arbeit, über Firmenstrukturen und so.«

Nichtsdestotrotz wird mehr als einmal im Verlauf unseres Gesprächs deutlich, daß Widerstand und Protest nicht den Kernpunkt seines Handelns bildeten. Weniger destruktive Kritik, sondern produktives Handeln, nicht revolutionäre Utopien, sondern handfeste Betätigungsfelder standen im Mittelpunkt seines Interesses. Langatmige und weitschweifige Diskussionen, auf denen ausgiebig über eine bessere Zukunft diskutiert, aber wenig erreicht wurde, waren ihm deshalb stets zuwider: »Also ständig irgendwelche Kiezplena und Palaver und Palaver, manche Leute, denen steht das. Und ich mag das nicht.« Über Bürgerinitiativen sagt Matthias: »In den Strukturen (war das) oft nicht zum Aushalten, diese ewigen Sitzungen. Das ging ja fürchterlich langsam.« Daher hatte er mit Bürgerinitiativen, Alternativbewegung, Widerstand und Aktivismus, »relativ wenig zu tun«.

Die »ewigen Sitzungen« und das »Palaver« genauso wie phantastische Illusionen waren und sind nicht seine Sache; Matthias ist ein Mann der Tat. Aber nicht nur der Widerwille gegen zu langes »Palaver« und ewige, ineffektive Sitzungen spiegelt seine pragmatische Grundhaltung wider. Von Anfang an verhielt er sich auch skeptisch gegenüber der Vision, alles revolutionieren zu wollen – womit er sich zugleich vom Gros der Bewegung unterscheidet:

»Besetzt hab ich nicht. Von der Uni her bin ich dann nach 'nem halben Jahr oder so dazugekommen und hab da Leute kennengelernt. Und wir (die Firma, B.L.) haben da später auch gearbeitet, also an diesen Häusern was gemacht. Und für das Architekturbüro war dann nachher auch der erste Job, die Cuvrystraße 25 (= »Kerngehäuse«, B.L.) instandzusetzen. Aber selber besetzt hab ich nicht, und ich hab auch nie in 'nem besetzten Haus gewohnt. Und nach 'ner Weile, wie ich es dann gekannt habe, wollte ich es auch nicht. (...) Speziell Kerngehäuse war ja nicht nur da wohnen und *alle zusammenwohnen* in einer Wohnung, mit sieben, acht Leuten. ›Jetzt müssen wir *auch noch zusammen arbeiten*. Wir müs-

---

nativen – kulturell, ökonomisch und ökologisch sind daher nicht nur ideologisch, sondern auch pragmatisch entstanden. Matthias' Biographie ist dafür beispielhaft.

sen *irgendwie alles zusammenmachen.*‹ (...) Also in solchen Verhältnissen zu arbeiten, wo es relativ gleichberechtigt ist, ohne Hierarchien, daß man sich mal mit dem, mal mit dem zusammentun kann, das hat mir immer ganz gut gefallen. (...) Aber gleichzeitig mit den gleichen Leuten auch noch *ständig zusammensein.* Auch noch nach Feierabend und mit denen zu wohnen, das war mir einfach zu viel. Das liegt vielleicht auch daran, daß ich aus dem Dorf komme. Also solche Strukturen kenne ich nun zur Genüge.« (Hervorhebungen B.L.)

Matthias hat zwar die Leute gekannt, ist in den Häusern aus- und eingegangen – aber selbst besetzt hat er nicht. Daß »alle zusammenwohnen« und »auch noch zusammenarbeiten«, daß sie »irgendwie alles zusammenmachen« und »ständig zusammen (sind)« – das war Matthias einfach zu viel. Er hatte nie »so was wie 'ne Stammkneipe«, keine bevorzugten Orte und Plätze, die er immer wieder in Kreuzberg aufsucht.

Aus all diesen Verhaltens- und Dispositionsmustern spricht Vorsicht und Zurückhaltung. Das hundertprozentige »alles« und »ständig« ist nicht seine Art, denn dies widerspricht seiner Lebenskonstruktion: Matthias' Handeln ist von einem durchgängigen Pragmatismus geprägt: nicht viel Palaver, sondern Tat, nicht alles verändern wollen, sondern nur Teilaspekte, die dann auch realisiert werden können.

So hat er sich stets eine Art skeptische Distanz gegenüber der ›Alles-oder-Nichts-Fraktion‹ bewahrt. Im Gegensatz zu dieser wollte Matthias nie die ganze Welt verändern; es ging ihm stets um einen klar zu benennenden Teil der Welt, den er seinen eigenen Vorstellungen gemäß gestalten wollte: die Arbeitswelt.

Auch inhaltlich kreisen Matthias' Perspektiven immer wieder um seine Arbeit in Kreuzberg: Wenn er als »wir« spricht, dann meint er in aller Regel die Firma; wenn er begründet, warum seine Generation den Kontakt zur nächsten verloren hat, dann mit den Worten: »Arbeiten waren die nicht druf. (...) ›Was? Nur zehn Mark die Stunde, bist du bekloppt? Da geh ich doch zum Sozialamt!‹« Als ich ihn frage, was er bei einem potentiellen Wegzug vermissen würde, antwortet er: »Also was mir bestimmt fehlen würde, ist dieser Markt, daß ich hier im Dreh alles zu Fuß erreichen kann oder mit dem Fahrrad alles kriege.« – Mit »Markt« ist nun aber das Sortiment gemeint, das man andernorts im »Baumarkt« bekommen kann: Schrauben, Bretter, Farbe, Handwerkszeug. Mit dem Unterschied, daß man in Kreuzberg darüber hinaus »die verrücktesten Sachen« und nicht nur ein standardisiertes Programm finden kann. Außerdem würde er Leute vermissen,

»mit denen man dann auch mal was machen kann. Wenn mir irgendein Projekt vor die Füße kommt oder mir etwas einfällt oder ich jemanden brauche für irgendwas, dann fällt mir meistens jemand ein, der sich auskennt, der kompetent ist.«

Ähnlich wie Käthe ihr Verhältnis zu Kreuzberg damit beschrieben hat, daß der Bezirk ihr vor allem die Möglichkeit gab, so zu leben, wie sie nun lebt, ließe sich für Matthias formulieren: Kreuzberg gab ihm in erster Linie die Möglichkeit, so zu arbeiten, wie er nun arbeitet. Die Atmosphäre, die den Stadtteil Ende der siebziger, Anfang der achtziger Jahre geprägt hat, bildete den passenden Ausgangspunkt für sein eigenes Lebenswerk. Daher könnte man die Bedeutung, die Kreuzberg für Matthias hatte und hat mit seinen eigenen Worten resümieren: Mit Bürgerinitiativen, Alternativbewegung, Aktivismus und Widerstand, mit all dem, was seiner eigenen Ansicht nach typisch für Kreuzberg war, hatte er »zwar wenig zu tun, aber ich hab davon genossen«.

Darüber hinaus jedoch scheint sich für Matthias mit dem Topos ›Kreuzberg‹ wenig Spezifisches zu verbinden. Für ihn ist Kreuzberg »Alltag«, »zu Hause«, »Heimat« und »Freunde«. Er wählt damit aus den 27 von mir vorgegebenen Begriffen nur solche, die sich, um mit Käthes Worten zu sprechen, »überall« bzw. auch »anderswo« finden ließen. Dieses wenig akzentuierte Vorstellungsbild von ›Kreuzberg‹ ist jenem Rationalismus geschuldet, der nicht nur Matthias' Beziehung zu Kreuzberg, sondern seine ganze Lebensführung prägt. So wie sein eigenes Handeln durch eine pragmatische, realistische Grundeinstellung motiviert und geleitet wird, so ist auch seine Beziehung zum Stadtteil ohne jedes Pathos. Die Distanz, die er sich zur alternativen Szene bewahrt hat, bewahrt er sich auch gegenüber dem von ihr kultivierten Bedeutungssystem ›Kreuzberg‹. Er hat sich nie hundertprozentig auf die Aktivitäten der Alternativszene eingelassen – und er hat auch nie deren hundertprozentige Vorstellung von ›Kreuzberg‹ geteilt.

Daher kann er die soziokulturellen Veränderungen innerhalb des Stadtteils gelassen hinnehmen und – wiederum aus distanzierter Position – kommentieren. Als er die Fotos betrachtete, die ich ihm vorgelegt habe, nahmen seine Kommentare nicht selten einen ironischen bis zynischen Tonfall an. Damit bediente er sich eines Mittels der sprachlichen Distanzierung. So bemerkte er zu einem Foto, auf dem ein Punk abgebildet war: »Der hat inzwischen 'nen Job bei Stattbau und selber 'nen Kinderwagen«. Überhaupt findet er, daß die Bilder, die ich ihm von Kreuzberg zeige, alte Bilder sind, die es heute nicht mehr gibt. »Heute müßte man renovierte Häuser mit Sonnenkollektoren und Biomärkte fotografieren. Leute in Leinenjackett und Seidenhose mit 'nem Kind auf dem Rücken und die besonders Ideologischen mit dem Kind auf dem Bauch.« Für Matthias ist diese Verbürgerlichung der Lauf der Dinge, nicht etwa der »Untergang Kreuzbergs«.

Käthe und Matthias: zwei »Pragmatiker«

Ganz im Gegensatz zu Käthe, die alles, was sie mit Kreuzberg verbindet, an ihrem Haus – und das heißt im Privatleben – festmacht, bezieht sich Matthias' Verhältnis zu Kreuzberg nahezu ausschließlich auf seine Arbeit. Dennoch haben sie etwas gemeinsam: Die Affinität zu Kreuzberg basiert bei beiden lediglich auf *einem* und zwar konkreten Aspekt ihres Lebens. Bei Käthe ist dies das Leben in der Manteuffelstraße, bei Matthias die Arbeit in der Oranienstraße. So wie Käthe ihre Ideale vom anderen Leben in der Manteuffelstraße realisiert hat, so hat auch Matthias sein Ziel, in einem kollektiven Betrieb zu arbeiten, verwirklicht. Beide haben es geschafft. Beiden ist darüber hinaus eine Haltung gegenüber Kreuzberg gemeinsam, die man als eher pragmatisch bezeichnen könnte. Daher nenne ich die beiden »Pragmatiker«. Nicht die ganze Welt, sondern kleine Ausschnitte daraus wollten sie, jeder auf seine Art, ändern. Keine abstrakten Utopien, sondern konkrete, klar zu benennende Bereiche ihres Alltags waren Ursprung und Ziel ihres Tuns gleichermaßen. Andere Lebensformen dort – andere Arbeitsformen hier. Dabei hatten sie nicht so sehr das Wohl der anderen, sondern mehr ihr eigenes im Visier. Beiden ging es ja weniger darum, mit ihren Arbeits- und Lebensformen die ganze Welt zu revolutionieren, gar zu missionieren – vielmehr haben sie aus den bestehenden Möglichkeiten, die sie Ende der siebziger, Anfang der achtziger Jahre vorgefunden haben, das beste für sich gemacht. Kreuzberg war für die »Pragmatiker« – und das ist der wesentliche Unterschied gegenüber den »Utopisten« – nicht das Ziel, sondern schlicht der passende, günstige Fokus ihres Handelns. Und Kreuzberg wurde auch nie das Symbol für diese Ziele.

Wichtig für diesen Erfolg scheint bei beiden eine relative Distanz zu den Hardcore-Aktivisten gewesen zu sein. Durch die Ferne zu jeglichem Dogmatismus war ihnen eine anwendungsbezogene, realisierbare Haltung und Einstellung möglich. Für Käthe hieß das: Kompromisse eingehen, gangbare Lösungswege für eine Legalisierung ihres Hauses finden; für Matthias bedeutete es: sich nicht in irgendwelchen Plena zu verzetteln, sich nicht durch zu groß gesteckte Ziele den Weg verbauen. Für Käthe wie Matthias gilt daher: Die Position des Alles-oder-Nichts ist nicht ihre Sache; sie wählen aus, bleiben auf Distanz und gehen Kompromisse ein.

5. Porträt: *Caroline*

»Kreuzberg war damals total angesagt«

Caroline ist 32 Jahre alt, 1982 von Köln nach Berlin und 1983 nach Kreuzberg gezogen. Sie ist Diplomingenieurin für Theater- und Veranstaltungstechnik und arbeitet als stellvertretende Geschäftsführerin bei einem Softwareunternehmen.

Nach der Schule wollte Caroline »einfach woanders hin«; Italien. Zuvor allerdings ging sie noch für ein paar Monate nach Berlin – »und dann bin ich hier hängengeblieben. Es war echt Liebe auf den ersten Blick. Total. Das war richtig klasse. Kennst du das? Wenn ich in Westdeutschland war und dann hier an die Grenze kam, dann hab ich richtig Herzklopfen gekriegt. Weißt du, wie wenn du dich mit einem Liebhaber triffst.« – Diese Liebe war nun aber maßgeblich eine Liebe zu Kreuzberg, denn »atmosphärisch war das, was man mit Berlin verbunden hat, eigentlich nur Kreuzberg«.

Nachdem sie ungefähr ein dreiviertel Jahr in Moabit gewohnt hatte, ist sie deshalb 1983 umgezogen.

»Kreuzberg war damals total angesagt«. »Wer etwas auf sich hielt, der lebte einfach hier.« »Ja, es war einfach chic in Kreuzberg zu wohnen. (...) Also die meisten Leute in meinem Alter haben alles daran gesetzt, um in Kreuzberg zu wohnen.«

Kreuzberg war »chic« und »angesagt«; Caroline bedient sich hier einer Begrifflichkeit, die einer Modezeitschrift entliehen sein könnte. Wie im Verlauf des Interviews deutlich wurde, scheint dies in der Tat charakteristisch für ihr Verhältnis zu Kreuzberg (gewesen) zu sein: Eine Art modische, jedenfalls dem Trend und Zeitgeist entsprechende Attitüde. Dies impliziert geradezu zwangsläufig, daß der Stadtteil heute, rund 10 Jahre später, aus der Mode gekommen ist. Und tatsächlich, Kreuzberg ist – jedenfalls bei Caroline – ›out‹. Im Wortsinn wie im übertragenen Sinn geht sie mit dem Trend und mit der Zeit, sie geht gen Prenzlauer Berg (Caroline hatte eine Wohnung mit Dachterrasse am Prenzlauer Berg in Aussicht).

Ich möchte also versuchen, zu rekonstruieren, warum Kreuzberg damals angesagt und en vogue war und was Carolines Liebe zu Kreuzberg ausgemacht hat, warum der Bezirk für sie allerdings kein ›Klassiker‹ werden konnte, sondern altmodisch geworden ist.

Das politische Engagement spielte in ihrer Liebe zu Kreuzberg keine Rolle. Zwar erinnert sich Caroline, daß vor zehn Jahren »alles noch politischer war«, »hier haben die ganzen politischen Geschichten stattgefunden, mit Demos und alles« – aber ihre persönliche Beteiligung an diesen Aktionen war »eher peripher«, sie selbst war »nicht besonders politisch aktiv«. Dennoch schätzt sie rückblickend dieses politische Bewußtsein. Auch wenn sie selbst nicht daran beteiligt war, so war es doch »ein neues Lebensgefühl oder eine neue Ausdrucksweise, die da anfing.« »Auch kulturell, wenn irgendwas, originelle Kinos aufgemacht haben, dann war das hier in Kreuzberg.« Kreuzberg, Anfang der achtziger Jahre, war für Caroline ein stetes Ausprobieren und Experimentieren, »ohne sich großartig auf irgendwas festzulegen oder festzubeißen«.

»Neues Lebensgefühl«, »neue Ausdrucksweise«, ohne sich festzulegen und »originell« im Sinne von original – das sind die zentralen Chiffren, mit denen Caroline ihre Zuneigung zu Kreuzberg benennt. Sie beschreibt damit jene Aufbruchsstimmung, die Anfang der achtziger Jahre tatsächlich im Stadtteil präsent und verbreitet war. Hausbesetzer, die etwas Neues probierten, Künstler, die in Fabriketagen mit Performance und Musik experimentierten, Galerien, Cafés und Kneipen, die sich allmählich in Kreuzberg etablierten. Ein »neues Lebensgefühl«, das Gefühl, an einem Ort zu sein, wo ein avantgardistischer Geist dominierte, der offen und tätig für neue Akzente war: dies vor allem hat Caroline mit Kreuzberg verbunden. Wichtig für sie war der kreative Erfindergeist in Kreuzberg, der Neues schuf und Wege in andere, bisher unbekannte Richtungen ebnete.

Durch diesen Erfindergeist wurde ein bunter Lebensraum geschaffen, der reich an Kontrasten und Lebensstilen ist. Diese Heterogenität sowie die Offenheit und Toleranz, die ihr im Alltagsleben begegnen, schätzt Caroline auch heute noch in Kreuzberg. »Es ist völlig bunt«, sagt sie, »man kann machen, was man will«, »man sieht wirklich alles«, »ja, hier ist alles möglich«. Die Möglichkeit, alles Erdenkliche auszuprobieren genauso wie das farbenfrohe und kontrastreiche Durch- und Nebeneinander, das ist es, was Caroline an Kreuzberg mag. Sie erzählt von einem Passanten »mit nacktem Oberkörper, der völlig tätowiert (war)«, von einer dicken Frau im rosa Stretchmini und von einem Bild, das ein gediegenes Restaurant mit Tischdecken zeigte, vor dessen Fenstern »völlig fertige Penner« saßen.

»Und dieser Kontrast, das war ziemlich dramatisch, aber auch typisch. Diese Kontraste, die sind hier überall.« Und daran »hat sich noch nicht mal besonders viel verändert«, »das ist heute eigentlich immer noch so«.

Dennoch vermißt Caroline in Kreuzberg etwas. Bevor ich ihr die Frage gestellt habe, ob und wenn ja, wie sich ihre Eindrücke aus den frühen achtziger Jahren von ihrer heutigen Wahrnehmung unterscheiden, erklärt sie selbst:

»Ich glaube, es ist einfach nur die Tatsache, daß sich tatsächlich nichts geändert hat in den letzten zehn Jahren hier. Daß es immer noch *dasselbe* ist. (...)Die Leute sehen noch ganz *genauso* aus wie *damals* und es wird noch *dasselbe* gemacht.« »So Sachen wie das »Regenbogenkino«.[11] Das ist so ein typisches *Relikt* aus den 80ern. Mit den alten Sesseln und so. Hippiemäßig ist das, 70er Jahre. Das ist noch immer *genauso*. Es gibt nicht etwa 'n neues oder so, es gibt immer noch das Regenbogenkino. Stadtteilfeste. Sind noch *genauso* wie vor zehn Jahren. (...) Es ist die Tatsache, daß es *stehenbleibt*. Daß es noch ganz *genauso* ist wie früher. Und daß es heutzutage noch vorkommt, daß irgendwelche Idioten irgendwelche Kinos oder Restaurants zusammenschlagen und bedrohen, das finde ich *anachronistisch*. Das find ich total schlimm. (...) Ich finde das Regenbogenkino *genauso* wichtig wie 'n Cinedom. So'n Superhightech-Kino. Mir macht beides Spaß. Ich hätte auch gern beides in meiner Umgebung. Nur eben nicht *dogmatisch*.« (Hervorhebungen B.L.)

Ganz ähnlich wie Paul und Tanja konstatiert auch Caroline eine Art Gezeitenwechsel – nur aus einer völlig anderen Perspektive. Wo erstere die »gute alte Zeit« zurücksehnen, wünscht sich Caroline nichts sehnlicher als Veränderung und Aktualität. Während erstere in Kreuzberg gerade die Angleichung an gegenwärtige Trends beobachten, konstatiert Caroline eine Art Cultural Lag; sie empfindet den Stadtteil als »anachronistisch«, ja fast schon museal, alles ist noch wie »damals« und immer noch »dasselbe«. Das Regenbogenkino ist ein »typisches Relikt aus den Achtzigern«, eine konservierte Hinterlassenschaft, die ebenso unzeitgemäß wirkt wie das Festhalten an den politischen Aktionsformen jener Zeit.

Irritierend an dieser Beschreibung des gegenwärtigen Kreuzberg ist, daß Caroline den Stadtteil als vollkommen resistent gegenüber jeglichem Wandel

---

11 Das Regenbogenkino ist ein kleines alternatives Kino, das sich im Hinterhof des Gebäudekomplexes der sogenannten »Regenbogenfabrik« befindet; ein Kulturzentrum, das in einem ehemals besetzten Haus aufgebaut wurde. Die Bestuhlung im Regenbogenkino besteht anders als in herkömmlichen Kinos aus den zusammengestückelten Resten alter Couchgarnituren und Fernsehsesseln. Das Programm liegt jenseits von Mainstream, aber auch jenseits von Avantgarde und reicht von »Drei Nüsse für Aschenbrödel« bis »Barfly. Szenen eines wüsten Lebens«.

wahrnimmt. An keiner Stelle in unserem Gespräch erwähnt sie, daß sich auch in Kreuzberg neue Szenen und Milieus in entsprechenden Räumen etabliert haben. Die »Morena-Bar« in der Wiener Straße zum Beispiel, wo sich ein extravagantes, bisweilen exzentrisches Publikum trifft, oder direkt gegenüber, der neue Laden mit Clubwear für Raver. Außerdem gibt es an der Oberbaumbrücke den »Cream-Club«, wo Techno- und House-Tracks aufgelegt werden; in der Pückler Straße die »Markthalle«, welche gleich auf zwei Ebenen für Unterhaltung sorgt: Oben Speis und Trank in geschmackvoller Wirtshausatmosphäre, unten Disco und Bar im absolut hippen Kellergewölbe.

Trotz ihrem Faible für Neues und für Bewegung hat Caroline diese Etablissements, die allesamt in den vergangenen fünf Jahren eröffneten, nicht so recht wahrgenommen. Wie paßt das mit ihrer Neugierde und ihrem Interesse für Veränderungen zusammen?

Ganz offensichtlich hat sich auch Caroline, ähnlich wie Paul und Tanja, ein festes Bild von Kreuzberg gemacht, das sie fast blind gegenüber Veränderungen werden läßt. Kreuzberg ist in ihrer Perzeption auch heute noch jenes »hippiemäßige« »Relikt aus den Achtzigern«, mit »Stadtteilfesten« und steinewerfenden Autonomen, die »Kinos und Restaurants zusammenschlagen«. Auch für sie ist Kreuzberg untrennbar mit dem Bild des alternativen, widerständigen und unprätentiösen Stadtteils verknüpft – im Unterschied zu Paul und Tanja empfindet sie dies jedoch als überholt.

Damit kehrt das wirkmächtige Image Kreuzbergs auch in Carolines subjektiven Erfahrungen wider. Es dominiert so stark ihre Vorstellung davon, was ›Kreuzberg‹ ist, daß sie ihre Umwelt wie durch eine Art Filter wahrnimmt; dieser nimmt die altbekannten Bilder und Muster auf, dagegen ist er undurchlässig für neue, ebenfalls beobachtbare Lebensstile. Weil nun aber das alte, immer noch wirkmächtige Image des Bezirks nicht mehr zu ihrem eigenen paßt, fühlt sie sich deplaziert und nicht mehr so richtig aufgehoben in Kreuzberg, statt dessen zieht es sie nach Prenzlauer Berg. Denn parallel zu ihrer Sättigung und ihrem Überdruß an Kreuzberg tut sich da, im Osten, eine Alternative auf.

In dieser Migration spiegelt sich noch in einer zweiten Hinsicht der Einfluß öffentlicher Diskurse auf Carolines subjektive Erfahrung wider. Auch die neue Standortwahl, Prenzlauer Berg, ist eindeutig von kulturellen Repräsentationen beeinflußt: »weil der Name so oft auftaucht« und »da hört man so viel«, erklärt sie ihre Entscheidung ja selbst. »Ich hör dann immer von Mitte und Prenzelberg. Da passiert so viel, da verändert sich so viel. Da hört man ständig von. Wenn irgendwas passiert, dann ist es da.«.

»Hier kann man machen, was man will, man sieht hier wirklich alles.« (Caroline)
Quelle: Wolfgang Krolow

So, wie sie Anfang der achtziger Jahre in Kreuzberg den Eindruck hatte, daß da »ein neues Lebensgefühl oder eine neue Ausdrucksweise (...) anfing«, so möchte Caroline auch heute, Anfang der neunziger Jahre, wieder ein »neues Lebensgefühl« spüren. Dieses Gefühl kann ihr Kreuzberg heute nicht mehr geben, und zwar vor allem, weil sich mit der veränderten Situation der einstmaligen Inselstadt West-Berlin auch neue Stadträume herauskristallisiert haben; Räume, die heute viel spannender sind als Kreuzberg: Prenzlauer Berg und Mitte.

Caroline, für die es offensichtlich wichtig ist, am Puls der Zeit und up to date zu sein, folgt dem Trend – in den achtziger Jahren nach Kreuzberg, in den neunziger Jahren nach Prenzlauer Berg. Umgekehrt hat sie aber auch Teil an der Materialisation und zunehmenden Verdichtung der gesuchten Stadtteilatmosphäre. Indem Caroline und ihresgleichen mit Interesse Ausstellungen und Theater, Cafés und Bars in Prenzlauer Berg besuchen, hält sie nicht nur die bereits bestehenden am Leben, mehr noch, sie weckt durch ihre Nachfrage ein entsprechendes Angebot.

In diesem Zusammenhang ist es aufschlußreich, mit welchen Qualitäten sie Mitte und Prenzlauer Berg charakterisiert:

»Ich hab das Gefühl, daß im Osten in den letzten Jahren etwas ähnliches (wie damals in Kreuzberg, B.L.) passiert. Eben auch, ohne sich großartig auf irgendwas festzulegen und festzubeißen. Angefangen bei irgendwelchen Discotheken oder Ausstellungsmöglichkeiten und irgendwelchen Veranstaltungen, die 'n bißchen *anders* sind.« »Was da drüben passiert, ist halt wesentlich anders, weil es *jünger* ist. Und da erhoffe ich mir halt ein bißchen *Bewegung* davon.« »Weil da im Moment viel gemacht wird, weil der Name so oft auftaucht, wenn etwas *Neues* aufgemacht wird. Deswegen.« (Hervorhebungen B.L.)

Dies also sind die Attribute und Begründungen, mit denen Caroline ihren Umzug nach Prenzlauer Berg zu erklären versucht: Was dort geschieht ist »jünger«, dort passiert so viel »Neues« und davon verspricht sie sich »Bewegung«. Analog klassifiziert sie ihre heutige, negative Wahrnehmung Kreuzbergs mit den Worten: ›damals‹, ›dasselbe‹, ›Relikt‹, ›stehenbleiben‹, ›genauso‹, ›anachronistisch‹ und ›dogmatisch‹. Eindeutig drückt sich darin ihre Abwehr gegen überkommenen, veralteten Strukturen und Stilen aus. Umgekehrt bedeutet dies, daß sie Eigenschaften wie ›aktuell‹, ›anders‹, ›weiterentwickelt‹ bzw. ›bewegt‹, ›modern‹, ›neu‹ und ›flexibel‹ schätzt. Es ist das Neue, Bewegte, das andere und Fremde, was sie reizt. Am Puls der Zeit sein, in Bewegung bleiben, Veränderung und Neuerung erleben – das ist es, was Caroline mag.

In dieser Ablehnung gegenüber der Stagnation, gegenüber der Unveränderlichkeit, dem Anachronismus und Dogmatismus bzw. vice versa im Lob für das Neue, andere und für die Bewegung, verbirgt sich weit mehr als Carolines Haltung gegenüber ihrem Lebensraum: Es sind Klassifizierungen, mit denen ihr eigenes Lebens- und Weltbild beschrieben werden kann. Veränderung, das Provisorische, Nicht-Dogmatische, Nicht-Anachronistische; Fluktuation und Wechsel, Vielfalt und Heterogenität – das sind die Dinge, die Caroline lieb sind, ja mehr noch, die sie braucht. – Als ich bereits das Tonbandgerät ausgeschaltet hatte, erzählte sie mir von ihrem Rheumaleiden, das immer dann auftaucht, wenn sich in ihrem Leben zu wenig ändert. Wenn sie zu lange mit dem gleichen Mann zusammen ist, wenn sie zu lange in der gleichen Wohnung lebt, dann signalisiert ihr das Rheumaleiden: Es wird Zeit für einen Wechsel.

Veränderung und Vielfalt ist bei Caroline aber nicht nur diachron gedacht; gerade auch synchron sind ihr Heterogenität und das Nebeneinander von scheinbar Unvereinbarem wichtig: Eben Regenbogenkino *und* Cinedom, gediegene Restaurants mit weißen Damastdecken *und* völlig fertige Penner. Hinter den Worten »hier ist alles möglich«, mit denen sie anfangs ihre Affektion zu Kreuzberg beschrieben hat, verbirgt sich offenbar eine weiterreichende Disposition, die ihr eigenes Leben ganz grundsätzlich prägt.

Die Lust an Unterschieden, Bewegung und Wandel spiegelt eine Haltung, die konstitutiv für Carolines personale Lebensführung ist: Sie legt Wert darauf, nichts zu tun, was unumkehrbar ist. Caroline geht mit der Zeit und nimmt Teil an gesellschaftlichen Veränderungen, ja, die stetige Veränderung und Wandlungsfähigkeit ist geradezu ihr Ziel. Ganz im Gegensatz zur Lebenskonstruktion der »Utopisten«, welche durch das strikte und klare entweder – oder geprägt ist, charakterisiert sich Carolines Lebensführung durch das sowohl – als auch. Während die Utopisten festhalten am einmal gewählten Entwurf und Entschluß, der sie nicht selten jenseits des Mainstream verortet, favorisiert Caroline die ständige Bewegung und Neuorientierung, die gerade *nicht* unabhängig von modischen Trends ist. Deswegen nenne ich sie eine »Life-Stylistin«: weil sie fortwährend daran arbeitet, ihr eigenes Leben gemäß aktueller Trends und Moden zu modellieren.

Dies gilt auch für ihr Vorstellungsbild von und ihre Beziehung zu Kreuzberg. Beides ist vom Zeitgeist und durch kulturellen Wandel geprägt. Auch Caroline hat sich ein eindeutiges Bild von Kreuzberg gemacht und unterscheidet sich darin zunächst nicht von den »Utopisten«. – Im Unterschied zu letzteren aber, die an ihren Träumen und Ideen festhalten und heute *genau nach diesen*, nur andernorts, suchen, hält die Life-Stylistin Caroline nach *neuen, zeitge-*

mäßen Images Ausschau. Dort, wo sie fündig geworden ist, wird sie seßhaft – für eine Weile jedenfalls.

Kreuzberg zwischen Utopie und Lifestyle

Die Reaktionen meiner Gesprächspartner auf die Metamorphose Kreuzbergs pendeln zwischen Ablehnung und Verweigerung auf der einen sowie Gleichgültigkeit und Akzeptanz auf der anderen Seite. Zentral für diese oder jene Reaktion ist das Vorstellungsbild, das sie sich von Kreuzberg gemacht haben; dieses wird zum Dreh- und Angelpunkt für die Erfahrung vergangener und insbesondere gegenwärtiger Wandelprozesse. Je eindeutiger und klarer die persönliche Vorstellung von ›Kreuzberg‹ ist und vor allem: Je mehr das Kreuzbergbild zum Passepartout für den eigenen Ich-Entwurf geworden ist, desto größer ist der Widerwille und die Abwehr gegenüber Veränderungen. Oder, um im Bild zu bleiben, das Selbstporträt paßt nicht mehr in den Rahmen, gerät zwangsläufig außer Fassung. Umgekehrt gilt: Je weniger deutlich und je weniger fixiert dieses persönliche Bild von Kreuzberg ist und je weniger es mit der eigenen Identitätsbildung verbunden ist, desto aufgeschlossener sind meine Gesprächspartner für die kontinuierliche Veränderung innerhalb des Bezirks im allgemeinen und für die gegenwärtige Situation Kreuzbergs und dessen neues Image im besonderen.

Da gibt es – wie bei Paul und Tanja – Verweigerung und Aggression vor allem gegenüber den neuen Läden und Kneipen, gegen die kulturellen Praxen der postmodernen Consumer Culture wie auch gegenüber den beiden Trägergruppen: die neue Generation (Paul) und die neue städtische Mittelschicht (Tanja). Beide empfinden diese Veränderungen gerade in Kreuzberg als besonders schmerzlich, weil sie so ganz und gar nicht zu ihrem Bedeutungssystem von Kreuzberg paßt: der rechtsfreie Raum (Paul) bzw. die exotische Insel (Tanja) – beides wird aus ihrer Sicht zerstört; im einen Fall durch die Generation der achtziger und neunziger Jahre, welcher das Interesse an politischer Aktion und Massenbewußtsein abhanden gekommen ist, im anderen Fall durch Sanierer, Yuppies und Planer, die den Wildwuchs in Kreuzberg disziplinieren.

Die Veränderung des Stadtteils wird von den Utopisten aber auch als störend empfunden, weil sie mit der eigenen Lebenskonstruktion konfligiert. Diese nämlich hält fest an einmal getroffenen Entscheidungen; sie charakterisiert sich als nach Ganzheitlichkeit suchende Entweder-oder-Haltung – sowohl hinsichtlich des eigenen Lebensentwurfs als auch in bezug auf das Weltbild. Und ist erst einmal die Entscheidung für die eine oder andere Seite gefallen, dann wird eine Anpassung an gesamtgesellschaftliche Wandelprozesse, ein eventueller Umschwung in der eigenen Orientierung, schwer.

Insofern rührt die ablehnend-skeptische Einstellung gegenüber dem ›neuen Kreuzberg‹ letztlich aus der materiellen und vor allem der mentalen Disposition gegenüber gesellschaftliche und persönlichen Veränderungen ganz allgemein. Natürlich muß man sich die neuen Lebensstile und kulturellen Praxen leisten können – und Tanja wird dies grundsätzlich schwerer fallen als anderen. Aber man muß auch Lust haben auf diese Neuheiten, man muß Interesse dafür aufbringen, um daran teilhaben zu können. Die Utopisten, die sich und ihrem einmal gewählten Lebensentwurf treu bleiben, tun sich schwer mit solchen Veränderungen, weil jede Veränderung gewissermaßen ihrem Naturell widerspricht.

Da gibt es aber auch – etwa bei Caroline – Offenheit und Souveränität im Umgang mit den neuen Lebensstilen, Szenen und Trends. Caroline geht mit der Zeit, hat Teil an der neuen Mode und findet Gefallen an der Veränderung. Auch wenn sie diese gerade nicht in Kreuzberg ortet. Der Grund für diese ›Sehschwäche‹ liegt wiederum in der Wirkmächtigkeit des Mythos Kreuzberg. Im Grunde genommen blicken Tanja und Paul von der einen und Caroline von der anderen Seite auf das gleiche Bild, das Kreuzberg als alternativen Lebensraum jenseits des Mainstream zeigt. Während aber die Utopisten an diesem Vorstellungsbild festhalten, empfindet Caroline dieses als anachronistisch und unzeitgemäß.

Diese Bewertung, genauso wie ihre Wandlungsfähigkeit und Flexibilität liegen auch bei Caroline in ihrer personalen Lebensführung begründet: Mobilität, Vielfalt und Veränderung sind zentral in ihrer eigenen Lebenskonstruktion. Der ständige Wandel bildet das Lebenselexier, aus dem die Life-Stylisten ihre Motivation und ihre Überlebensfähigkeit beziehen. Im Grunde genommen wissen sie daher von Anfang an, daß ihr Tun nicht von Dauer sein wird. Wer sich aber nie auf eine und nur eine Linie festgelegt hat, kann die Seiten wechseln, wer sich nicht verankert hat, schwimmt eben mit und bricht auf zu neuen Ufern. Im Falle Carolines heißt dies: Go East und Kreuzberg Ade!

Schließlich gibt es die »Pragmatiker« – Käthe und Matthias. Pragmatisch sind die beiden schon, was ihre Einstellung gegenüber Kreuzberg anbelangt: Es ist der Ort, wo sie leben und der ihnen dieses Leben aufgrund seiner besonderen historischen und geographischen Situation mit ermöglicht hat – aber

Kreuzberg ist nicht zur Metapher für diese Lebensform und schon gar nicht zum Referenzsystem der eigenen Identitätsbildung geworden. Ein klar umrissenes, klischeehaftes Bild, das sich mit ›Kreuzberg‹ verbindet, läßt sich bei den Pragmatikern folglich nicht beschreiben; ›Kreuzberg‹ das ist bei beiden eine sehr subjektive und konkrete Erfahrung, die bei Käthe mit dem Leben in ihrem Haus und bei Matthias mit der Arbeit in einem Handwerkskollektiv verbunden ist. Deshalb ist auch ihre Reaktion auf Veränderungen und Wandelprozesse gelassen bis interessiert: Sie haben sich kein festes Bild von ›Kreuzberg‹ gemacht, und so wird auch kein fest umrissenes Bedeutungssystem durcheinandergebracht.

Pragmatisch sind die beiden aber auch hinsichtlich ihrer Lebenskonstruktion. Konstitutiv für diese ist eine stetige Kompromißbereitschaft, eine Zwaraber- bzw. Sowohl-als auch-Haltung, die sich nicht um jeden Preis und auch nicht auf jeden neuen Trend einläßt – und dennoch flexibel und aufgeschlossen für Neues ist. Insofern bilden die Pragmatiker die vermittelnde Mitte zwischen Utopisten und Lifestylisten: Ähnlich wie erstere bleiben sie ihren einstigen Idealen und Werten treu, ohne dabei allerdings in eine dogmatische Position zu verfallen, denn ähnlich wie letztere sind sie immer auch offen für Neues und anderes.

Das Vorstellungsbild von Kreuzberg kann fixiert oder offen sein, und auch die Reaktion auf soziokulturelle Wandelprozesse kann starr oder flexibel sein. Letztlich sind beide Wahrnehmungs- und Dispositionsmuster einer grundsätzlichen Einstellung gegenüber kulturellen und gesellschaftlichen Veränderungen geschuldet, die wiederum zwischen skeptisch-zurückhaltend auf der einen und aufgeschlossen-neugierig auf der anderen Seite oszilliert. Diese Disposition gegenüber persönlichem und gesellschaftlichem Wandel ist selbstverständlich abhängig von bestimmten Situationen, Ressourcen und Lebensphasen. Grundsätzlich sind jüngere, ungebundene und ökonomisch abgesicherte Personen sicherlich aufgeschlossener und souveräner im Umgang mit veränderten Situationen und neuen Lebensformen. Aber die Ablehnung bzw. Aneignung neuer kultureller Praxen und Stile genauso wie der Umgang mit soziokulturellem Wandel können mit dem ökonomischen und sozialen Background nicht hinreichend begründet werden; sie sind ebenso das Ergebnis individueller, mentaler Veranlagungen und Vorlieben: Ob man den raschen, steten Wechsel und den ›letzten Schrei‹ gegenüber dem Vertrauten, der Tradition und dem Klassiker bevorzugt, ist eine Frage, die nicht nur situations- und ressourcenabhängig, sondern immer auch aufgrund der persönlichen Lebenskonstruktion beantwortet wird. Es ist die Entscheidung, wie man sich selbst gegenüber soziokulturellem Wandel stellt, ob man sich einklinken kann *und* will, die Caroline, Käthe und Matthias ein Code-Switching möglich macht, dagegen Paul und Tanja an die ihnen bekannten Praxen und Vorstellungen von ›Kreuzberg‹ bindet.

Was sich für Caroline als unverbindliches und faszinierendes Experimentieren im gewachsenen, sich ständig verändernden Möglichkeitsraum darbietet, wird von den Utopisten als ein Angriff auf ihr Orientierungswissen gedeutet. Sie haben sich ein festes Vorstellungsbild von Kreuzberg gemacht, und auf Grund ihrer unbeweglichen, konsequenten Lebenskonstruktion fällt ihnen der Umgang mit dem veränderten Kreuzberg besonders schwer. Die Pragmatiker schließlich wägen auch hier zunächst einmal ab und entscheiden sich von Fall zu Fall, im Zweifel für das sowohl-als auch. D.h. Neues wird nicht grundsätzlich positiv bewertet, man geht auch nicht unbedingt mit jedem Trend – aber man ist dennoch offen und tolerant gegenüber Veränderungen.

Nun bleiben Lebenskonstruktionen zwar in bezug auf ein individuelles Leben stabil und unverändert, dennoch sind sie keine ahistorischen Verhaltensmuster. Anders formuliert: Es gibt immer den Mann oder die Frau der Stunde, deren Lebenskonstruktion aufs trefflichste zu den gesellschaftlichen und kulturellen Verhältnissen paßt, die es damit zu bewältigen gilt.[12] Die Lebensverhältnisse bestimmter Perioden fordern also immer auch entsprechende Lebenskonstruktionen heraus.

In einer sich immer schneller verändernden Zeit mit immer heterogener werdenden Szenen und Stilen dürften die Life-Stylisten und Pragmatiker eher den Typ der Stunde repräsentieren als die Utopisten. Sie sind kraft ihrer durch Offenheit und Flexibilität charakterisierten Lebenskonstruktion in der Lage, Mobilität, Diversifizierung und Beschleunigung zu meistern. Dagegen fühlen sich die Utopisten, deren Lebenskonstruktion von der Suche nach Ganzheitlichkeit geprägt ist, angesichts dieser Fragmentierungen verunsichert. Ihre Lebenskonstruktion paßte eher in die späten siebziger bzw. frühen achtziger Jahre, in eine Zeit also, nach der sie sich auch heute noch sehnen und an der sie sich orientieren.

Damit aber zeichnet sich im Umgang mit den Veränderungen und Gentrifizierungsprozessen in Kreuzberg eine entscheidende Ungleichheitslinie zwischen Utopisten einerseits sowie Pragmatikern und Life-Stylisten andererseits ab: Eine Ungleichheitslinie, die nicht so sehr unterschiedliche Lebensstile oder

---

12 Vgl. Bude 1985.

Lebensstilgruppierungen voneinander trennt – etwa Alternative und Yuppies -, wie normalerweise in der Forschung argumentiert wird, sondern eine Ungleichheitslinie, die sich an den individuellen Fähigkeiten festmacht, die man braucht, um die zunehmende kulturelle Vielfalt wie auch die sich immer schneller verändernde Gesellschaft zu bewältigen. Während Pragmatiker und Life-Stylisten qua ihrer Lebenskonstruktion gegenüber den neuen Anforderungen gut gewappnet sind, reagieren die Utopisten mit Enttäuschung, Verunsicherung und Resignation. Ihre Zeit ist – genauso wie die des Mythos Kreuzberg – vorbei.

Ausleitung

U-Toposgraphien

U-Topos Kreuzberg: In weiter Ferne – so nah

Berlin-Kreuzberg: »Berliner Montmartre« (Morgenpost), »freies Land im unfreien Staat« (FAZ) und »Gallisches Dorf« (taz) – denn »ohne Widerstand gegen irgend etwas wäre man gar nicht hier gelandet« (Matthias). Eine »Insel« (Tatjana), auf der »alles völlig anders« (Cindy) und »weniger deutsch« (Ulrich) ist, ja, die mithin »gar nicht mehr in Deutschland« (Lady X) zu liegen scheint. – Berlin-Kreuzberg: ein »ferner Planet« (Quick). Diese unterschiedlichen Metaphern und Konnotationen teilen als kleinsten gemeinsamen Nenner das ›Nein‹ gegenüber üblichen Routinen, Routen und Gangarten. Zugleich bringen sie das Wesen des »Mythos Kreuzberg« gebündelt zum Ausdruck: eine Opposition zum herrschenden System und zur bürgerlichen Kultur, vor allem jedoch die Überzeugung, in Kreuzberg einen Ort gefunden zu haben, an dem diese Alternative, ›das andere Leben am anderen Ort‹, möglich und wirklich geworden ist.

Bereits in den sechziger Jahren machte sich Kreuzberg einen Namen als Ort und Hort der Gegenkultur; die Bohémiens bildeten mit ihrer Lebensführung und Kunstproduktion einen deutlichen Kontrast zur bürgerlichen Kultur. Erst recht aber wurde der Stadtteil zum Inbegriff soziokultureller Andersartigkeit, als sich in den siebziger Jahren mit der »alternativen Generation« eine Trägergruppe konstituierte, ohne die der Mythos Kreuzberg, die Utopie vom ›anderen Leben am anderen Ort‹, nicht möglich geworden wäre. Frustriert von den bestehenden Verhältnissen erklärte die »alternative Generation« dem »Modell Deutschland« eine Absage und ging auf die Suche nach Alternativen. Und Kreuzberg, der Stadtteil am Rande der Insel West-Berlin, weit von der Bundesrepublik entfernt gelegen, bot »den Ort überhaupt in Deutschland« (Joachim) für die Verwirklichung ihrer Lebensentwürfe. Das Raumbild des vernachlässigten Viertels an der Grenze zum Sozialismus paßte zu ihrer Vorstellung von ›Andersartigkeit‹. Zudem spielten ökonomische Interessen in Kreuzberg eine eher unbedeutende Rolle, und auch politisch genoß West-Berlin einen Sonderstatus. Insofern bot Kreuzberg tatsächlich einen Frei- und Experimentierraum, in dem unkonventionelle Lebensmodelle, Aussteigerträume und neue Arbeitsformen erprobt und in die Tat umgesetzt werden konnten.

So entwickelte sich ›Kreuzberg‹ mehr und mehr zu einem Bedeutungs- und Vorstellungssystem, das nur noch bedingt mit den räumlichen Demarkationslinien des Verwaltungsbezirks zusammenhing: Im Begriff Kreuzberg bündelten sich Phantasien und Träume, Sehnsüchte und Hoffnungen, die weit über den Stadtteil hinaus, in ferne Vorstellungswelten verwiesen. – Kreuzberg in den siebziger und frühen achtziger Jahren: eine Art Utopia. Denn kraft der einzigartigen Lage und Situation des Stadtteils mußten visionäre Konzepte von der anderen und selbstredend besseren Welt einmal nicht in weite Ferne oder ferne Zukunft projiziert, sondern konnten auf einen konkreten Ort in der Bundesrepublik fokussiert werden.

Dies war auch und gerade durch die diskursive Präsentation des Stadtteils möglich geworden. Wiederkehrende Metaphern wie »Ghetto«, »Jenseits«, »Draußen«, »Gallisches Dorf« und »ferner Planet« spielten allesamt mit der Vorstellung eines abseits gelegenen und exotischen Raumes. Über das Medium der Sprache wurde der Stadtteil Kreuzberg, der ohnehin Randbezirk war, so noch stärker als Grenzgebiet und teilweise bereits jenseits der Grenzen repräsentiert. Indem der Bezirk immer wieder und immer stärker marginalisiert, vom Rand, ins Abseits und schließlich gar in den Weltraum transloziert wurde, rückte Kreuzberg – trotz aller Nähe – in der Vorstellungswelt in weite Ferne. »Wir waren außerhalb der Welt.« (Hilaire)

Damit war die Bedingung für den »U-Topos« Kreuzberg geschaffen. U-Topos im Sinne von Utopia, dem Land, das nirgends ist; U-Topos aber auch im Sinne eines Passepartoutbegriffs, der die unterschiedlichsten Sehnsüchte und Idealbilder einer besseren, alternativen Lebenswelt auf einen gemeinsamen Nenner bringt.

Allerdings verharrten die Ideen und Ideale nicht im luftleeren Raum. Durch die Wechselwirkung zwischen Bilderwelt und Lebenswelt haben sie zunehmend Gestalt angenommen. Aktivisten der Alternativszene produzierten Visionen und Traumbilder von der ›freien Republik Kreuzberg‹ und brachten sie per

Mundpropaganda oder zielgruppenorientierter Medien in Umlauf; zusammen mit den Horrorvisionen und Schreckensszenarien, die durch die bürgerlichen Printmedien an die Öffentlichkeit gebracht wurden, wirkten diese Bilder verlockend und abstoßend gleichermaßen. Sie waren anziehend für alle, die schon lange nach einer Möglichkeit für ihren Ausstieg suchten. Sie waren abschreckend für Bürgerliche und Karrieristen, die nichts weniger wünschten, als im Abseits zu stehen. Je zahlreicher letztere aber abgeschreckt, gar vertrieben wurden, desto größer wurde der Freiraum für diejenigen, die sich angezogen fühlten. Und je mehr von ihnen nach Kreuzberg kamen, desto charismatischer konnten künftig die Bilder des Stadtteils gezeichnet werden.

Dies ist die Dialektik aus Bilderwelt und Lebenswelt, die den Möglichkeitsraum sukzessive Wirklichkeitsraum werden ließ: Tatsächlich hatte sich durch das Wechselspiel aus räumlicher Situation, diskursiver Präsentation und schließlich Migration allmählich eine Nische gebildet, die Auffangbecken für Dropouts und Nonkonformisten war, ein Ort, an dem sich Sonderwege, Sonderlinge und Sonderbares häuften. »In anderen Städten sind wir wenige (...). Aber hier. Es gibt Tausende in Kreuzberg, von denen mindestens ein Drittel aus Leuten wie wir besteht. (...) Hier sind wir alltäglich geworden, wir sind das Normale.« (Hilaire)

Das Ende Utopias

Dieses Kreuzberg hat sich in vielfacher Hinsicht überlebt. Der Mythos Kreuzberg, maßgeblich geprägt von den kulturellen Orientierungen der siebziger Jahre und ihrer Hauptträgergruppe, der alternativen Generation, bekam zwangsläufig Risse, als seine Träger in die Jahre gekommen waren und eine neue Ära, die achtziger Jahre, begonnen hatte. Hieß der Leitspruch der siebziger Jahre: »Seien wir realistisch, fordern wir das Unmögliche«, müßte seine zeitgemäße Abwandlung in den achtziger Jahren lauten: ›seien wir realistisch, fordern wir nichts Unmögliches mehr – sondern amüsieren uns im Hier und Jetzt so gut und so lange es geht‹. Gewissermaßen als enttäuschte und desillusionierte Reaktion auf das Scheitern idealistischer Ziele schob sich gegen Mitte der achtziger Jahre allmählich das Bestreben, möglichst viel und möglichst ›Schönes‹ zu erleben in den Vordergrund und Mittelpunkt des Lebens. So breitete sich allenthalben eine gewandelte Disposition gegenüber Hedonismus, Lust und Genuß aus. Sich zu amüsieren, Geld für Luxus und Nutzloses auszugeben, war nicht mehr verpönt.

Ähnliches gilt für die Einstellung gegenüber Konsum und populärer Unterhaltungskultur; auch diese bislang geächteten Sphären profanen Amüsements wurden fortan nicht mehr als Sublimation desavouiert, sondern in den Bereich legitimer Kultur integriert. Beide Trendwenden, die Lust am Hedonismus und die Aufwertung populärer Kultur, schlugen sich auf ein wachsendes Angebot passender Räume und Möglichkeiten für derlei Bedürfnisbefriedigung nieder. Aber nicht nur lebensweltlich, auch auf der Ebene der Repräsentation wurde dieser Trendwende Ausdruck verliehen: Neben das Bild der Aussenseiterenklave, in der radikale Revolutionäre für ihre Überzeugungen kämpfen, trat ca. Mitte der achtziger Jahre das Bild des »bunten«, multikulturellen und »schrillen« Stadtteils. Die Andersartigkeit des Stadtteils blieb zwar zentraler Topos in den Medien, allerdings wurde sie nun als Spannung und Abwechslung, als Ergänzung zum langweiligen Alltagstrott repräsentiert. Der Aussteigerraum mutierte zum Erlebnisraum.

In Kreuzberg indes nahm man diese kulturellen Wandelprozesse lange Zeit nicht zur Kenntnis. Der Stadtteil verkörperte, aller Veränderungen zum Trotz, bis Anfang der achtziger Jahre die Raum gewordene Absage an den Mainstream. Die neuen kulturellen Praxen wurden so gut es ging aus der Wahrnehmung verdrängt, einige der besonders Überzeugten betrieben gar eine Art Exorzismus, um dem veränderten Lebensstil den Garaus zu machen: Das – angeblich für SO 36 zu feine – Restaurant »Maxwell«, das den Kreuzberger Speiseplan mit frischem Fisch, knackigem Gemüse und ästhetisch anspruchvollem Arrangement ergänzte, wurde 1987 mit Molotowcocktails, Buttersäure und Fäkalien des Platzes verwiesen.

Dann fiel am 9. November 1989 die Mauer. Für Kreuzberg bedeutete dies eine sowohl räumliche als auch soziokulturelle Statuspassage; aus Rand wurde Mitte, das Abseits rückte ins Zentrum, der ferne Planet war City der deutschen Hauptstadt geworden. Unter diesen Bedingungen ließ sich die Utopie von der Gegenwelt und Alternative zur bestehenden Gesellschaft nicht mehr halten. Die Voraussetzung für diese Utopie war ja gerade deren Projektion auf einen abseits gelegenen Fleck der bundesrepublikanischen Landkarte gewesen; durch seine territoriale Lage und vor allem infolge der anhaltenden diskursiven Grenzziehung zur Norm und zur Bundesrepublik hatte Kreuzberg solch eine Projektionsfläche werden können.

Exakt diese Qualität ist Kreuzberg mit dem Fall der Mauer abhanden gekommen: Aus dem randseitigen Stadtteil ist wieder ein Ort inmitten der Metropole Berlin geworden. Kreuzberg hat seinen Außenseiterstatus und damit seine

Haftfläche für Aussteigerutopien verloren. Statt dessen wurden nun andere Interessen mit Kreuzberg in Verbindung gebracht: Business, Geschäfte, Management.

Diese Interessen wurden von Anfang an diskursiv vorbereitet und begleitet. War der Bezirk vor 1989 vor allem als Aussteigerbezirk und Ghetto dargestellt, zeigen die Darstellungen nach 1989 Kreuzberg als Aufsteigerbezirk. Aus dem Alternativen-Mekka wurde Yuppie-Town, der Ort für Aussteiger wurde zum Fokus für Einsteiger, der »ferne Planet« war wieder »mittenmang«. Auch sprachlich-metaphorisch wurde der Bezirk also aus seinem Exil »draußen« und jenseits der Bundesrepublik ins Innerste derselben zurückgeholt. Zugleich wurde damit dessen soziokulturelle Umnutzung als Citybezirk für Yuppies und Dienstleistungsunternehmen propagiert.

So wurden Tür und Tor für die bereits vorher beobachtbaren Wandelprozesse geöffnet. Die postmoderne Konsumkultur, welche auf kommerzielle Anbieter angewiesen ist, konnte sich nun, da in Kreuzberg Goldgräberstimmung herrschte, voll entfalten: Im April 1993 eröffnete die erste »Burger-King«-Filiale in Kreuzberg 61. So weit ging man in SO 36 zwar noch nicht, doch auch hier eröffneten Restaurants, Bars und Cafés, Friseurgeschäfte und Weinhandlungen, die aus der Lust am Hedonismus kein Geheimnis mehr machten: Das Restaurant »Markthalle« mit dem dazugehörigen Dancefloor im Gewölbekeller, die wunderschöne »Morenabar«, die mit Blick auf den Spreewaldplatz Margaheritas serviert, schräg gegenüber, in der Wiener Straße, eröffnete die Weinhandlung »Öxle«, unweit davon entfernt, in der Skalitzer Straße, etablierte sich mit »Vini und Alimentari« ein italienisches Delikatessengeschäft, in der Oranienstraße gibt es nun den ersten hippen Hairstylisten usw. usf.

Während dieser kulturelle Wandel auf der Alltagsebene zunehmend spür- und sichtbar geworden ist, kann von der sozio-ökonomischen Transformation, die für Kreuzberg ebenfalls erwartet wurde, nach wie vor kaum die Rede sein: Weder gibt es im Stadtteil eine deutliche Zunahme an unternehmensorientierten Dienstleistungen, noch läßt sich der Zuzug besserverdienender Bevölkerungsschichten aus eben diesem Beschäftigungssegment festellen. Derartige Veränderungen wurden vor allem auf der diskursiven Ebene verhandelt. Der Investitionsdruck, der kurz nach Mauerfall für ganz Berlin erwartet wurde, wurde auch für Kreuzberg prognositiziert und die damit einhergehenden Aufwertungs- und Umnutzungsprozesse schon einmal ex ante dokumentiert: Die Einsteiger verdrängten angeblich die Aussteiger, die Yuppies die Dropouts und aus Schmuddel wurde, laut Medienberichten, flächendeckender Schick. Aus dem

Abseits wurde nicht nur räumliches, sondern – scheinbar – auch sozio-kulturelles und ökonomisches Zentrum.

Gerade hier kam offenbar der Mythos Kreuzberg noch einmal zur Wirkung: Das extreme Vorher, der Mythos Kreuzberg, trug im Keim die Vorstellung vom ebenso radikalen Nachher in sich. Das Image des neuen Kreuzberg läßt sich als Spiegelbild des alten Mythos interpretieren und erklären. Aus Abseits wurde Mitte, aus Alternativen Yuppies, aus Aussteigern Einsteiger, aus Schmuddel Schick und aus Mief frischer Wind. Eben weil der Stadtteil vor 1989 so ›anders‹ gewesen war, schien nun, unter den veränderten räumlichen und sozio-kulturellen Bedingungen, seines extreme Verwandlung plausibel. Beide Vorstellungsbilder zusammen, das Vorher und das Nachher, bilden die Kehrseiten ein und derselben Medaille.

Allerdings: Auf die Dauer wird das neue Kreuzbergbild nicht ohne Folgen für den Stadtteil sein. Die Darstellung des Stadtteils im Sinne eines schicken Innenstadtbezirks im Zentrum der Metropole Berlin ist wegbereitend für die tatsächlichen sozio-ökonomischen Wandelprozesse der Zukunft. Sie redet der Gentrifizierung das Wort und schreibt Veränderungen herbei. Die Bilder und Repräsentationen wirken wie Werbeimages, die den Bezirk als Lebensraum insbesondere für die neue städtische Mittelschicht, aber auch für Investoren und Dienstleister schmackhaft machen. Diesen Prozeß bezeichne ich als »symbolische Gentrifizierung«: Das Zeichen – »Kreuzberg« – wird sinnhaft und symbolisch aufgeladen und bringt als solches seinen Einfluß auf den Stadtteil zur Wirkung.

Was geschah mit Utopias Bewohnern?

Wie reagieren nun aber die Bewohner in Kreuzberg auf die Veränderung ihres Stadtteils und dessen Reputation gleichermaßen? Mit dieser Frage habe ich mich auf die Kreuzberger Alternativszene konzentriert, d.h. auf jene, die gezielt und bewußt an den ›anderen Ort‹ gegangen waren, um hier ihre Alternativen und Utopien zu realisieren. Gerade für sie, so meine Überlegungen, müssen die beschriebenen Transformationsprozesse eine besonders einschneidende Erfahrung sein, weil sie die Koordinaten ihrer Destination verändert haben.

Obwohl ich mich mit der Frage, wie die Veränderungen des Stadtteils erlebt werden, auf das Milieu der Kreuzberger Alternativszene konzentriert habe, ließen sich keineswegs einförmige Reaktionsweisen beobachten. Offenbar treffen die gegenwärtigen Wandelprozesse nicht nur auf verschiedene soziale Milieus, sondern ebenso auf je unterschiedliche mentale Dispositions- und Einstellungsmuster. Diese Dispositions- und Einstellungsmuster bilden gemeinsam die »Lebenskonstruktion« von Individuen. Unter Lebenskonstruktionen ist ein Regelgerüst zu verstehen, nach dem die persönliche Biographie aufgebaut ist. D.h. die wiedekehrenden Muster der Entscheidungen und Verhaltensweisen lassen auf ein generelles Ordnungs- und Konstruktionsprinzip des individuellen Lebens schließen. Lebenskonstruktionen geben damit Aufschluß darüber, warum eine Person so – und nicht anders reagiert hat. Lebenskonstruktionen bilden die Struktur und das Regelsystem, nach dem biographische Erlebnisse angeordnet sind, sie sind jedoch nicht mit der Biographie an sich zu verwechseln.

Im Rahmen meiner Gespräche mit Angehörigen der Kreuzberger Alternativszene haben sich drei typische Lebenskonstruktionen herauskristallisiert: Die Lebenskonstruktion der »Utopisten«, »Pragmatiker« und »Life-Stylisten«.

Die »Utopisten« charakterisieren sich durch eine hundertprozentige Entweder-oder-Haltung, Zugeständnisse und Kompromisse dagegen gehören nicht in ihr Verhaltensrepertoire. Haben sie ein Mal eine bestimmte Haltung eingenommen, dann halten sie an ihren Entscheidungen fest – koste es, was es wolle. Veränderungen und Zugeständnisse fallen ihnen schwer bzw. werden abgelehnt, weil die »Utopisten« damit ihrem eigenen Wesen ›untreu‹ würden.

Die »Pragmatiker« hingegen sind durch eine Sowohl-als auch-Haltung geprägt. Sie gehen Kompromisse ein, machen Konzessionen, lenken ein und alles Hundertprozentige liegt ihnen fern. Sie wollen nicht alles, sondern lieber etwas – als nichts. Diese Haltung macht sie auch gegenüber Veränderungen und Umbrüchen weniger verletzlich als die »Utopisten«: Da sie sich nie auf eine und nur eine Richtung festgelegt haben, sind sie zu Zugeständnissen bereit und können Teile des Wandels akzeptieren und ihr in Leben integrieren.

Die »Life-Stylisten« schießlich sind durch eine Haltung geprägt, die sich auf nichts festlegen will. Zwar leben auch sie – ähnlich den »Utopisten« – in Extremen, allerdings mit dem Wissen, daß diese nur von begrenzter Dauer sind. Die »Life-Stylisten« legen Wert darauf, nichts zu tun, was unumkehrbar ist. Flexibilität, Transformationen und Umbrüche sind daher die charakteristischen Merkmale ihrer Lebenskonstruktion. Erst durch die beständige Veränderung bleiben sie sich und ihrem Wesen treu, und entsprechend neugierig und wissbegierig reagieren sie auf Neues und Wandelprozesse.

Analog zu diesen Lebenskonstruktionen lassen sich die jeweiligen Vorstellungsbilder von Kreuzberg bzw. die Reaktionen auf die Veränderungen Kreuzbergs analysieren. Die »Utopisten«, die sich durch eine hundertprozentige Entweder-oder-Haltung charakterisieren, haben auch ein klar umrissenes, festes und unveränderliches Bild von Kreuzberg. – Kreuzberg ist zur Chiffre für das ›andere‹ geworden, Modifikationen innerhalb dieses Kreuzbergbildes sind nicht vorstellbar. Entsprechend groß sind die Schwierigkeiten im Umgang mit dem neu entstehenden Kreuzbergbild genauso wie mit den Wandelprozessen innerhalb des Stadtteils. Für die »Utopisten« bedeuten die Veränderungen des Stadtteils und seiner Reputation nicht mehr und nicht weniger als den »Untergang« Kreuzbergs.

Für die »Pragmatiker«, die ich durch eine kompromißbereite Sowohl-als auch-Haltung definiert habe, läßt sich dagegen kein klares Bild von Kreuzberg beschreiben. Für sie ist Kreuzberg nicht so sehr ein hundertprozent feststehender Begriff, sondern *ein* konkreter Erfahrungsraum ihres *persönlichen* Lebens. Daß Kreuzberg darüber hinaus, für andere und zu anderen Zeiten, auch etwas ganz anderes bedeuten kann, ist ihnen bewußt. Kreuzberg ist eben sowohl-als auch. Insofern sind die »Pragmatiker« auch offen und unvoreingenommen gegenüber den zu beobachtenden Veränderungen im Stadtteil. Kreuzberg wird aus ihrer Perspektive nicht untergehen, »egal wie sich das entwickeln wird« (Käthe).

Die »Life-Stylisten« wiederum haben zwar ein ähnlich deutliches Bild von Kreuzberg wie die »Utopisten«; d.h. auch für sie ist Kreuzberg unmittelbar mit der ›anderen Kultur und Gesellschaft‹ verbunden, allerdings haben sie keine Schwierigkeiten, dieses Bild zu den Akten zu legen. Sie, die gierig nach Veränderungen und Umbrüchen sind, nehmen teil an den Wandelprozessen und Umstrukturierungen im neuen Berlin – und das heißt auch: Sie kehren Kreuzberg als Ort und Lebensraum den Rücken, weil sich andernorts spannendere Räume konstituieren.

Vor dem Hintergrund dieser Typologie zeichnet sich in meiner Forschung eine neue Ungleichheitslinie im Umgang mit Gentrifizierungsprozessen ab: Eine Ungleichheitslinie, die nicht nur soziale Milieus und die entsprechenden Lebensstile voneinander trennt, wie überlicherweise in der Forschung argumentiert wird. Vielmehr verläuft die von mir beobachtete Ungleichheitslinie immer auch entlang individueller Einstellungs- und Dispositionsmuster, die man braucht, um die zunehmende kulturelle Vielfalt und die immer schneller sich verändernde Kultur zu bewältigen. Die »Pragmatiker« und »Lifestylisten« sind aufgrund ihrer Fähigkeit zu Zugeständnissen bzw. zur Veränderung besser für die Umbrüche in Kreuzberg gewappnet als die »Utopisten«, die wegen ihres konsequenten Festhaltens an einmal getroffenen Entscheidungen irritiert und enttäuscht auf die neuen Bedingungen reagieren.

U-Toposgraphien

Entscheidend für das Ende des Mythos Kreuzberg war neben der Translokation vom Rand zur Mitte auch eine neue Generation, die sich etwa zeitgleich in Kreuzberg wie andernorts konstituierte. Diese neue Generation, mal »Generation X«, mal »89er Generation«, mal »Love-Parade-Jugend« genannt, wurde im Kontext postmoderner Lebenseinstellungen sozialisiert; Pluralität und Heterogenität gehören daher zu ihren Grunderfahrungen. Ja, wenn es überhaupt etwas gibt, worin sich diese neue Generation verbindend und verbindlich charakterisieren läßt, dann ist es dieses vielfältig-heterogene Bewußtsein, welches das andere stets akzeptiert. Insofern versteht sich die Generation X – ganz im Gegensatz zur alternativen Generation – auch nicht mehr als Gegenentwurf zur bestehenden Gesellschaft, vielmehr wird von ihr das Bestehende als Teil der Vielfalt akzeptiert und integriert.

Bei dieser neuen Generation läuft der Mythos Kreuzberg zwangsläufig ins Leere. Da sie nicht mehr in den Kategorien ›entweder-oder‹ denkt, fand das im Begriff und Bezirk Kreuzberg gebündelte ›Oder‹ bei ihr keine Anteilnahme. Die Generation X hat keinen Bedarf, zumindest aber kein Interesse mehr an monolithischen Gegenkonzepten, wie sie der Mythos Kreuzberg darstellt.

Allerdings: Das Fernweh nach Utopia hat sich damit noch nicht überlebt, die Sehnsucht nach vergleichbaren Arealen scheint fortzubestehen. Es bleibt ein Bedürfnis nach Räumen, die sich durch ihre spezifische Anti-Struktur charakterisieren. Noch stellt das wiedervereinigte Berlin solche Räume bereit: Das neue »Paradies« heißt Mitte. In abbruchreifen Altbauten und brachliegenden Lagerhallen, im »Tresor« und im »E-Werk«, im »Tacheles« und im »Boudoir« sucht die Jugend der neunziger Jahre Zuflucht, »weil uns der Charme von abblätterndem Putz fasziniert. Hier sind wir sicher vor dem Einbruch der protzigen Postmoderne«.[1]

Einige versuchen hier – ähnlich wie ihre Vorgänger vor rund 20 Jahren in Kreuzberg – alternative Lebens- und Kulturformen zu etablieren, indem sie Häuser besetzen und für ihr Bleiberecht kämpfen. Die Mehrzahl aber verwirk-

---

1 Tip 14/94, Tagesspiegel 27.08.1995.

licht ihre Utopie vom besseren Leben bei 150 bpm, in künstlichen Nebelschwaden und hektischem Schwarzlicht. Dies scheint die, wenn auch nicht einzige, so doch gängigste und am meisten gelebte Vorstellung vom Leben in »Peace and Harmony« zu sein: »The feeling of safety dancing within a crowd of smiling faces, of the rush of a DJ taking you on a mind trip down into deep dark caverns of trance and then up to the highest peeks of spiritual Utopia. Do not try to explain. Just tell them to open their minds.« (Flyer)

Ähnlich wie der Mythos Kreuzberg wurde auch der ›Mythos Mitte‹ maßgeblich durch seine visuelle und diskursive Repräsentation ins Leben gerufen und so entstanden, parallel zum Abgesang auf Kreuzberg, Wiegenlieder für ein neues Utopia: »Nie wieder Kreuzberg«, erklärte Modedesignerin Claudia Skoda gegenüber dem Stadtmagazin »Tip« und nannte als neues Dorado das »Scheunenviertel«, wo sie fortan leben und arbeiten will. Postkarten, auf denen bisher der morbide Charme Kreuzbergs zur Schau getragen wurde, präsentieren nun Hinterhofidyllen und Fassadenkunst aus Mitte (stellvertretend für gesamtberliner Flair). Manfred Krug, alias »Liebling Kreuzberg«, vollzog in den Fortsetzungsfolgen der Fernsehserie eine ebenso symptomatische wie publikumswirksame Migration; bislang in Kreuzberg ansässig, verlegte auch er seine Kanzlei post Mauerfall nach Berlin-Mitte. Und schließlich konnten auch die letzten Trittbrettfahrer dem »Tagesspiegel« unter der Rubrik »Berlins zweite Gründerzeit« entnehmen: »Weder Kreuzberg noch Prenzlauer Berg: Auch die Szene orientiert sich aus ihren angestammten Revieren in Richtung Mitte.«[2]

Weiter heißt es im Tagesspiegel: »Das neue Bermuda-Dreieck zwischen Tacheles, Hackeschen Höfen und Volksbühne, die neue Galerien- und Kneipenmeile Auguststraße, in ihrem Schatten die Linien-, Tucholsky-, Mulackstraße und natürlich, als alles überstrahlender Lichtquell, die ›Oranienburger‹ – in diesen Namen bewahrt sich etwas von dem Lebensgefühl, das man einst mit dem Begriff ›Mythos Berlin‹ etikettierte. (...) Zwischen Ruine (Tacheles) und Bunker (Volksbühne) ist ein fast exterritoriales Gelände entstanden (...) Natürlich ist auch diese Idylle ohne die Niemandszeit nicht denkbar, die andauert, seit die alten Zeiten kernschmelzengleich verschwunden sind«.

»Paradies«, »Bermuda-Dreieck« und »exterritoriales Gelände« – in den Begrifflichkeiten klingt eine ähnliche Ortsqualität an, wie sie für Kreuzberg bis 1989 charakteristisch war: Nicht wirklich diesseits, sondern paradiesisch, nicht so recht lokalisierbar, sondern exterritorial, ein Ort ohne Verortung. Zudem

---

2 Tagesspiegel 30.04.1994.

U-Toposgraphie. *Quelle*: Wolfgang Krowlow

schwingt in den Begriffen »Bermuda-Dreieck« und »Niemandszeit« bereits das Schwinden und die Vergänglichkeit des neuen Mekkas mit. Und tatsächlich ist dieses neue Paradies maßgeblich durch seine zeitlich vorüber- und vergehende Existenz charakterisiert. Denn jetzt schon ist absehbar, daß Dienstleistungszentren, Bankimperien und Einkaufsmeilen der gegenwärtigen Mischung aus jugendlicher Subkultur, Fleischbeschauung und Kunstgalerien dereinst ein Ende bereiten werden. Doch nicht trotz, sondern *wegen* dieser Atmosphäre des Vorübergehenden etablieren sich in den provisorischen Räumen kurzfristig Galerien und Ateliers, entstehen Kneipen und Clubs in Häusern mit ungeklärten Eigentumsverhältnissen.

Damit deutet sich an, daß das neue Utopia sich in einem wesentlichen Punkt vom alten unterscheidet. War der Mythos Kreuzberg zumindest noch auf Dauer gedacht und konzipiert, trägt das neue Utopia den schnelleren Verfallszeiten Rechnung. Mobilität, Beschleunigung und Delokalisierung, gewissermaßen *die* Kennzeichen unserer Zeit, finden auch in der Phantasie- und Wunschwelt ihren Niederschlag. Die aktuellen Utopien eines besseren Lebens sind weniger *in die Zukunft* und damit *auf Dauer gedacht*, sondern sie werden hier, jetzt, sofort *gelebt*. Die Raves im »Tresor« und im »E-Werk« zielen nicht auf Ewigkeit; und auch die Räumlichkeiten, in denen diese neue Traumwelt Unterschlupf findet, sind provisorisch und vergänglich. Die ephemere Utopie sucht weniger nach Orten, sondern nach kurzfristigen locations, und die Zwischenräume der vorübergehend umgenutzten Kellergewölbe in Berlin-Mitte stellen das dazu passende Territorium bereit. Nur für einige Stunden und nur für begrenzte Dauer findet Utopia darin Platz. Die immer schneller werdende Kultur hat sich darauf eingestellt, daß auch Utopia ephemer und kurzlebig ist. Nirgendwo ist dieses Bewußtsein deutlicher spürbar als in Berlin-Mitte, wo Kräne und Baugruben den fortwährenden Wandel signalisieren und wo die Insider den immer wieder neuen locations auf der Spur sind. Gestern traf man sich noch in der »Praxis Dr. Mc Coy« und im »U-Club« heute schon im »WMF« und im »Toaster« – und morgen?

Während der U-Topos Kreuzberg vor allem aufgrund seiner räumlichen Lage – der Grenzraum im Abseits – möglich und wirklich geworden war, erscheint Berlin-Mitte also insbesondere zeitlich im Sinne eines Niemandslands; es ist das Ephemere, Vorübergehende, in seiner Dauer Begrenzte, das eine Art Virtualität und damit gleichsam die Bedingung für dieses neue Utopia schafft. Auch Mitte ist das Land, das nirgends ist, denn seinEnde ist jetzt schon absehbar.

Oder war am Ende auch Kreuzberg nur deshalb zum Mythos geworden, weil dessen Ende – durch den Fall der Mauer – immer schon antizipiert wurde? Hatte auch der Experimentierraum Kreuzberg nur durch seine befristete Dauer Freiraum werden können? Damit wäre »Liminalität« hier wie dort, in Mitte wie Kreuzberg, Voraussetzung für das utopische Land. Liminalität (lat. »limen«: Grenze, Schwelle) meint Phänomene und Prozesse des Schwellenzustandes und des Übergangs. Im engeren Sinne sind damit Zwischenphasen bezeichnet, die nach einer spezifischen Trennung bzw. Abspaltung und gleichsam vor der Wiedereingliederung in die alte Gemeinschaft liegen. Während dieses Schwellenzustandes sind die üblichen sozialen Ordnungen scheinbar auf den Kopf gestellt und machen anderen Routinen Platz. In Kreuzberg bezieht sich diese liminale Phase auf die Zeit zwischen 1961 und 1989, d.h. auf die Zwischenphase nach der Trennung durch den Mauerbau und vor der Wiedereingliederung in die Bundesrepublik infolge des Mauerfalls. In Berlin-Mitte indes liegt die liminale Phase innerhalb des Zeitraumes nach 1989 und vor einem noch unbestimmten Zeitpunkt der Zukunft, von dem an wieder die üblichen Prozesse des Marktes gelten werden. D.h. die liminale Phase ist in Mitte dadurch charakterisiert, daß wegen der unklaren Eigentumsverhältnisse kurz nach Mauerfall eine Art Loslösung von üblichen Marktprozessen stattfinden konnte, deren Ende und die darauf folgende Wiedereingliederung in die kapitalistische Ökonomie jedoch bereits absehbar ist. Während dieser Zwischenphase allerdings werden andere Nutzungsmuster möglich und verwirklicht.

Exakt dieser Status des Grenzgängertums bzw. der Zwischenphase muß einem Ort eigen sein, um darauf Illusionen zu projizieren und erst recht, um sie darin umsetzen zu können. Nur innerhalb dieser Phase des zeitlich befristeten und sozialräumlich spürbaren Andersseins, eröffnen sich Möglichkeiten und Spielräume für Utopien.

Diesen ›Zwischenorten‹ ist eine besondere Anziehungskraft eigen, tatsächlich finden sich in vielen Städten inmitten der üblichen Stromlinienförmigkeit solche Zwischenorte. Was in Berlin vor 1989 Berlin-Kreuzberg und nach 1989 Berlin-Mitte war bzw. ist, ist im gegenwärtigen New York vielleicht die Lower East Side und im früheren Paris der Montmartre gewesen. Vielleicht weil sie als Inseln inmitten des durchrationalisierten, klar geordneten Raumes erlebt werden, vielleicht weil sie die einzigen Freiräume innerhalb einer durchweg vorgegebenen Normalität verkörpern, immer beziehen Städte auch und gerade durch derart »liminale Räume« ihre Attraktivität. Es bleibt abzuwarten, ob Berlin in Zukunft genügend Freifläche für derartige U-Topen bereitstellen wird.

Literatur

Ahrem, Regine: Wo ich bin, will ich nicht bleiben. In: Ästhetik und Kommunikation, Heft 76, 20. Jg. (1991).

Anders reisen. Ein Reisebuch in den Alltag. Hamburg 1982, 1986 und 1992.

Aster, Rainer (Hg.): Teilnehmende Beobachtung. Werkstattberichte und methodologische Reflexionen. Frankfurt/Main, New York 1989.

Barthes, Roland: Die Mythen des Alltags. Frankfurt/Main 1964.

Bauausstellung Berlin GmbH (Hg.): KuKuCK. Kunst- & Kultur Centrum Kreuzberg. Dokumentation. Berlin 1984.

Bausinger, Hermann: Identität. In: Ders., Utz Jeggle, Gottfried Korff und Martin Scharfe (Hg.): Grundzüge der Volkskunde. Darmstadt 1989.

Beauregard, Robert A.: The Chaos and Complexity of Gentrification. In: Smith, Neil and Peter Williams (eds.): Gentrification of the City. Boston 1986.

Beck, Ulrich: Riskiogesellschaft. Auf dem Weg in eine andere Moderne. Frankfurt/Main 1986.

Ders.: Reflexive Modernisierung. In: Noller, Peter, Walter Prigge und Klaus Ronneberger: (Hg.): Stadt-Welt. Über die Globalisierung städtischer Milieus. Franfurt/Main, New York 1994.

Bell, Daniel: Coming of Post-Industrial Society. New York 1979.

Ders.: Die nachindustrielle Gesellschaft. In: Wolfgang Welsch (Hg.): Wege aus der Moderne. Schlüsseltexte der Postmoderne-Diskussion. Weinheim 1988.

Berg, Eberhard und Martin Fuchs: Phänomenologie der Differenz. Reflexionsstufen ethnographischer Repräsentation. In: Dies. (Hg.): Kultur, soziale Praxis, Text. Die Krise der ethnographischen Repräsentation. Frankfurt/Main 1993.

Berger, Joachim: Kreuzberger Wanderbuch. Wege ins widerborstige Berlin. Berlin o.J.

Berger, Peter A. und Stefan Hradil (Hg.): Lebenslagen, Lebensläufe, Lebensstile. Göttingen 1990.

Berger, Peter A.: Lebensstile – strukturelle oder personenbezogene Kategorie? Zum Zusammenhang von sozialer Ungleichheit. In: Dangschat, Jens S. und Jörg Blasius (Hg.): Lebensstile in den Städten. Konzepte und Methoden. Opladen 1994.

242

Berking, Helmut: Berlin. Multikulturelle Metropole oder die Hauptstadt der Deutschen. In: Kulturpolitische Mitteilungen, 48 (1990).

Berking, Helmut und Sighard Neckel: Die Politik der Lebensstile in einem Berliner Bezirk. In: Berger, Peter A. und Stefan Hradil (Hg.): Lebenslagen, Lebensläufe, Lebensstile. (Soziale Welt, Sonderband 7) Göttingen 1990.

Dies.: Politik und Lebensstile. In: Ästhetik und Kommunikatioon, 17. Jg. (1987), Nr. 65/ 66.

Blasius, Jörg und Jens S. Dangschat (Hg.): Gentrification. Die Aufwertung innenstadtnaher Wohnviertel. Frankfurt/Main, New York 1990.

Blasius, Jörg: Gentrification und Lebensstile. Eine empirische Untersuchung. Wiesbaden 1993.

Bodenschatz, Harald: Platz frei für das neue Berlin. Berlin 1987.

Böltz, Christian: City-Marketing. Eine Stadt wird verkauft. In: Bauwelt 98 (1988).

Bommer, Bettina C.: Zur Anlage der Urbanethnologie: Ansätze zur Konzeption des Forschungsgebiets im Rahmen der Zeitschrift URBAN ANTHROPOLOGY und einige grundsätzliche Fragen. In: Kokot, Waltraud und Bettina C. Bommer (Hg.): Ethnologische Stadtforschung. Eine Einführung. Berlin 1991.

Borst, Renate u.a. (Hg.): Das neue Gesicht der Städte. Basel, London, Berlin 1990.

Bourdieu, Pierre: Die feinen Unterschiede. Kritik der gesellschaftlichen Urteilskraft. Frankfurt/Main 1988.

Ders.: Sozialer Raum und ›Klassen‹. Lecon sur la lecon. Frankfurt/Main 1991.

Ders.: Physischer, sozialer und angeeigneter Raum. In: Martin Wentz (Hg.): Stadt-Räume. Frankfurt/Main, New York 1991.

Ders.: Homo academicus. Frankfurt/Main 1992.

Ders.: Narzißtische Reflexivität und wissenschaftliche Praxis. In: Berg, Eberhard und Martin Fuchs (Hg.): Kultur, Soziale Praxis, Text. Die Krise der ethnographischen Repräsentation. Frankfurt/Main 1993.

Brake, Klaus: Werden Dienstleistungszentren das Berliner Stadtgefüge sprengen? In: Helms, Hans G. (Hg.): Die Stadt als Gabentisch. Leipzig 1992.

Brake, Mike: Soziologie der jugendlichen Subkulturen. Eine Einführung. Frankfurt/Main, New York 1980.

Brand, Karl Werner: Kontinuität und Diskontinuität in den neuen sozialen Bewegungen. In: Roth, Roland und Dieter Rucht (Hg.): Neue soziale Bewegungen in der Bundesrepublik Deutschland. Bonn 1987.

Brandes, V. und B. Schön (Hg.): Wer sind die Instandbesetzer? Selbstzeugnisse, Dokumente, Analysen. Bensheim 1981.

Brandner, Birgit, Kurt Luger und Ingo Mörth (Hg.): Kulturerlebnis Stadt. Theoretische und praktische Aspekte der Stadtkultur. Wien 1994.

Brandt, Gerhard: Arbeit, Technik und gesellschaftliche Entwicklung. Transformationsprozesse des modernen Kapitalismus. Aufsätze 1971 - 1987. Frankfurt/Main 1990.

Bude, Heinz: Rekonstruktion von Lebenskonstruktionen – eine Antwort auf die Frage, was Biographieforschung bringt. In: Kohli, Martin und Günther Robert (Hg.): Biographie und soziale Wirklichkeit. Stuttgart 1984.

Ders.: Lebenskonstruktionen haben ihre Zeit. In: Neue Sammlung 25 (1985).

Ders.: Deutsche Karrieren. Frankfurt/Main 1987.

Ders: Der Fall und die Theorie. Zum erkenntnislogischen Charakter von Fallstudien. In: Gruppendynamik. 19. Jg. (1988), Heft 4.

Ders.: Auflösung des Sozialen? Die Verflüssigung des soziologischen Gegenstandes im Fortgang der soziologischen Theorie. In: Soziale Welt Jg. 39 (1988), Heft 1.

Ders.: Raum als soziale Kategorie. In: Regio. Beiträge des IRS (Instituts für Regionalentwicklung und Strukturplanung), Nr. 8, Berlin 1995.

Butor, Michael: Die Stadt als Text. Graz 1992.

Castells, Manuel: Space of Flows – Raum der Ströme. Eine Theorie des Raumes in der Informationsgesellschaft. In: Noller, Peter, Walter Prigge und Klaus Ronneberger (Hg.): Stadt-Welt. Frankfurt/Main, New York. 1994.

Ders.: Informatisierte Stadt und Soziale Bewegungen. In: Martin Wentz (Hg.): Stadt-Räume, Frankfurt/Main, New York 1991.

Clarke, John: Stil. In: Ders. u.a. (Hg.): Jugendkultur als Widerstand. Milieu, Rituale, Provokationen. Frankfurt/Main 1979.

Clarke, John, Stuart Hall u.a.: Subkulturen, Kulturen und Klasse. In: Jugendkultur als Widerstand. Milieu, Rituale, Provokationen. Frankfurt/Main 1979.

Clifford, James: Über ethnographische Autorität. In: Berg, Eberhard und Martin Fuchs (Hg.): Kultur, soziale Praxis, Text. Die Krise der ethnographischen Repräsentation. Frankfurt/Main 1993.

Ders.: Introduction. The Pure Products go Crazy. In: Ders. (ed.): The Predicament of Culture. Cambridge 1988.

Ders. und George E. Marcus (Hg.): Writing Culture. The Poetics and Politics of Ethnography. Berkeley 1986.

Cornel, Hajo: Soziokultur in der gesellschaftlichen Modernisierung. In: Sievers, Norbert und Bernd Wagner (Hg.): Bestandsaufnahme Soziokultur. Beiträge, Analysen, Konzepte. Stuttgart, Berlin, Köln 1992.

Coupland, Douglas: Generation X. Geschichten für eine immer schneller werdende Kultur. Berlin, Weimar 1994.

Damann, Rüdiger: Die dialogische Praxis der Feldforschung. Der ethnographische Blick der Erkenntnisgewinnung. Frankfurt/Main, New York 1991.

Dangschat, Jens S. und Jörg Blasius: Die Aufwertung innenstadtnaher Wohngebiete. Grundlagen und Folgen. In: Dies. (Hg.): Gentrification. Die Aufwertung innenstadtnaher Wohnviertel. Frankfurt/Main, New York 1990.

Dies. (Hg.): Lebensstile in den Städten. Konzepte und Methoden. Opladen 1994.

Dangschat, Jens: Gentrification: Der Wandel innenstadtnaher Wohnviertel. In: Friedrichs, Jürgen (Hg.): Soziologische Stadtforschung (Sonderheft 29 der Kölner Zeitschrift für Soziologie und Sozialpsychologie). Opladen 1988.

Ders.: Lebensstile in der Stadt. Raumbezug und konkreter Ort von Lebensstilen und Lebensstilisierungen. In: Ders. und Jörg Blasius (Hg.): Lebensstile in den Städten. Opladen 1994.

244

Davis, Mike: City of Quartz. Excavating the Future in Los Angeles. London 1990.

Dear, Michael J. und Jennifer R. Wolch: Wie das Territorium gesellschaftliche Zusammenhänge strukturiert. In: Wentz, Martin (Hg.): Stadt-Räume. Frankfurt/Main, New York 1991.

De Certeau, Michel: Die Kunst des Handelns. Berlin 1988.

Devreux, George: Angst und Methode in den Verhaltenswissenschaften. München 1976.

Droth, Wolfram und Jens Dangschat: Räumliche Konsequenzen der Entstehung »neuer Haushaltstypen«. In: Jürgen Friedrichs (Hg.): Die Städte in den 80er Jahren. Opladen 1985.

DuMont. Richtig reisen. Berlin. Köln 1983, 1990.

Durth, Werner: Die Inszenierung der Alltagswelt. Zur Kritik der Stadtgestaltung. Bauwelt Fundamente 47, Braunschweig, Wiesbaden 1988.

Ders.: Urbanität und Stadtplanung. Thesen zu einem problematischen Verhältnis. In: Prigge, Walter (Hg.): Die Materialität des Städtischen. Stadtenwicklung und Urbanität im gesellschaftlichen Umbruch. Basel, Boston 1987.

Emmerich, Andreas: Nachrichtenfaktoren: Die Bausteine der Sensationen. Eine empirische Studie zur Theorie der Nachrichtenauswahl in den Rundfunk- und Fernsehredaktionen. Saarbrücken 1984.

Engel, Helmut u.a. (Hg.): Kreuzberg. Geschichtslandschaft Berlin. Orte und Ereignisse, Bd. 5. Berlin 1994.

Esser, Josef und Joachim Hirsch: Stadtsoziologie und Gesellschaftstheorie. Von der Fordismus-Krise zur »postfordistischen« Regional- und Stadtkultur. In: Prigge, Walter (Hg.): Die Materialtiät des Städtischen. Boston, Basel 1988.

Featherstone, Mike: Lifestyle and Consumer Culture. In: Ders.: Consumer Culture and Postmodernism. London, Newsbury Park, New Delhi 1991.

Ders.: City Cultures and Postmodern Lifestyles. In: Ders.: Consumer Culture and Postmodernism. London, Newsbury Park, New Delhi 1991.

Ders.: Theories of Consumer Culture. In: Ders.: Consumer Culture and Postmodernism. London, Newsbury Park, New Delhi 1991.

Flamm, Stefanie: Lifestyle ist alles, was uns bleibt. In: Kursbuch, Heft 121, 1995.

Freyermut, Elke S.: Berlin. Das Insider-Lexikon. München 1993.

Friedrichs, Jürgen (Hg.): Soziologische Stadtforschung (Sonderheft 29 der Kölner Zeitschrift für Soziologie und Sozialpsychologie). Köln 1988.

Foucault, Michel: Die Geburt der Klinik. München 1973.

Ders.: Archäologie des Wissens. Frankfurt/Main 1992.

Ders.: Die Ordnung des Diskurses. Frankfurt/Main 1992.

Ders.: Andere Räume. In: Wentz, Martin (Hg.): Stadt-Räume. New York, Frankfurt/Main 1991.

Ganser, Karl: Image als entwicklungsbestimmendes Steuerungsinstrument. In: Bauwelt 1970, Heft 26.

Gebhard, Hans u.a.: Heimat in der Großstadt. In: Berichte zur deutschen Landeskunde, Bd. 66, Heft 1, 1992.

Geertz, Clifford: Dichte Beschreibung. Beiträge zum Verstehen kultureller Systeme. Frankfurt/Main 1991.

Ders.: Die künstlichen Wilden. Anthropologen als Schriftsteller. München 1990.

Geronimo: Feuer und Flamme. Zur Geschichte und Gegenwart der Autonomen. Ein Abriß. Berlin, Amsterdam 1990.

Girtler, Roland: Die »teilnehmende unstrukturierte Beobachtung« – ihr Vorteil bei der Erforschung des sozialen Handelns und des in ihm enthaltenden Sinns. In: Aster, Rainer u.a. (Hg.): Teilnehmende Beobachtung. Werkstattberichte und methodologische Reflexionen. Frankfurt/Main, New York 1989.

Glaser, Hermann: Das Unbehagen an der Kulturpolitik. In: Schwencke, Olaf u.a. (Hg.): Plädoyers für eine neue Kulturpolitik. München 1974.

Ders.: Behagen und Unbehagen in der Kulturpolitik. Ein Essay. Bad Heilbrunn/Obb. 1992.

Göschel, Albrecht: Die Ungleichzeitigkeit in der Kultur. Wandel des Kulturbegriffs in vier Generationen. Stuttgart 1991.

Ders.: Wandlungen kultureller Orientierungen in der Abfolge von Generationen. In: PROKLA 80/1990.

Greverus, Ina-Maria: Kultur und Alltagswelt. Eine Einführung in Fragen der Kulturanthropologie. Notizen Bd. Nr. 26. Frankfurt/Main 1987.

Dies.: Was halten die Bürger von ihrem Ort? In: Dies., Gottfried Kiesow und Reinhard Reuter (Hg.): Das hessische Dorf. Frankfurt/Main 1982.

Dies.: Kulturökologische Aufgaben im Analyse- und Planungsbereich Gemeinde. In: Dies.: Auf der Suche nach Heimat. Frankfurt/Main 1979.

Dies.: Der territoriale Mensch. München 1972.

Dies. und Heinz Schilling (Hg.): Heimat Bergen-Enkheim. Frankfurt/Main 1982.

Gülich, Elisabeth: Konventionelle Muster und Kommunikative Funktionen von Alltagserzählungen. In: Konrad Ehlich (Hg.): Erzählen im Alltag. Frankfurt/Main 1980.

Haben, Michael (Hg.): Mitten in Berlin. Ein Lesebuch über das Stadtleben in Kreuzberg. Berlin 1984.

Habermas, Jürgen: Theorie des kommunikativen Handelns. Frankfurt/Main 1988.

Häußermann, Hartmut: Stadt und Lebensstil. In. Hauff, Volker (Hg.): Stadt und Lebensstil. Weinheim 1988.

Ders.: Die Bedeutung »lokaler Politik« – neue Forschung zu einem alten Thema. In: Blanke, Bernhard (Hg.): Staat und Stadt. Systematische, vergleichende und problemorientierte Analysen »dezentraler« Politik. Opladen 1991.

Ders.: Urbanität. In: Brandner, Birgit, Kurt Luger und Ingo Mörth (Hg.): Kulturerlebnis Stadt. Theoretische und praktische Aspekte der Stadtkultur. Wien 1994.

Ders.: Der Einfluß von ökonomischen und sozialen Prozessen auf die Gentrification. In: Jörg Dangschat und Jens S. Blasius (Hg.): Gentrification. Die Aufwertung innenstadtnaher Wohnviertel. Frankfurt/Main, New York 1990.

Häußermann, Hartmut und Walter Siebel: Neue Urbanität. Frankfurt/Main 1987.

Dies.: Polarisierte Stadtentwicklung. Ökonomische Restrukturierung und industrielle Lebensweisen. In: Prigge, Walter (Hg.): Die Materialität des Städtischen. Boston, Basel 1988.

Dies.: Polarisierung der Städte und Politisierung der Kultur. Einige Vermutungen zur Zukunft der Stadtpolitik. In: Hubert Heinelt und Helmut Wollmann (Hg.): Brennpunkt Stadt. Stadtpolitik und lokale Politikforschung in den 80er und 90er Jahren. Basel, Boston, Berlin 1991.

Dies.: Berlin bleibt nicht Berlin. In: Leviathan 19/3 (1991).

Dies.: Bausteine zu einem Szenario der Entwicklung von Berlin. In: Metropole Berlin: Mehr als Markt! Dokumentation des Symposiums 26./27. November 1990. Hrsg. von der Senatsverwaltung für Stadtentwicklung und Umweltschutz. Referat Öffentlichkeitsarbeit. Berlin 1991.

Dies. (Hg.): New York. Strukturen einer Metropole. Frankfurt/Main 1993.

Häußermann, Hartmut, Detlev Ipsen u.a. (Hg.): Stadt und Raum. Soziologische Analysen. Pfaffenweiler 1992.

Halbwachs, Maurice: Das kollektive Gedächtnis. Frankfurt/Main 1991.

Hall, Edwart T.: Die Sprache des Raumes. Düsseldorf 1976.

Hall, Stuart: Rassismus und kulturelle Identität. Ausgewählte Schriften 2, Hamburg 1994.

Hammond, John L.: Yuppies. In: Public Opinion Quarterly. Vol. 50 (1986).

Hartmann, Andreas: Über die Kulturanalyse des Diskurses – eine Erkundung. In: Zeitschrift für Volkskunde 87/1 (1991).

Harvey, David: The Condition of Postmodernity. Blackwell 1980.

Ders.: Flexible Akkumulation und Urbanisierung. Reflexionen über »Postmodernismus« in amerikanischen Städten. In: PROKLA Bd. 68 (1987), Heft 4.

Ders.: Geld, Zeit, Raum und die Stadt. In: Wentz, Martin (Hg.): Stadt-Räume. Frankfurt/Main, New York 1991.

Hebdige, Dick: Subculture: The Meaning of Style. London 1979.

Helms, Hans G. (Hg.): Die Stadt als Gabtentisch. Beobachtungen der aktuellen Städtebauentwicklung. Leipzig 1992.

Hengartner, Thomas: Der Bahnhof als Fokus städtischen Lebens? In: Schweizerisches Archiv für Volkskunde 90 (1991), Heft 2.

Hilaire, Kits: Berlin – Letzte Vorstellung. Abschied von Berlin-Kreuzberg. Bern 1991.

Hirsch, J. und R. Roth: Das neue Gesicht des Kapitalismus. Hamburg 1986.

Hitzler, Ronald: Verstehen: Alltagspraxis und wissenschaftliches Programm. In: Jung, Thomas und Stefan Müller-Doohm (Hg.): »Wirklichkeit« im Deutungsprozeß. Verstehen und Methoden in den Kultur- und Sozialwissenschaften. Frankfurt/Main 1993.

Ders.: Radikalisierte Praktiken der Distinktion. Zur Polarisierung des Lebens in der Stadt. In: Dangschat, Jens S. und Jörg Blasius (Hg.): Lebensstile in der Stadt. Opladen 1994.

Ders. und A. Honer: Lebenswelt – Milieu – Situation. Terminologische Vorschläge zur theoretischen Verständigung. In: Kölner Zeitschrift für Soziologie und Sozialpsychologie. Jg. 36 (1984), Heft 1.

Dies.: Qualitative Verfahren zur Lebensweltanalyse. In: Flick U. u. a. (Hg.): Handbuch Qualitativer Sozialforschung. München 1991.

Hoffmann, Hilmar: Kultur für alle. Perspektiven und Modelle. Frankfurt/Main 1979.

Ders.: Kultur als Lebensform. Frankfurt/Main 1990.

Ders.: Die Aktualität von Kultur – Probleme mit dem Kulturboom. Wien 1990.

Hoffmann-Axthelm, Dieter: Geschichte und Besonderheit der Kreuzberger Mischung. In: Fiebig, Karl-Heinz, Dieter Hoffmann-Axthelm und Eberhard Knödler-Bunte (Hg.): Kreuzberger Mischung. Die innerstädtische Verflechtung von Architektur, Kultur und Gewerbe. Berlin 1984.

Ders.: Straßengewalt und Autonomiebewegung in Berlin-Kreuzberg. Neue Gesellschaft, Bonn 36 (1989), Bd. 2.

Ders.: Industriestadt Berlin. In: Lampugnani, Vittorio Magnano und Michael Mönninger (Hg.): Berlin Morgen. Ideen für das Herz einer Großstadt. Stuttgart 1991.

Hoffmann-Riem, Christa: Die Sozialforschung einer interpretativen Soziologie. Der Datengewinn. In: Kölner Zeitschrift für Soziologie. Jg. 32 (1980).

Homuth, Karl: Identität und soziale Ordnung. Zum Verhältnis städtischer Kultur und gesellschaftlicher Hegemonie. In: PROKLA Jg. 68 (1987).

Ders.: Von der Krise der Kultur zur Kultur der Krise. Oder: Der Mythos von der Kreuzberger Freibeuterkultur. In: Ästhetik und Kommunikation. Berlin 1989, 70/71.

Ders.: Kultur und Markt: Kulturelles Marketing und neue Urbanität. In: Ästhetik und Kommunikation Heft 76, 20. Jg. (1991).

Honer, Anne: Das Perspektivenproblem in der Sozialforschung. Bemerkungen zur lebensweltlichen Ethnographie. In: Jung, Thomas und Stefan Müller-Doohm (Hg.): »Wirklichkeit« im Deutungsprozeß. Verstehen und Methoden in den Kultur- und Sozialwissenschaften. Frankfurt/Main 1993.

Dies.: Einige Probleme lebensweltlicher Ethnographie. Zur Methodologie und Methodik einer interpretativen Sozialforschung. In: Zeitschrift für Soziologie, 18. Jg. (1989), Heft 4.

Hopf, Christel: Norm und Interpretation. Einige methodische und theoretische Probleme der Erhebung und Analyse subjektiver Interpretation in qualitativen Untersuchungen. In: Zeitschrift für Soziologie, 11. Jg. (1982), Heft 3.

Hradil, Stefan: Postmoderne Sozialstruktur? Zur empirischen Relevanz einer »modernen« Theorie sozialen Wandels. In: Berger, J. und S. Hradil (Hg.): Lebenslagen, Lebensläufe, Lebensstile. Göttingen 1990.

Hoynck, Rainer: Diskussionsbeitrag zu: Mythos Berlin. Wahrnehmungsgeschichte einer industriellen Metropole. Ein kulturpolitisches Gespräch. In: Ästhetik und Kommunikation, Heft 59, 1985.

Hunger, Bernd: Berlin auf dem Weg zur Metropole: Soziale Probleme der Stadterneuerung. In: Helms, Hans G. (Hg.): Die Stadt als Gabentisch. Leipzig 1992.

IBA. Leitfaden. Projekte, Daten, Geschichte. Berichtsjahr 1984. Berlin 1984. Hrsg. vom Senator für Bau- und Wohnungswesen.

IBA '84, '87. Projektübersicht Stadterneuerung und Stadtneubau. Berlin 1987.

Instandbesetzer Bilderbuch. Fotos Wolfgang Krolow, Vowort: Peter-Paul Zahl. Berlin 1981.

Ipsen, Detlev: Raumbilder. Pfaffenweiler 1997.

Ders.: Regionale Identität. Überlegungen zum politischen Charakter einer psychosozialen Raumkategorie. In: Raumforschung und Raumordnung. 1993, Heft 1.

Ders.: Raumbilder. Zum Verhältnis des ökonomischen und kulturellen Raumes. In: Prigge, Walter (Hg.): Die Materialität des Städtischen. Basel, Boston 1987.

Ders.: Vom allgemeinen zum besonderen Ort. Zur Soziologie räumlicher Ästhetik. In: Raumästhetik, eine regionale Lebensbedingung. Bonn 1988.

Jackson, Peter: Neighbourhood Change in New York: The Loft Conversion Process. In: Tijdschrift voor Economische en Sociale Geografie. 76/3 (1985).

Ders.: Urban Ethnography. In: Progress in Human Geography. Vol. 9 (1985).

Jacobs, Jane: Death and Life of Grat American Cities. New York 1961.

Jager, M.: Class Definition and the Esthetics of Gentrification: Victoriana and Melbourne. In: Smith, Neil and P. Williams (eds.): Gentrification of the City. Boston 1986.

Jameson, Frederic: The Politics of Theory. Ideological Positions in the Postmodern Debate. In: New German Critique. No. 33 (1984).

Ders.: Postmodernism or The Cultural Logic of Late Capitalism. In: New Left Review. 146 (1984).

Ders.: Postmodernism or The Cultural Logic of Late Capitalism. London, New York 1991.

Jobst Siedler, Wolf u.a. (Hg.): Die gemordete Stadt. Abgesang auf Putte und Straße, Platz und Baum. Berlin 1964.

Jung, Werner: Neuere Hermeneuthikkonzepte. Methodische Verfahren oder geniale Anschauung? In: Bogdal, Klaus-Michael (Hg.): Neuere Literaturtheorien. Eine Einführung. Opladen 1990.

Kaak, Heinrich: Kreuzberg: Geschichte der Berliner Verwaltungsbezirke. Hrsg. von Ribbe, Wolfgang. Berlin 1988.

Kammler, Clemens: Historische Diskursanalyse (Michel Foucault). In: Bogdal, Klaus-Michael (Hg.): Neue Literaturtheorien. Eine Einführung. Opladen 1990.

Kaschuba, Wolfgang: Kulturalismus: Vom Verschwinden des Sozialen im gesellschaftlichen Diskurs. In: Zeitschrift für Volkskunde, 1. Halbjahr, 1995.

Keil, Roger: Handlungsräume/Raumhandeln. Postfordistische Perspektiven zwischen Raubildern und Raumbildnern. In: Wentz, Martin (Hg.): Stadt-Räume. New York, Frankfurt/Main 1991.

Knecht, Michi: Reduktionismus und Kontinuität im öffentlichen Umgang mit »Ungeborenem«: Diskursanalytisische und symbol-ethnologische Zugänge. In: Rheinisches Jahrbuch für Volkskunde. Bd. 29 (1991/92).

König, Peter: Was ist schön? Zwölf Platitüden. In: Kursbuch Nr. 121.

Köstlin, Konrad: Der Tod der Neugier oder auch: Erbe – Last und Chance. In: Zeitschrift für Volkskunde 1/1995.

Kokot, Waltraud: Ethnologische Forschung in Städten. Gegenstände und Probleme. In: Dies. und Bettina C. Bommer (Hg.): Ethnologische Stadtforschung. Berlin 1991.

Korff, Gottfried: Mentalität und Kommunikation in der Großstadt. Berliner Notizen zur »inneren Urbanisierung«. In: Kohlmann, Theodor und Hermann Bausinger (Hg.): Großstadt. Aspekte empirischer Kulturforschung. Berlin 1985.

Ders.: (Hg.): Volkskunst heute? Begleitband zu einer Ausstellung im Haspelturm des Tübinger Schlosses aus Anlaß der Landeskunstwochen 1986 vom 16. Mai - 29. Juni 1986. Tübingen 1986.

Ders.: Die Stadt aber ist der Mensch ... In: Ders. und Rürup, Eckhardt (Hg.): Berlin-Berlin. Die Ausstellung zur Geschichte der Stadt im Martin Gropius Bau Berlin 1987. Berlin 1987.

Ders.: Vibrationen der Mitte. Großstadtleben und Mentalitätsprägung. In: Engel, Helmut und Wolfgang Ribbe (Hg.): Hauptstadt Berlin – Wohin mit der Mitte? Berlin 1993.

Korff, Gottfried und Martin Roth (Hg.): Das historische Museum. Labor, Schaubühne, Identitätsfabrik. Frankfurt/Main, New York 1990.

Korff, Rüdiger: Die Weltstadt zwischen globaler Gesellschaft und Lokalitäten. Zeitschrift für Soziologie, 20. Jg. (1991), Heft 5.

Kossak, I.: Der Planer als Urban Manager. In: Bauwelt Heft 24, Stadtbauwelt 98 (1988).

Kotschenreuther, Hellmut: Kreuzberg – Ein Zustand. Die 60er Jahre. In: Kreuzberg – Prenzlauer Berg. Annähernd alles über Kultur. Hrsg. vom Kunstamt Kreuzberg, Berlin 1990.

Krämer-Badoni, Thomas: Postfordismus und Postmoderne. Aufsätze zur Kritik eines kritischen Topos. In: Prigge, Walter (Hg.): Die Materialtiät des Städtischen. Stadtentwicklung und Urbanität im gesellschaftlichen Umbruch. Basel, Boston 1987.

Ders.: Die Stadt als sozialwissenschaftlicher Gegenstand. In: Häußermann, Hartmut u.a. (Hg.): Stadt und Raum. Soziologische Analysen. Pfaffenweiler 1992.

Krätke, Stefan: Städte im Umbruch. Städtische Hierarchien und Raumgefüge im Prozeß gesellschaftlicher Restrukturierung. In: Borst, Renate u.a. (Hg.): Das neue Gesicht der Städte. Basel, London, Berlin 1990.

Krätke, Stefan: Berlins Umbau zur neuen Metropole. In: Leviathan 19/3 (1991).

Krautschick, Stefan (Hg.): Mythos Kreuzberg. Reflexionen einer Wirklichkeit. Berlin 1991.

Kreuzer, Hellmut: Die Boheme. Beiträge zu ihrer Beschreibung. Stuttgart 1968.

Krüger, Rainer, Annette Pieper und Benjamin Schäfer: Oldenburg – eine Alltagsliebe? Vorstellungen über die Stadt als Lebensraum. Wahrnehmungsgeographische Studien zur Regionalentwicklung. Bd. 7. Oldenburg 1989.

Küthe, Erich und Matteo Thun: Marketing mit Bildern. Köln 1995.

Lang, Barbara: Mythos Kreuzberg. In: Leviathan 4/1994.

Dies.: Unter Grund. Ethnographische Erkundungen in der Berliner U-Bahn. Tübingen 1994.

Dies.: Mythos Kreuzberg. Bilder einer Vorstellung. In: Zeitschrift für Volkskunde, 2. Halbjahr 1995.

Dies.: »Kreuzberg ist nicht mehr Kreuzberg«. Zur »symbolischen Gentrifizierung« des Stadtteils Berlin-Kreuzberg. In: KEA, Zeitschrift für Kulturwissenschaften, 8 / 1995.

La Roche, Walter von: Einführung in den praktischen Journalismus. München 1975.

Laurisch, Bernd: Kein Abriß unter dieser Nummer. 2 Jahre Instandbesetzung in der Cuvrystraße in Berlin-Kreuzberg. Giessen 1981.

Leggewie, Claus: Kulturgesellschaft – Über ein neues Stadium affirmativer Kultur. Anmer-
kungen zur christdemokratischen Kulturpolitik in den 90er Jahren. In: Agentur für Recherche und Text (Hg.): Kultur macht Politik. Wie mit Kultur Stadt / Staat zu machen
ist. Köln 1988, S. 179 - 189.

Ders.: Die 89er. Porträt einer Generation. Hamburg 1995.

Lévi-Strauss, Claude: Strukturale Anthropologie. Frankfurt/Main 1991.

Lindner, Rolf: Punk rules, o.k! In: Ästhetik und Kommunikation, Beiträge zur politischen
Erziehung. Nr. 31, 9. Jg. (1978).

Ders. (Hg.): Punk Rock. Oder: Der vermarktete Aufruhr. Frankfurt/Main 1979.

Ders.: Jugendkultur und Subkultur als soziologische Konezpte. In: Ders. (Hg.): Soziologie
der jugendlichen Subkulturen. Eine Einführung. Frankfurt/Main 1980.

Ders.: Die Entdeckung der Stadtkultur. Soziologie aus der Erfahrung der Reportage. Frank-
furt/Main 1990.

Ders.: Medien und Katastrophen. Fünf Thesen. In: Dreitzel, Hans Peter und Horst Steng-
er (Hg.): Ungewollte Selbstzerstörung. Reflexionen über den Umgang mit katastrophalen Entwicklungen. Frankfurt/Main, New York 1990.

Ders.: Berlin – Zone in Transition. In: Anthropological Journal of European Cultures. Vol.
2, 1993.

Ders.: Stranger than fiction: Die Entdeckung der Stadtkultur. In: Brandner, Birgit, Kurt Luger und Ingo Mörth (Hg.): Kulturerlebnis Stadt. Theoretische und praktische Aspekte
der Stadtkultur. Wien 1994.

Ders.: Das Ethos der Region. In: Ders. (Hg.): Die Wiederkehr des Regionalen. Über neue
Formen kultureller Identität. Frankfurt/Main, New York 1994.

Ders.: Kulturtransfer. Zum Verhältnis von Alltags-, Medien- und Wissenschaftskultur. In:
Berliner Journal für Soziologie, Heft 2 1994.

Link, Jürgen: Halbrechts, Rechtsaußen oder im Abseits? Die politische Kollektivsymbolik
der Bundesrepublik und die »Republikaner«. In: Faber, Richard (Hg.): Konservativis-
mus in Geschichte und Gegenwart. Würzburg 1991.

Ders.: Über ein Modell synchroner Systeme von Kollektivsymbolen sowie seine Rolle bei
der Diskurs-Konstitution. In: Ders. und W. Wülfing (Hg.): Bewegung und Stillstand in
Metaphern und Mythen. Fallstudien zum Verhältnis von elementarem Wissen und Literatur im 19. Jahrhundert. Stuttgart 1984.

Lipp, Wolfgang: Was heißt eigentlich Kultur – und wozu ist sie gut? Dimensionen und
Funktionen von Kultur. In: Der Bürger im Staat 1988 (38), Heft 4.

Lofland, Lyn: History, The City and The Interactionist: Anselm Strauss, City Imagery, and
Urban Sociology. In: Symbolic Interaction 14 (2), 1991.

Dies.: Urbanity, tolerance and public space. The creation of comsopolitans. In: Deben,
Leon u.a. (Hg.): Understanding Amsterdam: Essays on economic vitality, city life and
urban form. Amsterdam 1993.

251

Löfgren, Orvar: The Danger of Knowing what you are looking for. On Routinizing Research. In: Ethnologia Scandinavica. Vol. 20, 1990.

Lynch, Kevin: Das Bild der Stadt: Frankfurt/Main 1965.

Maase, Kaspar: Spiel ohne Grenzen. In: Zeitschrift für Volkskunde, 90. Jg. (1994), 1. Halbjahr.

Marcuse, Herbert: Über den affirmativen Charakter der Kultur. In: Zeitschrift für Sozialforschung 1937, Heft 1.

Marcuse, Peter: Gentrification, Abandonment, and Displacement: connections, causes and Polical Responses in New York City. In: Journal of Urban and Contemporary Law. Bd. 28, 1985.

Ders.: »Dual City«: a muddy metaphor for a quartered city. In: International Journal of Urban and Regional Research. Vol. 13, Nr. 4 (1989).

Ders.: Gentrification und wirtschaftliche Umstrukturierung New Yorks. In: Helms Hans G. (Hg.): Die Stadt als Gabentisch. Beobachtungen der aktuellen Städtebauentwicklung. Leipzig 1992.

Mannheim, Karl: Das Problem der Generation, 1928, in: Von Friedeburg, Ludwig (Hg.): Jugend in der modernen Gesellschaft. Köln 1976.

Martin, Marko: Wir sind alle anders. Vier Porträts. In: Kursbuch, Heft 121, 1995.

Matthiesen, Ulf: »Bourdieu« und »Konopka«. Imaginäres Rendezvous zur Habituskonstruktion und Deutungsstrukturkonstruktion. In: Eder, Klaus (Hg.): Klassenlage, Lebensstil und kulturelle Praxis. Frankfurt/Main 1989.

Mayer, Margit: »Postfordismus« und »Lokaler Staat«. In: Heinelst, H. und H. Wollmann (Hg.): Brennpunkt Stadt, Basel 1991.

Dies.: Neue Trends in der Stadtpolitik – eine Herausforderung für die lokale Politikforschung. In: Blanke, Bernhard (Hg.): Staat und Stadt. Opladen 1991.

McCombs, Maxwell E. und Donald L. Shaw: Agenda Setting Approach. In: Nimmo, Dan D. und Keith R. Sanders (Hg.): The Handbook of Political Communiction. Beverly Hills, London 1981.

Dies.: The Evolution of Agenda-Setting Research: Twenty-Five Years in the Marketplace of Ideas. In: Journal of Communication 43 (2), 1993.

Meuser, Michael und Ulrike Nagel: Expertinneninterviews – vielfach erprobt, wenig bedacht. In: Garz, Detlef und Klaus Kramer (Hg.): Qualitativ-empirische Sozialforschung. Konzepte, Methoden, Analysen. Opladen 1991.

Michailow, Matthias: Lebensstil und soziale Klassifizierung. Zur Operationsweise einer Praxis sozialer Unterscheidung. In: Dangschat, Jens und Jörg Balsius: Lebensstile in den Städten. Opladen 1994.

Mielke, Gerd: Soziokultur. Entstehung und Ziele – Konzepte und Realisierungen – Bilanz und Perspektiven. In: Der Bürger im Staat. 13, 1988, Heft 4.

Mitscherlich, Alexander: Die Unwirtlichkeit der Städte. Anstiftung zum Unfrieden. Frankfurt/Main 1965.

Müller, Hans-Peter: Lebensstile. Eine neues Paradigma der Differenzierungs- und Un-gleichheitsforschung? In: Kölner Zeitschrift für Soziologie und Sozilapsychologie. 41, 1989.

Ders.: Lebensstile. In: Noller, Peter, Walter Prigge und Klaus Ronneberger (Hg.): Stadt-Welt. Frankfurt/Main, New York 1994.

Murdock, Graham und Robin McCron: Klassenbewußtsein und Generationsbewußtsein. In: Clarke, John u.a.: Jugendkultur als Widerstand. Milieu, Rituale, Provokationen. Frankfurt/Main 1979.

Nitsche, R. (Hg.): Häuserkämpfe. Berlin 1981.

Noller, Peter: Stadtlandschaften: In:Ders., Walter Prigge und Klaus Ronneberger (Hg.): Stadt-Welt. Über die Globalisierung städtischer Milieus. Franfurt/Main, New York 1994.

Noller, Peter, Walter Prigge und Klaus Ronneberger (Hg.): Stadt-Welt. Über die Globali-sierung städtischer Milieus. Franfurt/Main, New York 1994.

Dies.: Zur Theorie der Globalisierung. In: Dies. (Hg.): Stadt-Welt. Über die Globalisierung städtischer Milieus. Franfurt/Main, New York 1994.

Noller, Peter und Werner Georg: Berufsmilieu – Lebensstile von Angestellten im Dienst-leistungssektor in Frankfurt am Main. In: Dangschat, Jens S. und Jörg Blasius (Hg.): Le-bensstile in den Städten. Opladen 1994.

Poschardt, Ulf: DJ-Culture. Hamburg 1995.

Preisendörfer, Bruno: Die Eingeschlossenen von Berlin. In: Freibeuter. Nr. 56, Juli 1993.

Prigge, Walter (Hg.): Die Materialität des Städtischen. Stadtentwicklung und Urbanität im gesellschaftlichen Umbruch. Basel, Boston 1987.

Reichertz, Jo: Hermeneutische Auslegung von Feldprotokollen? – Verdrießliches über ein beliebtes Forschungsmittel. In: Aster, R. u.a. (Hg.): Teilnehmende Beobachtung. Werk-stattberichte und methodologische Reflexionen. Frankfurt/Main, New York 1989.

Reiser, Rio: Der König von Kreuzberg. Köln 1994.

Ronneberger, Klaus: Die Neuen Städter. In: Noller, Peter, Walter Prigge und Klaus Ronne-berger (Hg.): Stadt-Welt. Über die Globalisierung städtischer Milieus. Franfurt/Main, New York 1994.

Ders.: Zitadellenökonomie und soziale Transformation der Stadt. In: Noller, Peter, Walter Prigge und Klaus Ronneberger (Hg.): Stadt-Welt. Über die Globalisierung städtischer Milieus. Franfurt/Main, New York 1994.

Ders. und Peter Noller: Instant City – Instant Culture. In: Bauwelt 1/2, 1994 (85. Jg.).

Roth, Roland und Dieter Rucht (Hg.): Neue soziale Bewegungen in der Bunderepublik Deutschland. Bonn 1987.

Roth, Roland: Stadtentwicklung und soziale Bewegungen in der Bundesrepublik. In: Borst, Renate u.a. (Hg.): Das neue Gesicht der Städte. Basel, London, Berlin 1990.

253

Rottmann, Verena S. und Holger Strohm (Hg.): Was Sie gegen Mikrozensus und Volkszählung tun können. Frankfurt/Main 1986.

Rust, Holger: Trends. Das Geschäft mit der Zukunft. Wien 1995.

Sachs-Pfeiffer, Toni: Nutzungsspuren. Berlin Kreuzberg. Berlin 1988.

Sassen, Saskia: The Global City. New York, London, Tokyo. Princeton 1991.

Dies.: Global City. Internationale Verflechtungen und ihre innerstädtischen Effekte. In: Häußermann, Hartmut und Walter Siebel (Hg.): New York. Strukturen einer Metropole. Frankfurt/Main 1993.

Saunders, Peter: Soziologie der Stadt. Frankfurt/Main, New York 1987.

Schlapp, Hermann: Einstieg in den Journalismus. Ein Leitfaden zum Handwerk. Frankfurt/Main 1989.

Schlör, Joachim: Nachts in der großen Stadt. Paris, Berlin, London 1840 - 1930. München 1991.

Ders.: Über die Rede von Unsicherheit und ihre Gefahren. Nachrichten aus vergangenen und gegenwärtigen Großstadtnächten. In: Bauwelt 1994, Heft 24.

Schneider, Wolf: Unsere tägliche Desinformation. Wie die Massenmedien uns in die Irre führen. Hamburg 1984.

Schöttler, Peter: Sozialgeschichtliches Paradigma und historische Diskursanalyse. In: Fohrmann, Jürgen und Harro Müller (Hg.): Diskurstheorien und Literaturwissenschaft. Frankfurt/Main 1988.

Ders.: Mentalitäten, Ideologien, Diskurse. Zur sozialgeschichtlichen Thematisierung der »dritten Ebene«. In: Lüdtke, Alf (Hg.): Alltagsgeschichte. Zur Rekonstruktion historischer Erfahrungen und Lebensweisen. Frankfurt/Main, New York 1989.

Schnell, Robert Wolfgang: Geisterbahn. Kreuzberger Ballade. Darmstadt 1964.

Schulze, Gerhard: Identität als Stilfrage? Über den kollektiven Wandel der Selbstdefinition. In: Frey, H.P. und K. Hauser (Hg.): Identität. Stuttgart 1987.

Ders.: Alltagsästhetik und Lebenssituation. Eine Analyse kultureller Segmentierungen in der Bundesrepublik Deutschland. In: Soeffner, Hans Georg (Hg.): Kultur und Alltag (Soziale Welt, Sonderband 6). Göttingen 1988.

Ders.: Die Erlebnisgesellschaft. Frankfurt/Main, New York 1993.

Ders.: Milieu und Raum. In: Noller, Peter, Walter Prigge und Klaus Ronneberger (Hg.): Stadt-Welt. Über die Globalisierung städtischer Milieus. Franfurt/Main, New York 1994.

Schulze, Micha (Hg.): Kiez und Co. Spaziergänge durchs wahre Berlin. Berlin 1994.

Schwendter, Rolf: Theorie der Subkultur. Frankfurt/Main 1978.

Schwengel, Hermann: Kultur des Wählens. Methodische Lebensführung. Way of Life und Stil. In: Kulturpolitische Mitteilungen. Zeitschrift der Kulturpolitischen Gesellschaft, H. 48 I (1990).

Seiltänze. Ein Fotobuch aus Kreuzberg von Wolfgang Krolow (Fotos). Mit Texten von Rolf Hosfeld und Peter Paul Zahl. Berlin 1982.

Sennett, Richard: Verfall und Ende des öffentlichen Lebens. Die Tyrannei der Intimität. Frankfurt/Main 1990.

Ders.: Civitas. Die Großstadt und die Kultur des Unterschieds. Frankfurt/Main 1991.

Sherzer, Joel: A Discourse-Centred Approach to Language and Culture. In: American Anthropologist 89, 1987.

Siebel, Walter: Stadtkultur. In: Ästhetik und Kommunikation 70/71 (1989), 18. Jg.

Ders.: Die Festivalisierung der Stadtpolitik. In: Brandner, Birgit, Kurt Luger und Ingo Mörth (Hg.): Kulturerlebnis Stadt. Theoretische und praktische Aspekte der Stadtkultur. Wien 1994.

Siegel, Hans-Joachim: Dichotomisierung der Gesellschaft: Der Gemeinschaftsmythos der neuen sozialen Bewegungen und seine Auflösung. In: Findte, Wolfgang und Harald Pätzold (Hg.): Mythen der Deutschen. Befindlichkeiten zwischen Geschichten und Geschichte. Opladen 1994.

Sievers, Norbert: Soziokultur – Zur Karriere eines kulturpolitischen Konzepts. In: Agentur für Recherche und Text (Hg.): Kultur macht Politik. Wie aus Kultur Stadt/Staat zu machen ist. Köln 1988.

Ders. und Bernd Wagner: Soziokultur und Kulturpolitik. In: Dies. (Hg.): Bestandsaufnahme Soziokultur. Beiträge, Analysen, Konzepte. Stuttgart, Berlin, Köln 1992.

Simmel, Georg: Soziologie des Raumes. In: Jahrbuch für Gesetzgebung, Verwaltung und Volkswirtschaft im Deutschen Reich, 27 (1903).

Ders.: Die Großstädte und das Geistesleben. In: Michael Landmann (Hg.): Brücke und Tor. Essays des Philosophen zur Geschichte, Religion, Kunst und Gesellschaft. Stuttgart 1957.

Smith, Neil: New City, New Frontier. The Lower East Side als Wild, Wild West. In: Sorkin, Michael (ed.): Variations on a Theme Park. The New American City and the End of Public Space. New York 1992.

Ders.: Contours of a spatialized Politics. In: Social Text 33 (1992).

Ders.: Gentrification in New York. In: Häußermann, Hartmut und Walter Siebel (Hg.): New York. Strukturen einer Metropole. Frankfurt/Main 1993.

Soeffner, Hans Georg: Auslegung des Alltags. Der Alltag der Auslegung. Zur wissenssoziologischen Konzeption einer sozialwissenschaftlichen Hermeneutik. Frankfurt/Main 1989.

Soja, Edward W.: Geschichte: Geographie: Modernität. In: Wentz, Martin (Hg.): Stadt-Räume. New York, Frankfurt/Main 1991.

Sorkin, Michael (ed.): Variations on a Theme Park. The New American City and the End of Public Space. New York 1992.

Spiegel, Erika: Neue Haushaltstypen. Entstehungsbedingungen, Lebenssituation, Wohn- und Standortverhältnisse. Frankfurt/Main 1986.

Spode, Hasso: Zur Sozial- und Kulturgeschichte Kreuzbergs. In: Engel, Helmut u.a. (Hg.): Kreuzberg. Geschichtslandschaft Berlin. Orte und Ereignisse, Bd. 5. Berlin 1994.

Stadtbuch Berlin 4. Ein Wegweiser durch das andere Berlin. Berlin 1989.

STERN (Hg.): Kreuz und Quer. Ansichten aus einem extremen Stadtteil. Berlin 1989.

Stolz, Markus: Quo Vadis, Jugend? Generation XY ungelöst. In: Jugendmarketing. Das wahre Leben in den Szenen der neunziger. Düsseldorf, München 1995.

Strauss, Anselm L.: Grundlagen qualitativer Sozialforschung. München 1994.

Tebbe, Krista: Stadt macht Kultur. In: Kunstamt Kreuzberg (Hg.): Kreuzberg – Prenzlauer Berg. Annähernd alles über Kultur. Berlin 1990.

Topos (Hg.): Sozialstruktur und Wohnverhältnisse in SO 36. Berlin 1993.

Treinen, Heiner: Symbolische Ortsbezogenheit. In: Atteslander, Peter und Bernd Hamm (Hg.): Materialien zur Siedlungssoziologie. Köln 1974.

Tzschaschel, Sabine: Geographische Forschung auf der Individualebene. München 1986.

Van der Ree, Dieteke: Die Erinnerung an »das Herz der Stadt«. Geschichts- und Gedächtnisbilder vom Potsdamer Platz. Amsterdam 1991.

Verein SO 36 (Hg.): ... außer man tut es! Bd. 1 und 2. Berlin 1993.

Ders. (Hg.): ... Zum Beispiel Kreuzberg. Aufwertung zum Preis der Verdrängung? Untersuchung der Gewerbentwicklung und der Veränderung gewerblicher Nutzerstrukturen in SO 36 nach der Maueröffnung. Berlin 1991.

Ders. (Hg.): ... Zum Beispiel Kreuzberg. Das Ladengewerbe in SO 36. Berlin 1993.

Wagner, Bernd: Soziokultur. In: Noller, Peter, Walter Prigge und Klaus Ronneberger (Hg.): Stadt-Welt. Franfurt/Main, New York 1994.

Weilepp, Manfred: Kunst und Kultur als Standortfaktor? In: Der Bürger im Staat. 38 (1988), Heft 4.

Welsch, Wolfgang: Unsere postmoderne Moderne. Weinheim 1988.

Ders. (Hg.): Wege aus der Moderne. Weinheim 1988.

Welz, Gisela: Sozial interpretierte Räume, räumlich definierte Gruppen. Die Abgrenzung von Untersuchungseinheiten in der amerikanischen Stadtforschung. In: Kokot, Waltraud und Bettina C. Bommer (Hg.): Ethnologische Stadtforschung. Berlin 1990.

Dies.: Streetlife. Alltag in einem New Yorker Slum. Frankfurt/Main 1991.

Dies.: An Environmental Approach in German Community Studies. In: Anthropological Journal on European Cultures. Vol 1, Nr. 2, 1992.

Dies.: Multikulturelle Stadtpolitik. Das Frankfurter Modell. In: Weltstadt Frankfurt am Main? Multikultur-Journal 1992.

Dies.: Der Tod des Lokalen als Ekstase des Lokalismus. Am Beispiel des Gallus-Viertels. In: Noller, Peter, Walter Prigge und Klaus Ronneberger (Hg.): Stadt-Welt. Über die Globalisierung städtischer Milieus. Frankfurt/Main, New York 1994.

Dies.: Einkaufen. Ethnographische Skizzen. Eine Einführung. In: Bausinger, Hermann u.a. (Hg.): Einkaufen. Ethnographische Skizzen. Tübingen 1996.

Dies.: Inszenierungen kultureller Vielfalt. Frankfurt am Main und New York City. Berlin 1996.

Wentz, Martin (Hg.): Stadt-Räume. Frankfurt/Main, New York 1991.

Werckmeister, Otto K.: Zitadellenkultur. Die schöne Kunst des Untergangs in der Kultur der achtziger Jahre. München, Wien 1989.

Wienkoop, Christa: Gegenwelten. Zur Analyse jugendlicher Subkulturen und ihrer Entstehungsbedingungen. Diss. Bonn 1989.

Willis, Paul: Profane Culture. London 1978.

Ders.: Jugend-Stile. Zur Ästhetik einer gemeinsamen Kultur. Hamburg 1991.

Wilson, Elizabeth: Adorned in Dreams. Fashion and Modernity. London 1985.

Wüllenweber, Walter: Die Hornhautgeneration oder wir 30jährigen. In: Kursbuch 121, 1995.

Ziehe, Thomas: Zumutungen der Moderne – oder: was nötigt nach Lebenskunst zu fragen? In: Konkursbuch Nr. 26.

Zucker, René: Girlies. In: Kursbuch, Heft 121, 1995.

Zukin, Sharon: Loft Living. Culture and Capital in Urban Change. New York 1982.

Dies.: Postmodern urban landscapes. Mapping culture and power. In: Lash, Scott and Jonathan Friedman (eds.): Modernity and Identity. Cambridge, Oxford 1991.

Dies.: Gentrification: Culture and Capital in the Urban Core. In: Annual Review of Sociology, 13 (1987).

Dies. unter Mitarbeit von Jenn Parker: Hochkultur und wilder Kommerz: Wie New York wieder zu einem kulturellen Zentrum werden soll. In: Häußermann, Hartmut und Walter Siebel (Hg.): New York. Strukturen einer Metropole. Frankfurt/Main 1993.

Edition Bauhaus

Walter Prigge (Hg.)

Peripherie ist überall

1998. 384 Seiten mit ca. 150 teils farbige Abbildungen

DM 78,–/sFr 73,–/öS 569 · ISBN 3-593-36074-8

Seit der Debatte um die »Zwischenstadt« ist die Peripherie unserer Städte ins Blickfeld gerückt. Dieser Band greift den Diskurs der »Amerikanisierung« der Städte auf und übersetzt ihn auf die sozialkulturellen Probleme der europäischen Stadt (innere Peripherien) und die Gestaltungsprinzipien halbvernetzter Räume.

Franz Pröfener (Hg.)

Zeitzeichen Baustelle

Realität, Inszenierung und Metaphorik eines abseitigen Ortes

1998. 288 Seiten mit ca. 150 Duplex-Abbildungen

DM 58,–/sFr 55,–/öS 423 · ISBN 3-593-36075-6

Mit der Wende sind die Baustellen hoffähig geworden. Früher nichts als Dreck und Ärger, hinter mannshohen Latten versteckt. Jetzt aber: Berlin, der Potsdamer Platz! Erst hier, dann auch anderswo wurden die Baugruben vom Stadtmarketing und von Investoren zu spektakulären Erlebnislandschaften herausgeputzt. Dieses illustrierte Lesebuch vergegenwärtigt das »Zeitzeichen Baustelle« als Signum eines Umbruchprozesses.

Regina Bittner

Kolonien des Eigensinns

Ethnografie einer ostdeutschen Industrieregion

1998. 128 Seiten und 32 Seiten farbiger Bildteil

DM 39,80/sFr 38,80/öS 291 · ISBN 3-593-36076-4

Die Region zwischen Bitterfeld und Wolfen trägt die Signaturen eines radikalen Strukturwandels zur postindustriellen Gesellschaft. Dieses Buch ist eine ethnografische Erkundung ostdeutscher Arbeiterkultur einer Region im Umbruch. Fotografien von Andreas Weinand begleiten die Untersuchung.

Campus Verlag · Frankfurt/New York